KB083135

마음의 경제학

송 병 락 지음

博英社

고 하는 가운데 국력이 크게 낭비될 수밖에 없는 것입니다. 공산주의 이론의 창시자인 칼 마르크스는 노동자들에게 돌아갈 몫을 철저히 빼앗는 자본가 등 빼앗는 사람들만 있는 사회는 결국 멸망할 수밖에 없다고 하였읍니다. 많은 서구 선진국들이 현재 '선진국 병'에 시달리고 있는 것도 그 근본요인은 국민들이 일은 적당히 하면서 월급은 많이 받으려고 하거나 각종 사회복지제도를 교묘히 활용하여 자신이 공헌한 이상의 대가를 국가로부터 받아내려고 하기 때문인 것입니다.

우리 나라도 조선시대에 젊은 엘리트들 대부분이 어떻게 해서든지 과거시험에 합격하여 출세를 하고 권력을 휘둘러야 된다고 생각하였는데, 이런 사람들은 근본적으로 남에게서 빼앗으려고 하는 사람들인 것입니다. 지금도 우리 사회에는 이런 사람들이 적지 않을 것으로 보이는데, 경제가 잘 발전하려면 무엇보다 이런 사람들의 마음가짐부터 바뀌어져야 하는 것입니다.

경제성장과 발전문제에 대한 연구로 노벨경제학상을 수상한 사이몬 쿠즈네츠와 아더 루이스도 경제가 잘 발전하려면 무엇보다 국민들의 마음가짐부터 올바르게 바뀌어져야 된다고 하였읍니다. 최근, 20 세기 제일의 경제학자라고 하는 폴 사뮤엘슨 MIT대학 교수도 명저 〈마음으로부터의 경제학〉에서 인간의 사랑, 경제행위의 동기 등 마음의 중요성을 크게 강조하고 있읍니다. 그런데 사람들의 마음가짐이 어떻게 되는 것이 가장 소망스럽겠읍니까? 먼저 경제발전의 관점에서 경제학자들의 견해를 보면, 검소, 근면 및 염직(廉直)을 생활신조로 하고 천직사상(天職思想) 또는 신의 소명의식(召命意識)에 입각하여 직업에 종사하려는 마음가짐이 소망스럽다고 하였읍니다. 에드가 던은 경제발전이란 국민의 '배우는 과정'이므로 국민이 얼마나 배우는 것을 중시하느냐에 따라 경제발전의 정도가 달려 있다고 하였으며 아더 루이스도 경제발전에는 특히 국민들의 '경제하려는 의지'가 중요하다고 하였읍니다. 그리고 사회 각계각층의 유능한 지도자가 부족한 후진국의 경제발전에

마음의 경제학

송 병 락 지음

博英社

서 문

"여러분에게 당부합니다. 여러분은 무엇이든지 참된 것과 고상한 것과 옳은 것과 순결한 것과 사랑스러운 것과 영예로운 것과 덕스럽고 칭찬할 만한 것들을 마음 속에 품으십시오"(빌립보서 4 장 8 절).

마음과 질병과의 관계를 연구하는 '새로운 의학'의 대가 스티븐 로크 하바드 의대 교수는 인간의 마음가짐이 몸의 병을 좌우한다고 하였읍니다. 그는 일반적으로 믿음과 소망과 사랑을 포기한 사람, 특히 항상 남을 이용하고 남에게서 빼앗을 것만 생각하며 사는 극히 타산적이고 고립적인 인간은 크고 작은 각종 질병에 잘 걸릴 뿐만 아니라 병에 걸렸을 때는 치료하기도 힘들다고 하였읍니다. 반면 건전한 믿음과 참된 소망이 있고 진심으로 이웃을 사랑하며 남에게 자비를 베풀 줄 알고 남으로부터도 진실한 사랑을 많이 받는 사람은 병에도 잘 걸리지 않을 뿐만 아니라 걸리더라도 치료하기가 쉽다고 하였읍니다. 요는 믿음, 소망, 사랑은 인간의 마음은 물론 몸의 건강에도 절대적으로 필요하며 특히 사랑은 더욱 그러하다는 것입니다. 즉, 남에게 자비를 베풀고 이웃을 사랑하는 것이 남에게는 물론 자신의 심신의 건강에도 극히 중요하다는 것입니다.

사실 국가와 기업, 가정의 경제가 얼마나 '건강'하게 되느냐도 사람들의 마음가짐에 달려 있는 것입니다. 남에게 주는 것은 모르고 빼앗는 것만을 좋아하는 사람들이 많은 사회에서는 도처에 불평불만이 많아지고, 개인의 집의 담벽이 높아지며, 각종 시설에 대한 경비가 강화되고, 국가 전체로 볼·때는 경찰이나 교도소의 수도 늘어나기 마련입니다. 따라서 이런 나라에서는 국민들이 서로 빼앗고 빼앗기지 않으려고 하는 가운데 국력이 크게 낭비될 수밖에 없는 것입니다. 공산주의 이론의 창시자인 칼 마르크스는 노동자들에게 돌아갈 몫을 철저히 빼앗는 자본가 등 빼앗는 사람들만 있는 사회는 결국 멸망할 수밖에 없다고 하였읍니다. 많은 서구 선진국들이 현재 '선진국 병'에 시달리고 있는 것도 그 근본요인은 국민들이 일은 적당히 하면서 월급은 많이 받으려고 하거나 각종 사회복지제도를 교묘히 활용하여 자신이 공헌한 이상의 대가를 국가로부터 받아내려고 하기 때문인 것입니다.

우리 나라도 조선시대에 젊은 엘리트들 대부분이 어떻게 해서든지 과거시험에 합격하여 출세를 하고 권력을 휘둘러야 된다고 생각하였는데, 이런 사람들은 근본적으로 남에게서 빼앗으려고 하는 사람들인 것입니다. 지금도 우리 사회에는 이런 사람들이 적지 않을 것으로 보이는데, 경제가 잘 발전하려면 무엇보다 이런 사람들의 마음가짐부터 바뀌어져야 하는 것입니다.

경제성장과 발전문제에 대한 연구로 노벨경제학상을 수상한 사이몬 쿠즈네츠와 아더 루이스도 경제가 잘 발전하려면 무엇보다 국민들의 마음가짐부터 올바르게 바뀌어져야 된다고 하였읍니다. 최근, 20세기 제일의 경제학자라고 하는 폴 사뮤엘슨 MIT대학 교수도 명저 〈마음으로부터의 경제학〉에서 인간의 사랑, 경제행위의 동기 등 마음의 중요성을 크게 강조하고 있읍니다. 그런데 사람들의 마음가짐이 어떻게 되는 것이 가장 소망스럽겠읍니까? 먼저 경제발전의 관점에서 경제학자들의 견해를 보면, 검소, 근면 및 염직(廉直)을 생활신조로 하고 천직사상(天職思想) 또는 신의 소명의식(召命意識)에 입각하여 직업에 종사하려는 마음가짐이 소망스럽다고 하였읍니다. 에드가 던은 경제발전이란 국민의 '배우는 과정'이므로 국민이 얼마나 배우는 것을 중시하느냐에 따라 경제발전의 정도가 달려 있다고 하였으며 아더 루이스도 경제발전에는 특히 국민들의 '경제하려는 의지'가 중요하다고 하였읍니다. 그리고 사회 각계각층의 유능한 지도자가 부족한 후진국의 경제발전에는 지도자의 마음가짐, 즉 국민들이 잘 사는 것을 지도자들이 진정으로 바라는가 그리고 이를 위하여 그들이 진정으로 헌신할 마음가짐이 되어 있는가가 극히 중요한 것입니다. 따라서 어마 아델만은 이와 같은 '지도자의 헌신적인 마음의 자세'를 강조하였읍니다. 헨리 로솝스키 하바드대학 교수와 휴 패트릭 예일대학 교수도 일본경제의 고도성장은 일본인들의 저자세(low posture) 또는 겸손한 마음가짐 때문이라고 하는 등 수많은 경제학자들이 경제발전에 있어서 인간의 올바른 마음가짐의 중요성을 강조하고 있는 것입니다.

이와 같이 인간의 올바른 마음가짐은 개인의 심신의 건강은 물론 경제의 건전한 발전, 나아가서는 국가사회의 번영에 기초가 됨을 알 수 있읍니다. 그런데 서구 선진국들에 따르면 인간의 올바른 마음가짐에 관한 가장 체계적인 가르침은 성서에 있다고 합니다. 성서는 세계제일의 베스트 셀러이며 미국을 위시한 서구 선진국들의 헌법과 각종 법률과 생활관습의 기초가 되고 있읍니다. 그리고 서구 선진국을 이해하자면 성서와 희랍·로마신화를 읽어야 된다고 할 정도로 서구문명 및 서구인의 의식구조와 성서는 긴밀한 관계가 있는 것입니다. 성서 중에서도 구약성서의 십계명과 신약성서의 산상수훈이 그 핵심이라고 하는데 이 책에서는 십계명을 제 2 장에서 자세히 해설하려고 노력하였고, 산상수훈은 제 3 장에서 소개하였읍니다. 불교의 가르침은 일본에서 390 번이나 수정·출판된 최신판 불교성전의 내용을 여러 장에 걸쳐 광범위하게 인용하려고 하였읍니다. 그리고 유교의 가르침의 핵심은 이 문제의 세계적 대가인 투 웨이밍 하바드대학 교수의 해설에 따라 제 7 장과 21 장에서 각각 검토하였읍니다.

인류역사를 놓고 볼 때 많은 사람들은 인간을 잘 조직하고 사회제도를 잘 만들어 운영하면 인간사회는 이상향 또는 유토피아가 될 수 있을 것으로 생각하고 이의 실현을 위하여 노력하였던 것입니다. 그러나 제 1 장에서 밝힌 바와 같이 유한한 인간은 무한한 지혜를 필요로 하는 유토피아를 건설할 능력이 없을 뿐만 아니라 설령 있다고 하더라도 마음가짐이 옳지 못한 인간을 바탕으로 이상적인 조직과 제도를 아무리 훌륭하게 운영한다 하더라도 현실사회가 유토피아로 될 수는 없다는 것이 이 분야 전문가들의 지배적인 견해입니다. 따라서 무엇보다 중요한 것은 인간이 마음가짐을 옳게 갖도록 해야 된다는 것입니다.

그런데 인간에게는 유토피아를 건설할 능력이 없다고 하더라도 현실사회를 보다 바람직한 사회로 만들기 위하여 노력하는 것은 극히 중요한 과제라고 하겠읍니다. 따라서 사람들로 하여금 능력을 최대한 발휘할 수 있게 하고 또한 그 능력을 올바른 방향으로 인도할 수 있는 사회제도가 중요한데, 이런 관점에서 노벨상수상 경제학자인 군나 미르달도 후진국의 경제발전에 있어서는 '제도'가 극히 중요하다고 하였읍니다. 이 책에서는 경제제도를 제 4 장에서부터 다루고 있읍니다. 현재 세계 각국이 채택하고 있는 경제제도는 크게 자본주의와 공산주의의 두 가지로 나눌 수 있읍니다. 그런데 자본주의제도는 아담 스미스의 국부론에 기초를 둔 것이므로 제 4 장에서 국부론을 중심으로 하여 이를 검토하였으며, 공산주의제도는 칼 마르크스의 자본론에 기초를 둔 것이므로 제 5 장에서 자본론을 중심으로 이를 논의하였읍니다. 그리고 제 6 장에서는 이 두 가지 제도를 비교·검토하였읍니다.

한국은 현재 자본주의방식에 따라 경제를 키워나가고 있으므로 국민이 모두 자본주의라는 '경제게임'의 '룰'을 잘 알아야 할 것으로 보입니다. 그리고 우리와 국토를 접하고 있는 중공, 소련 및 북한은 모두 공산주의방식에 따라 경제를 운영하고 있으므로 이들을 이해하기 위하여는 공산주의의 경제원리를 잘 알아야 하고, 아울러 자본주의경제와 공산주의경제의 차이도 잘 알아야 할 것으로 보입니다.

노벨상수상 경제학자인 밀튼 프리드만은 아담 스미스의 국부론이 제시한 경제원리를 중시하여 자본주의의 길로 간 나라들은 어느 나라나 자유와 번영을 누리게 되었고, 칼 마르크스가 자본론에서 제시한 사상에 따라 공산주의의 길을 간 나라들은 어느 나라나 혁명과 투쟁과 통제의 생활을 하게 되었다고 합니다. 현재 공산권의 종주국 소련이나 인구대국 중공 그리고 최후진국 캄보디아, 베트남 등도 공산주의의 경제노선을 수정하여 자본주의적 경제운영방식을 도입하고 있음은 잘 알려진 바와 같습니다.

프리드만에 따르면 앞으로 세계 모든 나라가 지향하게 될 사회는 자본주의 자유경제체제인데, 이러한 경제사회를 활력있게 성장시키려면 어떻게 하여야 되겠읍니까? 이것이 이 책 제 7 장에서부터 17 장까지의 주제입니다. 한국은 다른 동아시아 국가와 마찬가지로 유교국가인데, 유교사상을 바탕으로 하고 있는 국민의 의식구조를 어떻게 바꾸면 '한국적 자본주의정신'을 개발할 수 있겠읍니까? 제 7 장은 이러한 문제를 다루었읍니다. 그리고 유교사상의 세계적 대가인 투 웨이밍 하바드대학 교수가 밝힌 자본주의정신으로서의 '신유교윤리'도 검토하였읍니다. 한국이 지향하는 자유시장경제는 자유기업경제라고도 하듯이 기업활동이 번창해야 잘 되는 경제인데, 그렇게 되기 위해서는 어떤 점이 중시되어야 하는가를 제 8 장에서 논의하였읍니다. 그리고 한국과 같은 후진국에서는 정치의 후진성이 심하고, 남을 다스려야 된다고 하는 사람들의 수도 상대적으로 많으므로 정치가 경제에 많은 영향을 주기 마련입니다. 따라서 정치와 경제의 관계 및 정치가 경제에 미치는 영향을 제 9 장에서 다루었읍니다.

제 10 장에서는 경제학에서 제일 중요한 법칙인 수요와 공급의 법칙을 다루었읍니다. 인류 최초로 심장수술을 한 바 있는 크리스챤 버나드 박사는 인간의 몸이 필요로 하는 음식물을 필요로 하는 양만큼만 공급하면, 즉 음식물을 몸의 수요에 맞게만 공급하면 병이 생기지도 않을 뿐더러 병이 생기더라도 인체는 자연치유능력을 발휘한다고 하였읍니다. 인간의 경제사회생활에 있어서도 수요에 맞는 공급이 극히 중요

함은 물론입니다. 그러므로 국민의 수요나 그 변화를 잘 아는 기업가는 대성하고 민심을 올바로 파악하는 정치가는 명 정치가가 되는 것입니다. 인간생활에 있어서는 남의 수요에 맞게 공급하는 것이, 즉 남이 바라는 대로 해 주는 것이 곧 수요와 공급의 법칙의 핵심인데 성서는 이를 황금률이라고 합니다. 불경의 대자대비사상의 핵심도 바로 이 점인 것입니다.

생산적인 삶과 비생산적인 삶, 극대화와 극소화의 근본경제원리 그리고 자본주의경제에서 핵심적 역할을 하는 가격의 기능 등을 제 11-13 장에서 논의하였습니다. 제 14 장은 일반인들이 경제개념 중 가장 혼동하기 쉬울 뿐만 아니라 자본주의경제의 운용에 핵심이 되는 이윤문제를 다루었습니다. 특히 한국과 같은 개발도상국에서는 국민들이 이윤의 개념을 잘 모르기 때문에 경제의 능률이 크게 떨어지는 일이 비일비재한 것입니다. 그리고 제 15-17 장은 성장과 관련된 자원, 국토 및 인구증가의 문제를 검토하였습니다.

한국은 경제제도와 국제분업의 원리, 자원사정과 지정학적 위치, 그리고 세계가 하나의 지구촌으로 연결되어 가는 국제화의 추세나 정보화시대의 도래에 따른 필연성으로 볼 때, 개방형 성장과 올바른 세계관이 절대적으로 필요하다고 할 수 있는데 이를 제 18-20 장에 걸쳐서 다루었습니다.

제 21 장부터는 인간이 알고 실천해야 할 가장 기본적인 것들을 논의하였습니다. 공자가 강조한 것은 인간은 자신의 인격수양을 중심으로 하는 내적성장과 각종 사회활동을 중심으로 하는 외적성장을 조화 있게 해야 된다는 것인데, 이를 제 21 장에서 논의하였습니다. 사람은 무슨 일을 하든지 그 분야의 대가가 되기 위해서는 무엇보다 기초가 잘 되어 있어야 하는데 기초 중 특히 중요한 것은 생존에 기본이 되는 먹고 마시는 것을 올바르게 하는 것이라고 하겠습니다. 제 22 장은 세계

적인 권위자들이 밝힌 이에 관한 올바른 방법을 소개하였읍니다.

그런데 인간의 기초가 되는 것에는 먹는 것 이외에도 말하는 것 등 여러 가지가 있음은 물론입니다. 선진국 사람들의 말을 들어보면 후진국 사람들은 말하는 데 있어서도 기초가 잘 안 되어 있다고 합니다. 후진국민들이 말하는 것을 보면 보통 너무 큰소리로 빠르게, 그리고 쓸데없이 너무 많이 이야기한다고 합니다. 스피치의 세계적인 대가 존 윌슨에 따르면, 대부분의 사람들은 목소리의 높이를 우선 최소한 한 옥타브는 낮추고 크기와 속도도 반 이상 줄여서 말해야 된다고 합니다. 또한 쓸데없는 말을 자꾸 떠들어대지 말고 남의 말을 들을 줄 아는 사람이 되는 등 말 수도 반 이상으로 줄여야 된다고 합니다. 올바르게 말하는 방법은 십계명의 제 9 계명 해설을 참고하기 바랍니다.

제 23 장은 인간이 바라는 것들 그리고 제 24 장은 인간이 먼저 올바르게 해야 하는 것이 무엇인가를 밝히려고 하였으며 이와 관련하여 불경이 강조한 무재칠시(無財七施)도 아울러 소개하였읍니다. 제 25 장과 26 장은 누구나 가진 마음의 무한한 능력, 그리고 이와 관련하여 성경에서 밝힌 달란트의 비유를 소개하였읍니다. 마지막으로 제 27 장과 28 장은 한국인의 특성과 한국인의 마음을 어떻게 새롭게 해 나가야 되는가를 성현들의 말씀을 토대로 검토하였읍니다.

이 책은 고등학교 3 학년이나 대학 1 학년 학생 정도의 독자를 염두에 두고 가급적 쉽게 쓰려고 하였으며 도덕적인 말씀들 때문에 권고형 문구가 많아졌읍니다. 정다산은 목민심서(牧民心書)에서 그 책에 있는 내용을 스스로 실천하지는 못하고, 남이 실천해 주기를 바라는 마음뿐이라고 하였는데, 이 책이 바로 그런 마음의 책 곧 심서(心書)가 아닌가 합니다. 어떤 글들은 체계를 생각하여 쓰다 보니 다른 글에 있는 부분과 약간씩 중복되는 것도 있읍니다. 또한 이 책은 이미 다른 곳에 발표한 글 두 편을 포함하고 있는데, 이들은 별개의 글로 이미 많은 사람들에게 배포된 바 있지만 읽어보지 못한 독자들을 위하여 내용을 개선하고 말을 더 쉽게 풀어서 같이 싣도록 하였읍니다.

　얼마 전부터 미국의 저명한 교수와 상의하여 세계적인 베스트 셀러 중의 베스트 셀러를 약 70 여 권 골라 읽으면서 그 중 경제와 관련하여 중요한 것으로 보이는 책들의 핵심적인 내용을 경제학을 잘 모르는 사람들이 쉽게 이해할 수 있도록 써보려고 한 것이 이 책이 되었읍니다. 막상 써놓고 보니 부족하기 이루 말할 수 없고 앞으로 더 공부하고 더 깨우쳐야 하겠다는 마음이 간절할 뿐입니다. 그리고 다방면의 주제를 선정하여 쓰느라 각 분야 전문가들의 도움을 많이 받지 않을 수가 없었는데 아낌없이 도와 준 선생님들께 진심으로 감사드립니다. 특히 서울대학교 강광하, 권영민, 김여수, 김형국, 배무기, 손봉호, 안청시, 조순, 진교훈, 홍원탁 교수와 고려대학교 김인수 교수께 깊은 감사를 드립니다. 그리고 원고의 검토와 정리에 헌신적으로 노력한 서울대학교 대학원의 김병연 군과 정용승 군의 노고에 감사하며, 원고를 읽고 많은 도움말을 준 안석환 군, 윤택 군, 정지만 군, 황숙연 양의 노고에 감사합니다. 이 책의 출판을 도와 주신 박영사 안종만 사장, 이명재 상무, 양규석 부장, 그리고 워드 프로세서로 원고정리를 도와 준 이병미 양에게 심심한 사의를 표합니다.

1987 년 8 월 1 일

저 자 씀

목 차

I

이상적인 사회와
현대인의 생활원리

Help the weak. (Ro 15. 1)

이상적인 사회와 이상적인 인간

이상사회의 건설은 인류의 꿈

여러분은 사회가 어떠한 형태로 발전해야 된다고 생각합니까? 자신이 생각하는 이상적인 사회는 어떠한 것입니까? 그리고 국민들이 어떻게 생각하고 행동하는 것이 가장 이상적이겠읍니까? 어떤 사람을 이상적인 인간이라고 규정할 때 그 근거는 무엇이며, 그 근거 자체가 이상적이라는 보장은 있읍니까? 그리고 여러분이 이상적이라고 생각하는 사람들로만 사회가 구성된다고 하더라도 그 사회 또한 이상적일 것이라는 보장이 있읍니까? 또한 한국 사회를 좋다, 나쁘다고 평가할 때 그 기준은 무엇입니까?

이러한 문제에 답하기란 극히 어려운 일인 것입니다. 이러한 문제는 인류가 당면해 온 근본문제로 인류의 유구한 역사를 통하여 무수히 많은 사람들이 나름대로 이에 대한 해답을 구하려고 노력하였으며 특히 위대한 사상가들은 더욱 그러하였던 것입니다.

역사적으로 보면, 어떤 사람들은 현실세계는 고통과 환난의 연속일 수밖에 없으므로 이상적인 사회를 현세에서 구현한다는 것은 어불성실(語不成說)이며 기껏해야 이상사회는 내세(來世)에서나 경험할 수 있는 것이라고 믿었던 것입니다. 또 어떤 사람들, 특히 세속적으로 크게 성공한 사람들은 이 세상이야말로 살아볼 만한 가치가 있는 이상에 가까운 세상이고 이상적인 인간은 곧 자기 자신이 아니겠는가 하고 생각하기도 하였읍니다. 또 다른 사람들은 비록 현실세계에는 부족함이 많으나 인간은 근본적으로 이상향(理想鄕)을 찾아 구현할 수 있는 능력을 가지고 있다고 믿었던 것입니다. 그리고 이상향을 실현하는 것이 비록 불가능하기는 하지만 인간은 누구나 이를 목표로 하여 현실세계를 꾸준히 발전시켜 나가야 한다고 주장했던 사람들도 많았읍니다.

인간이 고안한 각종 이상향

유사이래 수많은 사람들이 이상향 또는 좋은 사회(good society)를 만들어 보려고 시도했으므로 이를 지칭하는 말들도 수없이 많이 있었읍니다. 토마스 모어의 유토피아(Utopia), 플라톤의 공화국(Republic), 도연명(陶淵明)의 무릉도원(武陵桃源), 힐튼의 지상낙원인 샹그릴라(Shangrila), 프란시스 베이컨의 뉴 아틀란티스(New Atlantis) 등이 그 예입니다. 이외에도 아리스토텔레스의 폴리틱스(Politics), 쟝자크 루소의 사회계약설(Social Contract), 캄파넬라의 태양의 도시(The City of the Sun), 몰리의 자연의 법칙(Code de la Nature), 스키너의 월덴 투(Walden Two), 웰즈의 현대 유토피아(A Modern Utopia) 등과 같이 인간세상을 이상적인 것으로 만들려고 시도한 예는 수없이 많았으며 꿈

도르세, 헤겔, 스펜서, 마르크스 등의 사상가들도 위의 사상가들과 유사
하다고 할 수 있겠읍니다. 성서에서도 아담과 하와가 살았다고 하는 에덴
동산(Garden of Eden)이나 걱정과 부족함이 없는 아름다운 축복의 땅인
낙원(樂園) 또는 천국(Paradise)이라는 말을 찾아볼 수 있읍니다.

　그런데 이와 같이 '사회'를 이상적으로 만들려고 노력한 사람들과
는 대조적으로 '인간'을 이상적으로 만들려고 시도한 사람들도 많았읍
니다. 각종 종교의 창시자들을 그 예로 들 수 있읍니다. 또한 루이스
멈포드는 〈인간개조론(The Transformations of Man, 1956)〉, 허버트 마
르쿠제는 〈에로스와 문명(Eros and Civilization)〉 등의 책을 통하여 인간
개조를 시도하였던 것입니다.

　코뮤니티(공동체)형태의 이상향을 개발하고자 시도한 사람들도 많
았읍니다. 그런데 그들은 대부분 소규모의 자연발생적인 코뮤니티, 즉
남양군도(South Sea Islands)나 고대 희랍 내륙지방의 경치좋은 이상향
이라는 아르카디아(Arcadia) 등을 그 모델로 삼았으며 될 수 있는 한 지
리적으로 고립된 곳에 공동체를 개발하려고 하였읍니다. 예를 들면, 죠
지 랍과 로버트 오웬은 미국 인디애나주 뉴 하모니(새로운 화합이란 뜻)
라는 곳에 이러한 이상적인 코뮤니티를 건설하려고 하였읍니다. 윌리
엄 윌슨의 〈천사와 악마-신조화의 이야기(The Angel and the Serpent :
The Story of New Harmony, 1964)〉란 책에도 이러한 내용이 잘 기록되
어 있읍니다. 미국에서는 이외에도 퀘이커교도의 코뮤니티, 하모니스
트의 코뮤니티 및 오네이다 코뮤니티 등이 시도된 바 있읍니다. 찰스
노르드호프는 〈미국내 코뮤니티형태의 사회(The Communistic Societies
of the U.S., 1875)〉란 책에서 이런 코뮤니티의 여러 측면들을 잘 설명하
고 있읍니다.

　이상의 것들은 이상주의자들이 이상향으로서 건설한 것들입니다.
이상향은 아니지만 바람직한 코뮤니티형태의 개발이란 점에서 세계적

인 관심을 모았던 예로서는 이스라엘의 새마을 운동이라고 할 수 있는
키부츠(Kibbutz), 소련의 집단농장, 중공의 코뮨 등을 들 수 있을 것입
니다. 우리 나라의 새마을 운동도 많은 외국 사람들이 이러한 예의 하
나로 간주하고 있읍니다.

완전한 사회의 조건

이상적인 사회란 곧 '완전한 사회'라고 할 수 있는데 '완전'이란 이
문제의 대가 죠지 카텝과 비 스키너에 따르면 '화합(harmony)'을 의미
한다고 합니다. 여기에서의 화합이란 일상의 개념과는 그 뜻이 다르
고 또한 분명하게 정의하기도 어렵습니다. 그러나 그는 '화목한 사회
(harmonious society)'는 다음과 같은 특성을 갖고 있다고 하였읍니다.

1. 영속적인 평화
2. 인간의 욕망의 완전한 충족
3. 행복감을 수반하는 노동과 풍족한 여가
4. 완벽에 가까운 평등.   불평등이 있을 경우에는 그 기준이 전
   적으로 합리적일 것
5. 권력행사에 있어서 모든 사람의 평등한 참여와 타인의 자의적
   인 권력행사에 따른 피해의 불식
6. 큰 어려움 없이 모두가 실천할 수 있는 도덕률

불교에서도 "진정한 공동사회는 사람들이 서로를 이해하고 믿으며
'화합하는 사회'이며 , 화합이야말로 진정한 공동사회나 조직체의 생명
이고 의미"(불교성전 제 390 판, p.478)라고 하였읍니다.

유토피아적인 사상에 젖은 사람들은 이러한 조건들이 100 퍼센트 충
족될 수 있는 완벽한 사회, 즉 유토피아의 건설이 가능할 것으로 믿었
읍니다. 그러나 이상적인 사회의 이러한 조건들은 인간의 욕망이 단순

하고 문명도 거의 발달되지 않았던 아득히 먼 옛날 사회에서나 충족될
수 있는 것들이라고 할 수 있을 것입니다. 날이 갈수록 인간의 가치와
욕망이 다양해지고 심화되며 또한 문명도 복잡다양해져 가는 다원화
된 현대사회에서 이러한 조건들을 모두 충족시킨다는 것은 현실적으로
도저히 불가능한 일입니다. 따라서 이상향에 대하여 비판적인 사람들
은 유토피아적 사상가들을 공상적, 심지어 몽상적 사상가들이라고도 합
니다.

바람직한 사회건설의 두 가지 과제

위에서와 같이 '완전한 사회'의 건설은 아니더라도 현재보다 '행복
하고, 거룩하고, 안전하고, 활력있고, 개인의 성취가 존중'되는 '보다
바람직한 사회'의 건설을 위하여 인간은 노력하지 않을 수 없읍니다. 그
런데 이러한 사회의 건설에는 일반적으로 다음과 같은 두 가지의 과제
가 따릅니다.

첫째는 개개인이 어떻게 행동하는 것이 개인은 물론 사회 전체의
행복이란 관점에서 소망스러운가 하는 것입니다.

둘째는 개인으로 하여금 사회적으로 소망스러운 행동을 하고 또한
더 바람직한 행동을 하도록 유도하기 위해서는 어떻게 하여야 할 것인
가 하는 문제입니다.

첫째 과제는 구체적으로, 어떻게 하면 개개인으로 하여금 다음과
같은 문제들을 잘 해결하도록 할 수 있겠는가 하는 것입니다. 즉, 그
사회의 치안·국방과 관련된 정치·군사 및 외교문제, 생필품 등 필요
한 물자의 조달과 관련된 경제문제, 구성원의 자질 및 덕행과 관련된
일반 및 윤리교육문제 그리고 여가선용 등의 문제입니다. 둘째 과제는

사회구성원들로 하여금 각자가 해야 할 행위를 어떻게 더 잘 하도록 만들며, 하지 않을 때는 어떻게 처벌하는가의 문제인데 이는 곧 '상과 벌'의 문제라고 할 수 있습니다.

여러분은 자신이 살아보고 싶은 '완벽한 사회'를 구체적으로 설명할 수 있겠습니까? 비 스키너에 따르면 이른바 '유한한 인간'은 무한한 지식과 지혜를 필요로 하는 완벽한 사회 또는 천국(天國, heaven)을 건설할 능력이 없다고 합니다. 스키너는 사람들에게 완벽한 사회 또는 천국의 구체적 조건을 말해 보라고 하면 대부분은 나름대로 여러 가지 조건을 제시하기는 하나 각종 조건들 간의 복잡한 관계나 그에 따라 발생하는 역설적인 현상들을 제대로 설명하지 못한다고 합니다. 예를 들면, 대부분의 사람들은 천국이란 부족함이 없고 인간의 물질적 욕망도 모두 충족되는 행복한 곳이라고 말합니다. 그런데 사실 현실세계에도 이른바 '없는 것이 없는 사람' 또는 거의 '모든 것을 다 가진 사람'이 적지 않은데 이들 모두가 천국에서처럼 현세에서 행복한 생활을 누리고 있지는 못하다는 역설적인 현상에 대한 이유를 대부분의 사람들이 제대로 설명하지 못한다는 것입니다. 물질적으로 충족하다고 해서 인간이 모두 행복하게 되는 것이 아님은 말할 필요도 없습니다. 사실 선진국의 각종 사회문제는 국민들이 물질적으로 풍요하게 되고부터 발생하기 시작했다고 합니다. 따라서 천국은 물질적인 풍요로움 이외의 조건으로도 설명되어야 하는데 대부분의 사람들은 이를 구체적으로 잘 설명하지 못한다는 것입니다.

'완벽한 사회'나 '천국'의 조건을 규정하는 것은 불완전한 인간에게는 거의 불가능한 일이 아닐 수 없습니다. 따라서 차라리 바람직한 개인의 행위의 조건을 밝히는 것이 완벽한 사회를 구명(究明)하는 것보다 더 소망스러운 접근법이라고 하겠습니다. 완벽한 사회에서는 개인의 행동도 이상적이라고 할 수 있기 때문입니다. 즉, 개인이 올바르게 행동하면 사회도 올바르게 될 것이므로 바람직한 개인의 행위를 밝히는 것이 곧 이상적인 사회의 조건을 구명하는 길이 아닌가 합니다.

그렇다면 바람직한 개인의 행위란 과연 무엇이겠읍니까? 이에 대한 해답을 구해 보려고 공자, 맹자, 플라톤, 아리스토텔레스 등 유사 이래 그야말로 이루 헤아릴 수 없이 많은 사람들이 노력해 왔읍니다. 그런데 중요한 것은 어떻게 정의하든 간에 이상적인 인간은 우선 스스로가 행복한 사람이 되어야 한다는 사실입니다. 따라서 어떠한 사람이 행복한 사람인가를 정하는 것이 중요합니다. 다음을 읽어보면서 이를 생각해 보기 바랍니다.

행복한 인간의 조건

1. 저자가 군에서 통역장교로 수송관계교육을 받을 때의 일입니다. 치열한 경쟁을 뚫고 통역장교가 되었다고 하여 자만심이 강해진 젊은 이들이 수송관계교육쯤은 그야말로 우습게 생각했던 것입니다. 이와 같이 수송관계교육 받기를 싫어하자 교관은 어느 날 우리들에게 자동차 관계시험에서 자동차부속품의 이름을 열 가지만 제대로 쓰면 합격시켜 준다고 한 적이 있었읍니다. 그런데 놀랍게도 이를 제대로 알고 있는 사람은 거의 없었읍니다. 우리는 그 때 자동차 부속품 10개의 이름도 제대로 모르면서 자동차를 잘 아니까 자동차 교육 같은 것은 받지 않아도 된다고 생각했던 것입니다. 현실사회에서도 별 근거 없이 자만심과 엘리트의식에 빠져 고집불통인 사람들이 적지 않습니다. 이런 사람들에게는 그 무수한 세계적인 베스트 셀러 가운데 제목만이라도 알고 있는 책의 이름 열 개를 대어보라고 하고 싶습니다.

후진국에는 자기가 모르는 것이 얼마나 많은지 그 사실조차 깨닫지 못하는 그야말로 무식한 사람들이나, 지위만 높아지면 그 순간부터 자기가 잘났다고 철석같이 믿고 행동하는 사람들이 많은 법입니다. 이

런 사람들은 남의 유익한 말을 듣지 않으려고 하기 때문에 결국 사회
에 많은 피해를 끼치게 됩니다. 후진국일수록 그야말로 무식하고 완고
한 사람들이 많기 때문에 경제발전이 어렵다고 하는 경제학자들도 적
지 않습니다. 사실 후진국의 빈곤은 무식과 고집에 크게 기인하는 것
입니다. 성서에는 꼴찌가 첫째가 되고 첫째가 꼴찌가 된다는 말이 네
차례나 나오는데, 첫째가 꼴찌가 되는 주 이유는 '자만과 태만'이라고
합니다.

에드가 던은 경제발전이란 곧 국민들의 '배우는 과정'이므로 국민
들이 얼마나 겸손한 자세로 더 배우려고 하느냐에 따라 경제발전의 정
도가 좌우된다고 하였읍니다. 이와 같이 국민들의 겸손은 경제발전과
관련하여서도 극히 중요한 것입니다. 심지어 세계적인 석학들도 학문
의 경지가 깊어질수록 겸손해지며 위대한 사람일수록 자신은 아는 것
이 거의 없는 그야말로 하잘 것 없는 존재라고 생각하는 법입니다. 곡
식도 익을수록 고개를 숙인다고 하지 않습니까? 뉴톤은 자신이 깨달
은 지식은 해변에 무수히 널려있는 조개껍질 중 조그마한 것 하나에 불
과할 정도로 미소(微小)하다고 하지 않았읍니까? 일본인들이 이번 세
기에 선진국민이 될 수 있었던 것도 바로 그들의 겸손 때문이었다고 합
니다.

이와 같이 사람은 누구나 겸손해야 하고 자신은 그야말로 하잘 것
없는 존재라는 것을 분명히 깨달아야 하는 것입니다. 성서는 이런 사
람을 '심령이 가난한 사람'이라고 하며 심령의 가난함을 아는 것이 인
간 행복의 제일 조건이라고 합니다. 〈산상수훈〉의 첫마디가 바로 이것
입니다. 즉, 인간은 동물과는 달리 영(靈)적인 존재이므로 특히 자신
의 영적인 가난함을 아는 사람이 행복한 사람이라는 것입니다.

2. 공자는 '오일삼성오신(吾日三省吾新)'이라 하여 매일 세 번 자
신을 반성하고 잘못을 뉘우치며 고쳐 나간다고 하였읍니다. 그리고 조

선조의 이름난 실학자였던 정약용은 〈목민심서(牧民心書)〉에서 인간은 누구나 마땅히 불쌍한 이웃을 정성껏 도와야 된다고 강조하였읍니다. 즉, 오갈 데 없는 노인, 보호자 없는 어린이, 먹고 입을 것이 없는 과부, 상(喪)을 당해 어려운 처지에 있는 사람, 병에 걸려 고통받는 사람, 불의의 재앙을 당한 사람 등을 도와야 된다고 하였읍니다. 성서에 따르면 이와 같이 남의 불행을 함께 슬퍼하고 위로하며 자기의 잘못이나 죄를 뉘우치고 회개하는 사람들이 행복한 사람들이라고 합니다.

춘향전의 변학도는 백성들로부터 빼앗은 돈으로 술상을 벌이고 가무를 즐기며 쾌락 속에서 세월을 보냈읍니다. 세상에는 남에게서 빼앗은 돈으로 밤새워 술판을 벌이고 가무를 즐기는 사람들이 적지 않을 것입니다. 심지어 밤새워 술을 마셔 다음 날은 온종일 취한 상태에 있다가 오후 늦게 술이 깨면 저녁에 다시 술판을 벌이고 즐기는 등 남의 돈으로 매일매일을 거의 취한 상태로 살아가는 사람들도 있을 것으로 보입니다. 주위에는 가난에 허덕이는 사람들이 많은데도 불구하고 자신들만 실컷 먹고 마시면서 풍악을 울리며 즐거워하는 사람들은 대부분 자신과 남을 해치는 사람들인 것입니다. 이와 같이 '쾌락을 즐기는 사람'보다는 자기의 잘못이나 죄를 뉘우치고 회개하거나 남의 불행한 일을 보고 같이 '슬퍼하는 사람'이 곧 성서에서 말하는 복있는 사람인 것입니다.

3. 헨리 로솝스키 하바드대학 교수와 휴 패트릭 예일대학 교수는 〈아시아의 거인-일본경제는 어떻게 운영되는가?〉란 책에서 일본이 이번 세기에 선진국이 될 수 있었던 것은 일본인들의 이른바 '저자세(low posture)'때문이라고 하였읍니다. 즉, 일본인들은 자원이 없고 기술은 서구에 비해 뒤떨어지며 인구는 국토에 비하여 과다하다는 등 자신들의 약점과 한계를 올바로 파악하여 저자세로써 다른 나라의 기술과 문화를 성실히 배웠기 때문에 고도의 경제성장이 가능했다는 것입니다. 자신의 무지와 결점과 한계를 바로 알고, 감정을 잘 다스리며, 남의 생

각과 입장과 처지를 바로 이해하고 또한 이웃을 유순하게 대하는 사람을 성서에서는 '온유한 사람'이라고 합니다. 성서에서는 이런 사람들이 행복하게 된다고 합니다.

4. 우리 나라에서는 자기의 재산을 다 처분하고 심지어는 자기의 자녀들도 자신이 경영하는 고아원에서 다른 고아들과 같이 양육하면서까지 남을 위하여 평생을 보내는 거룩한 사람들이 있습니다. 그리고 미국 등 선진국의 명문가정에서 태어나 명문대학을 졸업한 후 결혼도 포기하고 한국에 와서 한국인의 행복을 위하여 평생을 바치는 외국의 종교인들도 적지 않습니다. 이외에도 우리 주위에는 교육자, 의사, 사업가, 경찰, 주부, 학생, 근로자, 공무원 등 남을 위하여 옳은 일을 하는 데 평생을 보내는 성스러운 사람들이 얼마든지 있습니다.

이와 같은 사람들은 옳은 일을 마치 목마른 사람들이 조갈에 못이겨 물을 찾아 헤매듯이 행하는 사람들입니다. 그야말로 '의에 주리고 목말라 하는 사람들'인 것입니다. 성서에서는 이런 사람들이 행복하게 된다고 합니다.

5. 남의 잘못을 용서하고, 어려운 이들을 정성껏 도와주며, 남의 입장에서 그들의 감정을 이해하고 생각을 함께 하는 등 남이 필요로 하는 참된 도움을 진심으로 베풀려고 하는 사람들은 '자비로운 사람들'입니다. 성서는 이런 사람들이 행복하게 된다고 합니다.

6. 하나님과 이웃에 대하여 정직하고 진실하며 맑고 순수한 마음을 가진 사람들은 '마음이 깨끗한 사람들'입니다. 이런 사람들이 행복한 사람들입니다.

7. 자신의 마음을 평안히 가지며, 자신과 이웃의 관계를 화평하게 하고, 이웃 서로간의 관계도 평안하게 하며 또한 이 세상을 조금이라도 더 살기 좋은 곳으로 만들려고 애쓰는 사람들은 '평화를 위하여 일

하는 사람들'인 것입니다. 성서는 이러한 사람들이 행복하게 된다고 합니다.

8. 세상의 핍박을 받아가면서도 사랑을 실천하며 하늘의 이치에 따라, 또는 하나님의 가르침대로 옳고 성스러운 일을 하려고 애쓰는 사람들은 곧 '핍박을 받으면서도 하나님의 의를 실천하는 사람들'인 것입니다. 성서는 이런 사람들이 행복하게 된다고 합니다.

위에서 밝힌 바와 같이 행복하게 되는 사람들은 다음과 같이 여덟 가지의 사람들입니다. 즉,

마음이 가난한 사람,

슬퍼하는 사람,

온유한 사람,

의에 주리고 목말라 하는 사람,

자비로운 사람,

마음이 깨끗한 사람,

평화를 위하여 일하는 사람,

핍박을 받으면서도 하나님의 의를 실천하는 사람들입니다.

이러한 사람들이 많아야 사회가 성스럽고 행복하게 되는 것은 말할 나위도 없읍니다. 기독교에서는 위에서와 같은 여덟 가지의 복을 '팔복(八福)'이라고 하는데 이 팔복은 산상수훈(Sermon on the Mount)의 제일 첫부분에 언급되어 있는 것입니다.

기독교에서는 인간이 이와 같이 산상수훈 등 성서가 밝힌 생활원리에 따라서 생활할 때 행복하게 되며, 그와 같은 원리에 따라 생활하는 사람들로 구성된 사회도 행복하게 된다고 하였읍니다. 기독교도 인간이 이상사회이든 행복한 사회이든 어느 것을 건설하려고 하든지 간에 그 출발점은 사회를 구성하는 인간 개개인이어야 하며 따라서 인간 개개인의 행동이 하나님의 가르침을 좇아서 이루어질 때 비로소 바람

직한 사회의 건설을 기대할 수 있게 된다고 하였읍니다.

한편, 불교에서도 인간 개개인이 올바른 가르침에 따라 생활할 때 비로소 그 사회는 올바른 사회가 됨을 강조하고 있는 것입니다. 우선 불교가 밝힌 사회조직체의 유형을 보기로 하겠읍니다.

불교가 밝힌 사회조직체의 세 가지 유형

불교에서는 사회나 조직체의 유형을 다음과 같이 세 가지로 나누고 있읍니다.

첫째는 지도자의 권력, 재력 또는 권위를 중심으로 하여 조직된 것입니다.

둘째는 사회구성원의 편의중심으로 구성된 조직체입니다. 이런 사회나 조직체는 구성원들이 상호간에 편의를 계속 느끼는 한 존재하기 마련입니다.

세째는 조직체의 구성원 개개인이 모두 어떤 '올바른 가르침'을 중심으로 행동할 뿐만 아니라 화(和)를 생명으로 하는 조직체인 것입니다.

그런데 불경에서는 이들 중 세 번째 것이 유일하고도 참된 사회조직체라고 합니다. 왜냐하면 그러한 사회에서는 구성원들이 모두 한마음이 될 수 있고 같은 정신에서 올바르게 살아갈 수 있기 때문이라는 것입니다. 이러한 사회조직체에는 화합과 만족과 행복이 있게 마련이라고 합니다(불교성전 제 390 판, pp. 478-479). 이와 같이 불교가 강조하는 것도 먼저 인간 개개인이 바람직한 생활원리에 따라 생활할 때 그 사회는 가장 바람직한 사회가 된다는 것입니다. 요는 이상주의자들이 시도한 바와 같이 유한한 인간이 먼저 무한한 지혜와 지식을 필요로 하는 '이상사회'를 상정한 후 이를 건설하려고 하지 말고, 개개인으로 볼 때 가장 바람직한 생활원리가 어떤 것인가를 먼저 찾아 이에 따라 행동해야 사회가 바람직한 방향으로 발전하게 된다는 것입니다. 되풀이하여 말하자면, 이상적인 사회에서 이상적인 인간의 순으로 생각할 것이 아니라 바람직한 생활원리에 따라서 생활하는 인간에서 바람직한 사회의 순으로 문제를 생각해야 된다는 것입니다.

그런데 인간이 어떻게 행동하는 것이 가장 바람직한가는 기독교의 산상수훈과 〈십계명〉에 잘 나타나 있다고 하겠읍니다. 십계명이나 산상수훈은 진정으로 좋은 사회를 만드는 데 필요한 인간의 행동원리가 어떠해야 되는가를 연구하는 데 있어 기독교 신자가 아닌 사람들에게도 큰 도움이 될 수 있을 것으로 보입니다. 십계명은 이 책에서 자세한 해설을 하려고 노력했읍니다. 그러나 산상수훈은 그대로 읽어도 이해하기 쉬울 것으로 보여 별도로 해설을 하지 않았읍니다. 대신에 저자가 현대영어로 된 최근판 성서에서 산상수훈 부분을 번역하여 원문과 함께 수록하였읍니다. 영어원문과 대조해 가면서 이상적인 인간은 어떠하여야 하는가를 잘 검토해 보기 바랍니다. 성서의 순서상 십계명을 산상수훈 앞에 놓았읍니다. 십계명의 해설을 읽은 뒤에 산상수훈을 읽기 바랍니다(이 글을 읽고 많은 도움말씀을 주신 서울대학교 정치학과 안청시 교수께 감사드립니다).

십계명(十誡命)과 현대인의 생활원리

세계제일의 경제대국 미국의 헌법과 십계명

　　세계제일의 경제대국 미국의 헌법은 1787년에 제정되었는데, 그 이후 200년이라는 오랜 세월이 흐르는 동안 약간의 수정은 있었으나 한 번도 바뀌지 않았읍니다. 그 헌법은 제정될 당시의 미국인의 생활에 아주 잘 맞도록 만들어졌다고 합니다. 그런데 놀라운 것은 그 동안 미국의 사회와 경제가 그렇게 많이 바뀌었는데도 불구하고 그 헌법은 아직도 미국인의 생활에 아주 잘 맞는 법이 되고 있다는 사실입니다. 이와는 대조적으로 우리가 알고 있는 많은 나라에서는 자주 헌법을 바꾸어 왔읍니다. 한국의 헌법은 8·15해방 이후 여덟 번, 태국의 헌법은 개국 이후 열한 번이나 바뀌었읍니다. 그런데도 불구하고 미국의 헌법이 200년간이나 한 번도 바뀌지 않은 이유가 무엇이겠읍니까? 허셀 포드 목사는 미국의 헌법은 어느 사회, 어느 시대에나 맞는, 인간의 변함없는 생활원리를 제시한 십계명(十誡命, Ten Commandments)에 그 기초를 두고 있기 때문이라고 하였읍니다.

　최근 경제성장이 침체하고 정치혼란도 극심하게 된 바 있는 필리 핀의 헌법은 조문의 수도 305개나 되고 그 설명도 길며, 1인당 소득 이 300달러에 불과한 최후진국 인도의 헌법은 이보다 조문의 수도 더 많고 설명도 길다고 합니다. 그러나 세계제일의 경제대국 미국의 헌법 은 조문의 수도 26개에 불과할 뿐만 아니라 그 설명도 아주 간명합니 다. 그러나 지금까지 한 번도 개정되지 않고서도 미국을 세계 최강국 으로 만드는 데 있어서 기본법이 되어 왔던 것입니다. 그 이유는 앞서 말한 바와 같이 십계명에 그 기초를 두고 있기 때문입니다. 십계명은 인간의 바람직한 생활이 어떠해야 되는가를 표현은 극히 간명하지만 매 우 포괄적으로 나타내고 있기 때문에 여기에 기초한 미국의 헌법도 미 국인의 바람직한 생활의 방향을 잘 나타내고 있는 것입니다.

경제윤리와 십계명

　십계명을 연구하는 이들의 공통된 견해는 인간생활의 본원적인 문 제를 십계명이 어떻게 그렇게 간명하고 포괄적으로 잘 나타낼 수 있을 까 하는 것입니다. 인간으로서는 도저히 그렇게 할 수 없을 것이라고 합니다. 십계명은 인간이 물질적으로는 물론 정신적으로도 행복한 생 활을 누릴 수 있게 하는, 인간의 바람직한 '생활원리'라고 할 수 있읍 니다. 그리고 특히 캄벨 모간 목사에 따르면 십계명은 '성스러운 국가 의 경제원리'도 제시하고 있다고 합니다. 이와 같이 십계명은 그야말로 성스럽고 풍요로운 사회의 건설원리를 밝힌 것입니다. 그렇지만 그 뜻 이나 의도하는 바가 너무나 심오하고 광범위하므로 이를 정확히 이해 하여 표현한다는 것은 인간의 능력을 넘어서는 것이 아닌가 합니다. 여기서는 주로 십계명의 경제적인 측면을 살펴보려고 합니다. 물론 십계명은 경제문제의 범위를 넘어서서 인간의 경제행위의 근본이 되는 도덕률을 규정하고 있으므로 이런 측면도 아울러 간단하게나마 검토하려고 합니다.

인간의 행복은 짐승의 경우와는 달리 물질적 만족에 의해서만 결정되는 것이 결코 아닙니다. 반드시 정신적 만족과 함께 이루어질 때 가능하게 됨은 물론입니다. 개인으로는 물론 국가 전체로 볼 때도 정신적 만족이 없는 물질적 만족만의 행복이란 있을 수가 없는 것입니다. 십계명은 인간의 정신적 행복이 물질적 행복과 조화되게끔 하려는 데에 그 목표를 두고 있읍니다.

십계명은 무엇보다 인간은 항상 하나님의 섭리를 깨닫고 그에 따라 살려고 노력하는 '겸손'한 사람이 되어야 함을 강조합니다. 그리고 인간은 열심히 일을 하도록 되어 있고 또한 해야 됨을, 즉 '근면'해야 됨을 강조하고 있읍니다. "제 일을 게을리 하는 사람은 일을 망치는 사람과 사촌간이라"(잠언 18장 9절)는 말의 뜻을 알 필요가 있는 것입니다. 또한 탐욕을 버리고 자기의 분수를 지키고 분복(分福)에 자족할 줄 아는 '검소'한 생활을 해야 함을 강조합니다. 또한 일상생활에서의 언행이나 일상거래에 있어서 청렴과 정직 곧 '염직(廉直)'해야 함을 강조합니다. 그런데 이와 같은 '근면', '검소' 및 '염직'의 셋은 바로 서구제국을 선진국으로 만드는 데 정신적 기초가 된 '청교도윤리(淸敎徒倫理, Protestant Ethic)의 생활신조'인 것입니다.

십계명은 모든 인간이 누구나 현재 자신이 하고 있는 일이, 크건 작건간에 하나님께서 정해 주신 직업이라는 '천직사상(天職思想)'을 가지고 능력을 다해서 그 일을 해야 됨을 가르치고 있읍니다. 아울러 하나님의 부르심을 받아서 그 일을 한다는 생각, 즉 '신의 소명의식(召命意識)'을 가지고 열심히 해야 된다고 합니다. 이것이 곧 '청교도윤리의 직업관'인 것입니다. 이러한 직업관은 각종 직업을 골고루 발달하게 만들었으므로 분업과 전문화를 촉진하였음은 물론 청교도들의 검소한 생활관은 저축과 혁신을 또한 가능하게 하여 서구 자본주의제국들이 선진국으로 발전하는 데 정신적 기반이 되었던 것입니다. 우리 나라 조선시대처럼 젊은이들은 누구나 과거에 합격하여 출세를 하고 권력을 휘둘러야 된다는 식의 '관직선호형'의 편향된 직업관이 아니었던 것입니다. 조선시대처럼 국민의 직업관이 관직지향형 등으로 편중되면 현대 산업사회 발달에 필요한 각종 직업의 균형적인 발전이 불가능하게 됨은 물론입니다. 이런 사회는 분업과 전문화가 불가능하게 되니 경제가 침체할 수밖에 없는 것입니다. 우리 나라에는 지금도 많은 사람들이 이러한 직업관을 갖고 있는 것이 아닌가 합니다. 이런 직업관은 현대 산업사회의 발전에 장애가 된다는 사실에 유념할 필요가 있읍니다.

십계명은 사유재산제도(私有財産制度)가 인간의 본능, 존엄성 및 사회정의의 면에서 볼 때 합당한 제도임을 밝히고 있읍니다. 어느 누구도 남이 열심히 일하여 번 재산을 도둑질하면 안 된다는 계명은 다른 관점에서 보면 누구든지 열심히 일하여 번 재산에 대해서는 신성불가침의 소유권을 갖고 있다는 것입니다. 십계명은 열심히 일하는 사람과 적당히 일하거나 노는 사람이 모두 평등주의에 입각하여 재산을 공유해야 된다는 공산사상(共産思想)을 근본적으로 부인하는 것입니다. 또한 도둑질하지 말라는 계명은 각종 부정부패와 불공정거래도 단호히 금지합니다.

십계명은 '있는 사람'들이 항상 사랑의 정신에서 '없는 사람'들에게 가진 것을 나누어 주어야 된다는 점을 강조하고 있읍니다. 이것은 현대 산업사회가 가장 해결하기 어려운 문제인 '분배와 형평'의 문제를 사랑의 정신으로 해결해야 함을 강조하고 있는 것입니다. 사실 사랑에 기초를 두지 않는 분배와 형평정책은 그 문제를 근본적으로 해결할 수도 없읍니다. 이러한 예는 선진국의 사례에서도 많이 볼 수 있읍니다. 십

계명은 그 전체를 흐르는 사상이 곧 사랑이므로 사랑을 바탕으로 경제
성장이나 분배와 형평의 문제를 해결해야 됨을 강조합니다. 사랑이 바
탕이 될 때 경제의 성장이나 분배는 바람직한 방향으로 이루어진다고
하겠습니다.

　　국가사회의 기본구성단위는 부모와 자녀로 구성되는 가정이고, 가
정은 또한 인간의 물질적·정신적 행복의 기본결정단위이므로 십계명
은 가정의 신성함을 크게 강조하고 있습니다. 가정이 파탄되면 가족 모
두가 불행하게 됨은 물론 국가사회도 그 기반이 흔들리게 되는 것입니
다. 현재 서구 선진국에서는 이혼율이 증가하고 가정파탄이 극심하여
사회 전체가 이른바 '선진국 병'을 크게 앓고 있습니다. 개인주의와 이
기주의가 팽배한 서구 선진국에서는 자녀들이 부모나 이웃의 복지에 대
한 책임을 기피하고 이를 국가에 떠맡기게 되므로 많은 국가에서는 재
정적자의 문제가 날로 심각하게 되어 가고 있습니다. 그리고 십계명은
간음하지 말라는 계명을 통하여서도 가정의 중요함과 신성함을 거듭 강
조하고 있는 것입니다.

　　가족의 복지문제를 동양은 주로 가족단위에서 해결하려고 하나 서
양은 국가차원에서 해결하려고 합니다. 가족의 문제를 가정의 차원에
서 해결하면 해결도 쉬울 뿐만 아니라 비용도 적게 듭니다. 그러나 이
를 정부에 떠맡겨서 해결하려 하면 그 해결도 어려울 뿐만 아니라 시
간과 비용도 많이 들게 됩니다. 미국의 막대한 재정적자의 문제도 사
실 이 점에 크게 기인하는 것입니다.

십계명과 그 핵심

　　열 가지의 계명은 다음과 같습니다.
　1. 하나님 외에는 어떠한 것도 섬기지 말라.

2. 우상을 만들어 섬기지 말라.

3. 하나님의 이름을 더럽히지 말라.

4. 엿새동안은 열심히 일하고 하루는 잘 쉬어, 즐겁고 하나님을 섬기는 성스러운 날이 되도록 하라.

5. 너희 부모를 공경하라.

6. 살인하지 말라.

7. 간음하지 말라.

8. 도적질하지 말라.

9. 이웃에게 거짓 증언하지 말라.

10. 이웃의 소유를 탐내지 말라.

이 열 가지 계명의 핵심은 다음의 성경말씀(마태복음 22장 35-40절)에 잘 나타나 있읍니다.

한 율법교사가 예수의 속을 떠보려고 "선생님, 율법에서 어느 계명이 가장 큰 계명입니까?" 하고 물었을 때 예수님께서는 십계명을 요약하여 이렇게 대답하셨읍니다. "네 마음을 다하고 목숨을 다하고 뜻을 다하여 주님이신 너희 하나님을 사랑하여라." 이것이 가장 크고 첫째가는 계명이다. "네 이웃을 네 몸과 같이 사랑하여라"는 둘째 계명인데 이는 첫째 계명 못지않게 중요하다. 이 두 계명이 모든 율법과 예언서의 골자이다.

십계명 중 1-4는 인간과 하나님과의 사랑으로 곧 '수직적 사랑'이며 5-10은 인간과 인간과의 사랑으로 '수평적 사랑'을 나타낸 것인데, 그 핵심은 어느 것이나 곧 사랑임을 알 수 있읍니다. 불교의 기본정신도 사랑, 곧 '대자대비(大慈大悲)'인 것입니다. '대자(大慈)'란 어떻게 해서든지 남을 돕고 구함으로써 남에게 행복을 더해 주는 것이며 '대비(大悲)'란 어떻게 해서든지 다른 사람의 아픔과 고통을 함께 나누어 불행을 덜어주는 것입니다. 그리고 "한 사람이 다른 사람에게 선행을 하면 다른 사람은 또 다른 사람에게 선행을 하게 되므로 선행이 연속될 계기가 마련된다. 이는 마치 수천 개의 촛불이 하나의 촛불에 의하여 다 켜질 수 있는 것과 같다(불교성전 390 판, 42 장경)"고 하였읍니다.

인간의 사랑 중 하나님의 사랑에 가장 가까운 것은 대가를 바라지 않는 부모님의 순수한 사랑이므로 부모공경이 제 5 계명으로 인간과 하나님과의 사랑을 나타내는 제 1-4 계명 바로 뒤에 오게 됩니다. 그리고 사람이 다른 사람과의 관계를 올바로 하려면 먼저 하나님과의 관계를 올바르게 하지 않으면 안 되므로 1-4 의 계명이 5-10 의 계명 바로 앞에 오게 되는 것입니다. 지금부터 이들 계명을 하나씩 살펴보도록 하겠읍니다.

제 1 계명―하나님 외에는 어떠한 것도 섬기지 말라

인간 망나니는 그야말로 '하늘 무서운 줄' 모르고 기분 내키는 대로 언동을 하며 제멋대로 살아갑니다. 항상 잘났다고 생각하며 살아가고 돈이라도 많이 벌든지 또는 출세라도 하게 되면 그야말로 '노는 것'이 가관입니다. 그러나 이런 사람도 중병을 앓거나 모진 시련을 겪게 되면 철이 들고 이른바 세상이치를 생각하게 될 뿐만 아니라 인륜(人倫)이나 천륜(天倫)을 따지는 등 하나님의 섭리를 깨달으려고 노력합니다. 그리고 하늘의 이치에 따르는 사람, 곧 순천자(順天者)는 흥하고 하늘의 이치에 거역하는 사람, 곧 역천자(逆天者)는 망하게 된다는 사실도 깨닫게 되는 것입니다. 대부분의 사람들도 나이가 들어감에 따라 자신의 능력이나 돈, 출세를 좇아 살기보다는 하나님의 섭리에 따라 사는 것이 최선책이라는 것을 깨닫게 됩니다. 곧 제 1 계명의 뜻을 깨닫게 되는 것입니다. 그리고 신앙을 갖는 것이 좋다고 믿어 '믿는 자'가 되기도 합니다. 불경도 믿음이 있는 자가 지혜를 깨닫고 진리를 터득하게 된다고 합니다.

정신적 행복은 종교적 본능의 충족에서

여러분이 가장 중시하는 것은 무엇입니까? 곧 제일 중요시하므로 그것을 믿고 섬기며 살아야 된다고 하는 것이 무엇입니까? 돈, 출세, 배경, 자신의 능력이나 명예입니까? 그런데 석가모니는 왜 왕자의 신분으로 호화스러운 궁전을 뛰쳐나와 고행길을 택했겠읍니까? 일본의 세계적인 작가 가와바다 야스나리는 노벨상이라는 세계 최고의 명예를 차지한 후 자살의 길을 택했고, 미국의 세계적인 소설가 어네스트 헤밍웨이도 돈과 명예를 다 차지한 후 역시 자살의 길을 택했는데 그 이유는 무엇이겠읍니까? 그리고 우리 나라에서도 돈 많은 사람이 자살하는 것이나 출세한 사람이 비명에 가는 경우를 적잖이 볼 수 있는데 그 이유는 또한 무엇이겠읍니까?

어떤 부인은 남편을 여의고 외아들만 믿고 갖은 고생을 다 하면서 살다가 그 아들이 불의의 사고로 죽으니 자신도 따라 자살하였읍니다. 그러한 부인은 외아들이 죽지 않는다고 하더라도 그 아들이 결혼하여 가정을 가지게 되면 며느리와의 관계를 그르치는 등 개인적으로 아주 불행하게 되기 쉽습니다. 이런 여인의 불행은 믿음의 대상을 잘못 정하였기 때문입니다. 이와는 반대로 믿음의 대상을 올바르게 정한 부인들은 쉽게 불행하게 되지도 않을 뿐만 아니라 불행이 닥치더라도 이를 잘 극복하며 아울러 남에게도 도움을 줄 수 있는 사람이 되는 것이 보통입니다.

인간은 짐승과는 달리 먹고 마시는 것이 아무리 풍족하다고 하더라도 먹고 마시는 것만으로는 만족하지 못합니다. 인간은 종교적 본능이 있기 때문입니다. 이 본능이 충족되지 않으면 물질적으로 아무리 풍족하게 되더라도 만족할 수 없는 것입니다. '외적 인간'은 먹고 마시는 것으로 만족할 수 있으나 '내적 인간'은 먹고 마시는 것으로는 만족할 수 없는 것입니다. 경제발전단계로 볼 때도 사실 인간의 불평불만이나 사회적 혼란은 의식주 등의 기본욕구가 충족되는 단계부터 심화되는 것이 보통입니다. 그리고 서구 선진국의 예를 보더라도 인간이 물질적으로 풍요롭게 되면 행복하게 되는 것이 아니라 정신의 타락이 심해져서 오히려 불행해지는 경우도 많음을 알 수 있습니다.

종교적 본능의 만족없이는 인간의 '참 만족'이란 있을 수 없는 법입니다. 그럼에도 불구하고 현대 많은 유물론자들은 인간이 물질적으로 만족하면 행복하게 된다고 말하고 있습니다. 이는 크게 잘못된 생각입니다. 플라톤은 무신론은 영(靈)적 질병이고 무신론자는 영적 환자라고 하였습니다.

무엇을 믿고 사는가 ?

인간은 종교적 본능이 있으므로 누구든지 마음 속에 섬기는 대상을 정해 놓고 살아갑니다. 마치 물고기가 물이 없으면 못살듯이 사람도 섬기는 대상이 없으면 못산다고 합니다. 그러므로 영적 존재인 인간이 올바른 생활을 하자면 무엇보다 섬기는 대상이 옳아야 하는 것입니다. 여러분의 '숭배의 대상' 또는 '여러분의 신'은 무엇입니까? 황금도, 명예도, 자신의 능력도, 어떠한 이데올로기도 숭배의 대상이 될 수가 없습니다. 대자연에 있는 기화요초 등의 잡신이 될 수도 없음은 물론입니다. 참 신은 '신 중의 신'인 하나님인 것입니다. 하나님을 믿고 하나님의 섭리를 따라 사는 것만이 영적 생활을 행복하게 하는 길입니다. 올바르게 사는 길은 하나님의 섭리를 무시하면서 돈이나 명예를 좇아 사는 것이 아니라 하나님의 섭리에 따라 살면서 이러한 것들을 올바르게 얻도록 성실히 노력하는 것입니다. 이와 같이 인간은 자신이 가장 중시해야 될 것을 올바로 정해놓고 사는 것이 무엇보다 중요합니다.

행복한 삶은 참 신을 섬기는 데서부터

인류의 오랜 역사를 놓고 보면, 수많은 인종이 수많은 종류의 신을 섬겨왔음을 알 수 있읍니다. 유사이래 가장 많은 신을 섬겼던 인종은 나무귀신, 물귀신, 부엌귀신, 마당귀신 등 사람 눈에 보이는 것에는 모두 귀신이 있다고 하여 무수한 귀신을 섬겼던 헬라인이라고 합니다. 그들은 혹시 빠뜨린 것이 있을지도 모른다고 하여 '기타귀신'이란 이름까지 붙여가며 섬겼다고 합니다. 한국사람 가운데도 산신령, 천지신령 등을 섬겼던 사람이 적지 않았음은 물론입니다. 인도인은 아직도 소를 신성시(神聖視)하고 있는데, 많은 경제학자들은 인도가 경제발전을 하려면 이런 신앙심부터 고쳐야 한다고 합니다.

나무나 돌을 신이 있다고 하여 섬기는 것은 '헛것'을 섬기는 것으로 정신적으로도 해로운 행위가 됨은 물론 귀중한 인력과 자원을 낭비하므로 물질적으로도 손해가 되는 것입니다. 그리고 '내가 잘났고 내가 최고'라고 뻐기며 자신을 섬기는 것도 자신의 능력이나 인격의 발전을 해치는 행위인 것입니다. 돈이나 명예를 섬기는 사람은 대부분 자신은 물론 남에게도 해로운 일을 하게 됩니다. 이런 것을 섬기는 것은 신성모독죄를 범하는 것이고 귀중한 인력과 자원을 낭비하는 죄를 범하는 것입니다. 이런 것들을 숭배하며 살다가 비참한 종말을 맞이하는 사람들을 우리는 적잖이 볼 수 있읍니다.

사람은 하나님을 바로 섬길 때 비로소 온전한 인간이 될 수 있는 것입니다. 인간의 비극은 하나님을 부정하는 것과 더불어 시작된다고 합니다. 남을 크게 해치는 이들은 대부분 하나님을 부정하는 사람들 중에서 나오는 것입니다. 가령, '민심(民心)은 천심(天心)'이라고 하는데 천심을 무시하는 정치가들의 종말이 어떻게 되는가를 보십시오.

잡신의 숭배는 재앙방지, 신병치유 또는 복을 비는 이른바 '기복신앙(祈福信仰)'으로 인간의 순수한 이기적 동기에 기인합니다. 그러나 하나님을 섬기는 것은 자신의 사람 됨됨이는 물론 원만한 인간관계의 유지와 그 개선을 위한 사랑에 기초를 두며 정신적인 풍요로움을 위한 것입니다. 국가사회의 장래는 총·칼에 달려있는 것이 아니라 국민들의 사람 됨됨이에 달려있고, 국민들의 사람 됨됨이는 국민들이 무엇을 가장 중시하며 살아가느냐에 달려있습니다. 따라서 국민이 믿고 섬기는 대상을 올바로 정하는 것이 무엇보다 중요하다고 하겠습니다.

제 2 계명—우상을 만들어 섬기지 말라

"너희는 하늘이나 땅이나 땅 아래 물 속에 있는 어떤 것의 모양을 본떠서 우상을 만들지 말며 그것에 절하거나 그것을 섬기지 말라. 나 여호와 너희 하나님은 질투하는 하나님이다. 그래서 내가 나를 미워하는 자를 벌하고 그의 죄에 대하여 그 자손 삼사 대까지 저주를 내리겠다. 그러나 나를 사랑하고 내 계명을 지키는 자에게는 그 자손 수천 대까지 사랑을 베풀 것이다"(출애굽기 20 장 4-6 절).

제 1 계명은 인간이 가장 중시하고 섬겨야 될 것은 돈이나 자신의 능력 혹은 출세나 권력 등이 아니고 대자연에 있는 기화요초도 아니며 신 중의 신(神中神)이며 참 신인 하나님임을 밝혔습니다. 곧 하나님만을 섬기라는 것입니다. 제 2 계명은 하나님을 섬기는 데 있어서 하나님에 대한 어떠한 우상이든 만들어서 거기에 절하는 등의 방식으로 섬기면 안 됨을 밝히고 있습니다.

인간은 신앙의 대상을 구체적인 형상으로 만들어 놓고 숭배하려는 성향이 강하므로 하나님을 섬기는 데 있어서도 그렇게 하려고 합니다.

하나님은 영이시고 물질이 아니므로 형상이 없읍니다. 하나님은 그야 말로 전지전능(全知全能)하고 무소부재(無所不在)하며 무소부지(無所不知)하고 무소불능(無所不能)합니다. 따라서 하나님의 형상은 인간이 마음대로 만들 성질의 것이 아니고 또한 인간이 그렇게 할 능력도 없는 것입니다. 하나님의 형상을 인간이 만든다면 이는 하나님의 능력을 제한할 뿐만 아니라 하나님에 대한 개념을 그르치게 하는 행위가 됩니다. 사실 인간이 만들 수 있는 신이라면 섬길 가치도 없는 것이 아니겠읍니까?

인간은 오로지 믿음의 마음과 영의 눈으로 하나님을 찾고 섬기도록 노력해야 되는 것입니다. 인간과 하나님 사이에는 어떠한 우상도 두어서는 안 되는 것입니다. 이렇게 하는 것이 하나님을 섬기는 가장 단순한 형태이기도 합니다. 사람들이 교회 안이나 밖에 하나님에 대한 이상한 그림이나 조각 등을 만들어 놓고 섬기지 않는 이유가 바로 여기에 있는 것입니다.

하나님의 형상을 우상으로 만드는 것은 이와 같이 불가능할 뿐만 아니라 이치에도 맞지 않는 것입니다. 그리고 경제적으로 볼 때도 낭비행위인 것입니다. 약간 다른 이야기이기는 하지만 예를 하나 들어보기로 하겠읍니다.

얼마 전 아시아개발은행 일로 네팔의 수도 카트만두 주위에 있는 티벳 난민촌을 방문했을 때 본 일입니다. 국가가 공산화되어가자, 많은 티벳인들은 정든 고향을 버리고 험준하기 이루 말할 수 없는 에베레스트산맥을 목숨을 걸고 넘어 네팔로 탈출해 왔던 것입니다. 그들은 네팔에 도착하자마자 곧 탈출할 때 갖고 온 얼마 안 되는 돈과 귀중품을 팔아 거대한 우상을 만들었던 것입니다. 이 때문에 그들은 더욱 가난하게 되었음은 물론 그 우상을 섬기는 데에도 귀중한 인력과 시간을 많이 낭비했던 것입니다.

"우상을 만들지 말라"는 제 2 계명은 가난한 티벳 난민들에게는 극히 타당한 계명이 아닌가 합니다. 인간이 우상을 만들어 섬기면 신성 모독죄를 범하게 됨은 물론, 우상을 만드는 데 있어서나 만든 후 이를 숭배하는 데 있어서도 귀중한 인력과 자원을 낭비하게 되므로 경제학에서 말하는 '비능률 죄'를 짓는 행위를 하게 되는 것입니다.

성서는 우상숭배자가 다음과 같이 된다고 하였읍니다. "이방인들이 섬기는 우상은 사람이 은붙이나 금붙이로 만든 것, 입이 있어도 말하지 못하고 눈이 있어도 보지 못하고 귀가 있어도 듣지 못하고 코가 있어도 냄새맡지 못하고 손이 있어도 만지지 못하고 발이 있어도 걷지 못하고 목구멍이 있어도 소리를 내지 못한다. 이런 것을 만들고 의지하는 사람들도 모두 그와 같이 될 것이다"(시편 115 편 4-8 절).

제 3 계명—하나님의 이름을 더럽히지 말라

"너희는 너희 하나님 나 여호와의 이름을 함부로 사용하지 말라. 나 여호와는 내 이름을 함부로 사용하는 자를 죄 없다고 하지 않을 것이다"(출애굽기 20 장 7 절).

"하나님을 두려워하여 섬기는 것이 지식의 근본"(잠언 1 장 7 절)이며 "사람이 겸손하여 하나님을 경외하면 재산과 영예와 건강을 누리나"(잠언 22 장 4 절), "하나님의 이름을 더럽히면 벌을 받게 된다"(출애굽기 20 장 7 절)고 하였읍니다. 제 1 계명은 다른 것은 어떤 것이라도 섬겨서는 안 되고 하나님만을 섬기라는 것이고, 제 2 계명은 하나님을 섬길 때 우상을 만들어서 섬기지 말라는 것입니다. 제 2 계명이 하나님을 섬기는 방법에 관한 것이라면 제 3 계명은 하나님을 경외하는 올바른 영적 태도에 관한 것입니다.

사람들의 이름은 대부분 지어진 동기와 배경이 있기 마련입니다. 어떤 사람들의 이름은 부모들의 간절한 희망을 나타내는 문구로 지어지는 경우도 있읍니다. 같은 이치로 하나님의 여러 이름은 그 존재의 특성을 나타내는 것입니다. 즉 여호와는 스스로 존재하는 자, 엘로힘은 강한 자, 아도나이는 주님, 엘 엘욘은 지극히 높은 자, 엘로이는 감찰하는 강한 자, 엘 사다이는 전능한 자, 엘 올림은 영원한 자 등을 나타내는 것입니다. 그러므로 그 이름을 더럽힌다는 것은 곧 하나님의 존재를 더럽힌다는 것이니 신성모독죄를 범하는 것입니다. 우리 나라에도 아버지의 이름이 가령 박제가인 경우 자식들이 그 이름을 바로 부르지 않고 '제'자 '가'자로 경외하여 부르는 습관이 오래 전부터 있었읍니다.

현대는 '욕설과 비방의 시대'라고 할 정도로 사람들이 욕설과 비방으로 이웃을 해치고 하나님의 이름을 더럽히고 있읍니다. 하나님의 말씀을 듣거나 좋은 책을 읽어 올바른 생각을 마음 속에 쌓아 두었다가 남들에게 두고두고 유익한 말을 해주려고 하기보다는, 자기 마음 속에 있는 것을 계속 끄집어 내는 데만 온 신경을 쓰는 사람들이 많습니다. 그런데 마음 속에 별로 든 것도 없는 사람들이 계속 속에서 끄집어 내려고만 한다면 나오는 것이 무엇이겠읍니까? 남을 비방하고 하나님의 이름을 더럽히는 말들이 대부분이 아니겠읍니까?

입으로는 하나님을 부르면서도 행동으로는 부인하는 사람, 하나님의 이름으로 거짓맹세하는 사람 그리고 경솔한 언동으로 하나님의 이름을 함부로 사용하는 사람 등은 모두 하나님의 이름을 더럽히는 사람들입니다. 예를 들면, 중병을 앓는 등 역경에 처했을 때 이를 극복시켜주기만 하면 하나님의 뜻대로 어떤 선행이든지 하겠다고 맹세를 하였다가 역경이 극복되면 모두 잊어버리는 사람들도 있읍니다. 성경에 손을 얹고 결혼서약 등의 맹세를 한 뒤 이를 저버리는 사람도 마찬가지입니다. 그리고 주문(呪文)에 하나님의 이름을 사용하는 것도 금하고 있읍니다. 왜냐하면 인간이 주문을 외면서 하나님이 금하는 목적의 달성에 하나님을 이용하려고 하기 때문입니다.

맹세에 관하여 성서는 다음과 같이 밝히고 있읍니다. "너희 하나님 여호와께 맹세한 일이 있거든 미루지 말고 그대로 해야 한다. 너희 하나님 여호와께서 틀림없이 그것을 너희에게 요구하실 것이다. 미루다가는 죄를 입으리라. 아예 맹세를 하지 않았더라면 죄를 입지 않을 것이다. 너희 입으로 한 말은 반드시 지켜야 한다. 마음에서 우러나 입으로 너희 하나님 여호와께 맹세했으면 그대로 해야 한다"(신명기 23 장 21-23 절).

그리고 이를 어긴 사람은 바로 회개해야 되는데 회개하면 "죄가 진홍같이 붉어도 눈과 같이 희게 되며, 다홍같이 붉어도 양털같이 희게 된다"(이사야 1 장 18 절)고 하였읍니다. 누구나 "하나님께 기꺼이 순종하면 땅에서 나는 좋은 것을 먹게 되나 기어이 거역하면 칼에 맞아 죽게 된다"(이사야 1 장 19-20 절)고 합니다. 결국 인간은 하나님 무서운 줄 알고 경외하며 하나님 뜻에 따라 살아야 된다는 것입니다.

하나님의 이름을 더럽히는 자는 하나님의 사랑이나 뜻이 세상에 전파되거나 다른 사람이 하나님의 섭리를 깨닫는 것을 방해하므로 결과적으로 다른 사람들에게 해로운 행위를 하게 되는 것입니다. 보다 적극적으로는 주기도문의 첫부분, 즉 "하늘에 계신 아버지여 이름이 거룩히 여김을 받으시오며"라는 말과 같이 가정과 직장, 사교생활과 일상생활 등에서 하나님의 뜻을 존중하고 그의 뜻에 따라 살며 서로간에 사랑을 실천하며 살아가는 것이 하나님의 이름을 더럽히지 않는 길이라고 하겠읍니다.

제4 계명—엿새 동안은 열심히 일하고 하루는 잘 쉬어 즐겁고 하나님을 섬기는 성스러운 날이 되도록 하라

"너희는 안식일을 기억하여 그 날을 거룩하게 지켜라. 엿새 동안은 열심히 일하고 이레째 되는 날은 너희 하나님 여호와의 안식일이므로 그 날에는 아무 일도 하지 말아라. 너희나 너희 자녀들이나 너희 종이나 너희 가축이나 너희 가운데 사는 외국인도 일을 해서는 안 된다. 나 여호와는 엿새 동안 하늘과 땅과 바다와 그 가운데 있는 모든 것을 만들고 이레째 되는 날에는 쉬었다. 그러므로 내가 안식일을 축복하고 그 날을 거룩하게 하였다"(출애굽기 20 장 8-11 절).

어떤 이는 밤낮 쉬지 않고 일만 하다가 쓰러지기도 하고, 어떤 이는 하루 놀고 하루 쉰다고 할 정도로 놀면서 살아가며 또 어떤 이는 싫은 일을 죽지 못해 억지로 하면서 살아가기도 합니다. 어떤 이는 육신 생활(肉身生活)만을 위하여 살고 또 어떤 이는 정신생활(精神生活)에도 신경을 쓰면서 살아갑니다.

마음에 드는 일을 열심히 잘 할 때는 잡념이나 악심(惡心)이 사라지고 심신도 맑아지므로 마음에 드는 일을 열심히 할 수 있는 사람은 축복받은 사람이라고 하겠읍니다. 그런데 인간의 몸은 쉬지 않고 일만 하도록 만들어진 기계가 아니므로 얼마간 일한 뒤에는 반드시 충분히 쉬어야만 하도록 되어 있읍니다. 자동차도 쉬지 않고 달리기만 하면 고장이 나므로 도로나 지형에 따라서는 60 분 달리고 10 분 쉬도록 하는 것이 좋다고 합니다. 대부분의 학생도 학교수업을 50 분 하고는 10 분간 쉬지 않습니까? 옛날 탄광에서 노새를 하루도 쉬지 않고 부렸더니 눈이 멀더라고 합니다. 노새도 엿새 일한 후 하루는 푸른 하늘을 쳐다 보는 등의 휴식을 필요로 하는 것입니다. 쉬는 가운데 피로가 풀리고 새로운 힘이 솟아나게 되는 것이므로 휴식을 잘 취하는 것이 일을 잘 하기 위한 기본조건이 되기도 합니다. 어떤 사람들은 일요일이 되면 만 사를 제쳐놓고 산이나 강가로 가서 충분한 휴식을 취하지 않으면 그 다 음 주에 일을 잘 할 수가 없다고 합니다. 충분한 휴식과 능률적이고 창 조적인 노동은 서로 긴밀한 관계에 있으므로 아인쉬타인은 일을 잘 하 는 것과 충분히 쉬는 것을 성공의 제 1 및 제 2 조건이라고 하였읍니다.

제 4 계명은 두 개의 부분으로 나누어 볼 수 있읍니다. 하나는 안 식일을 거룩하게 지키라는 것이고 다른 하나는 엿새 동안은 자신의 생 업에 열심히 종사하라는 것입니다.

인간은 열심히 일해야 된다는 것이 하나님의 뜻입니다. 그러므로 엿새동안 열심히 일하는 것 그 자체가 하나님의 뜻을 실천하는 성스러 운 행위인 것입니다. 그런데 하나님께서는 인간이 일만 계속하든지 또 는 마음대로 며칠 일하고 며칠 쉬라고 하시는 것이 아니라 반드시 6 일 동안 열심히 일한 후 하루는 쉬라고 하셨읍니다. 그리고 그 쉬는 날 은 시간을 그냥 빈둥빈둥 보내거나 향락에 쓰라는 것이 아니라 반드시 하나님을 섬기는 성스러운 날이 되도록 해야 한다는 것입니다.

열심히 일하는 사람만이 하나님을 섬길 수 있고 하나님을 잘 섬기 는 사람만이 일을 잘 할 수 있게 된다고 하였읍니다. 일과 휴식은 하 나님의 명령인 동시에 불가분의 관계에 있는 것임은 말할 필요도 없읍 니다. 엿새는 비록 '고달픈 날'이 될지라도 하루만은 충분히 쉬어 '즐거 운 날'이 되도록 해야 하고 엿새 동안은 '물질적인 삶'을 위하여 살지라 도 하루만은 하나님을 섬기는 '영적인 삶'을 위하여 살아야 합니다. 엿 새 동안은 육신을 위하여 산다면 하루는 정신을 위하여 살아야 된다는 것입니다. 그 하루는 '성스러운 날'이 되도록 해야 함은 물론이며 이웃을 돌아보는 등 '이웃사랑의 날'도 될 수 있도록 해야 할 것입니다. 엿새 동안은 '물질적인 풍요로움'을 위하여 살고 하루 동안은 '정신적인 성스러움'을 위하여 사는 것이 자신은 물론 사회를 '성스럽고 풍요롭게' 하는 길이 될 것입니다.

프랑스혁명이 발발하고 무신론이 팽배했을 때 사람들은 주일(主日)을 폐지하고 대신 열흘 일하고 하루 쉬는 식의 생활을 해본 적이 있었는데 그것은 곧 큰 실패로 끝나고 말았읍니다. 왜냐하면 사람의 육체는 엿새 일한 뒤 반드시 하루는 태엽을 다시 감아주어야 하는 괘종시계에 비유할 수 있기 때문입니다. 괘종시계도 감아주어야 가듯이 우리의 몸도 6일 일하고 하루는 '영적 양식'을 공급해 주어야 다시 일할 수 있게 되는 것입니다. 지금까지의 인체와 노동에 관한 실험의 결과에서도 인간의 몸은 6일 일하고 하루 쉬는 것이 가장 효율적인 것으로 나타나 있읍니다. 이렇게 생활할 때 인간은 시간을 가장 효율적으로 사용하게 되는 것입니다. 성서에는 주인뿐만 아니라 그의 종업원이나 소, 말 등의 사역동물도 엿새 일한 후 하루는 반드시 쉬어야 된다고 하였읍니다. 또한 그렇게 하면서 주인된 사람은 종의 처지를, 그리고 부리는 사람은 부림당하는 사람의 처지를 이해하고 동정할 줄도 알아야 할 것입니다. 그렇게 하여야 주종(主從)의 관계도 원만히 유지될 뿐만 아니라 생산성도 높아질 수 있는 것입니다. 이렇게 6일 동안 열심히 일하고 하루는 잘 쉬라는 계명은 기독교에만 있는 계명입니다.

현대는 치열한 경쟁의 시대이므로 그야말로 사력을 다하여 일해야 먹고 사는 시대라고 할 수 있읍니다. 따라서 고된 일만 하다가 쓰러지는 일이 없게, 그리고 육체적인 일만 하다가 정신적으로 피폐해지지 않게, 그리고 물적생활만 하고 영적생활은 못하게 되는 일이 없도록 하나님께서 이 계명을 두신 것은 얼마나 뜻깊은 일이라고 하겠읍니까? 구약시대에는 일주일의 마지막 날이 안식일(安息日)이었으나 신약시대에는 일주일의 첫날이 주일로 되었음을 밝혀두고자 합니다. 어떤 사람은 일요일에는 꼭 등산이나 운동으로 몸을 단련하여 다가오는 한 주일에 대비하여야 된다고 생각하는데 이런 사람은 일요일을 일주일의 첫날로 생각하는 사람인 것입니다. 반면에 엿새 동안 열심히 일했으니 일요일 하루는 꼭 쉬어야 된다고 하는 사람은 일요일을 일주일의 마지막날로 생각하는 것이 아닌가 합니다. 그런데 일요일은 엿새 동안 열심히 일한 후 하루 쉬는 날로는 물론 다가오는 새로운 한 주일에 대비하는 날로서도 중요합니다. 잘 쉬는 것도 결국은 새로운 한 주일을 잘 맞이하기 위한 것으로 볼 수 있는데, 이런 의미에서 일요일은 한 주일의 첫날이 되는 것이 합당하다고 하겠습니다.

제 5 계명—너희 부모를 공경하라

"너희 부모를 공경하라. 그러면 너희 하나님 나 여호와가 너희에게 주신 땅에서 너희가 오래 살 것이라"(출애굽기 20 장 12 절).

인간의 사랑 중 하나님의 사랑에 가장 가까운 것은 앞서 말한 바와 같이 대가를 바라지 않는 부모님의 순수한 사랑이므로 '부모공경의 계명'은 인간과 하나님과의 관계를 정한 제 1-4 계명 바로 뒤에 옵니다. 그리고 인간이 태어나서 제일 먼저 갖게 되는 인간관계가 부모님과의 관계이므로 이 계명이 인간관계를 정한 제 5-10 계명 중에서는 첫째가 되는 것입니다. 인간은 누구나 생명 그 자체를 부모님으로부터 받으며, 특히 어릴 때는 생존 그 자체를 부모님에게 전적으로 의지하지 않을 수 없습니다. 따라서 일생동안 정성을 다해 공경하더라도 부모님에게 다 갚지 못할 큰 빚을 지고 있는 것입니다. 성경은 자녀가 부모님을 공경해야 할 필요성을 강력하게 표명할 뿐만 아니라 "부모를 때리는 자나 업신여기는 자는 반드시 사형에 처하여야 한다"(출애굽기 21 장 15, 17 절)는 식으로, 하면 안 되는 것에 대하여서도 그렇게 표명하고 있습니다.

부모공경은 인간의 기본의무, 기본예절 및 기본도덕인 것입니다. 효도는 도덕법칙의 제 1 조이므로 모든 도덕이 여기에서 시작되는 것입니다. 인간이 태어나서 제일 먼저 맺는 인간관계가 부모님과의 관계이므로 이 관계가 잘 되어야 다른 인간관계도 잘 될 수 있는 것입니다. 삼강오륜 (三綱五倫)에서 부모공경을 제일 중요시 하는 것도 이 때문입니다.

누구든지 부모님의 말씀을 존경해야 하는 것입니다. "네 아버지의 명령을 지키며 네 어머니의 가르침을 저버리지 말고 그 말을 항상 네 마음에 깊이 새기고 깊이 간직하여라. 그것은 네가 다닐 때에 너를 인도하여 밤에는 너를 보호하고 낮에는 너에게 조언을 해 줄 것이다. 네 부모의 명령은 등불이며 그 가르침은 빛이요 교육적인 책망은 생명의 길이다"(잠언 6 장 20-23 절).

이 계명은 부모님을 위시하여 스승, 직장의 상사, 각계각층의 국가지도자 등 모든 윗사람들을 존경해야 할 뿐만 아니라 정부당국의 올바른 지도에도 복종해야 됨을 의미하기도 합니다. "누구든지 정부당국에 복종해야 합니다. 모든 권력이 다 하나님에게서 나왔기 때문입니다. 그러므로 그 권력을 거역하면 하나님이 세우신 권력을 거역하는 것이 됩니다"(로마서 13 장 1-2 절). 그러나 부모들도 자녀들의 공경을 받을 수 있도록 언행을 바르게 해야 함은 물론이고 정부도 국민의 신망과 존경을 받을 수 있도록 노력해야 함은 말할 필요도 없습니다.

부모를 공경하는 사람과 그렇지 않은 사람 간에는 '인간의 기초'가 되어 있는가와 없는가의 차이가 있는 것입니다. 그 차이는 마치 같은 빗방울이라도 태백산맥 저쪽에 떨어지면 동해로, 이쪽에 떨어지면 황해로 가는 것에 비유할 수 있을 것입니다. 부모를 공경하지 않는 사람은 부모의 마음을 아프게 할 뿐만 아니라 대개는 이웃과의 관계도 잘 유지하지 못하게 되며 이웃에 유해한 사람이 되는 것이 보통입니다.

부모와 자녀로 구성되는 '가정'은 인간사회를 구성하는 기본단위인 것입니다. 또한 가정은 인간행복의 터전이며 인간이 인간관계를 배우는 최초의 학교이며 교실인 것입니다. 경제생활에 있어서 가정은 소비, 소득분배 및 복지 등의 기본단위이기도 합니다. 따라서 가정이 잘 되어야 개인은 물론이고 국가사회도 잘 될 수 있음은 말할 필요도 없는 것입니다. 때문에 부모는 자녀를 잘 기르고 자녀는 부모를 잘 공경하여 모두가 훌륭한 가정을 이룩하도록 노력할 때 국가사회도 그만큼 튼튼하게 되는 것입니다.

성서는 "부모님을 공경해야 하나님이 주신 땅에서 오래 살게 된다"고 하였습니다. 특히 부모님이 연로하여 힘도 돈도 없게 될 때 그렇게 해야 되는 것입니다. 늙고 병약하여 우리가 안아 드려야 할 때에는 갓난아기일 때 부모님이 우리를 안아 키우셨던 일을 생각해야 하고, 병석에 누워 음식을 먹여 드려야 할 때는 어릴 때 부모님이 우리에게 그렇게 해 주셨던 일을 기억해야 합니다. 노약하여 우리에게 전적으로 의지하게 될 때는 우리가 갓난아기 때 부모님께 전적으로 의지하였던 일을 되새겨야 합니다. 그리고 부모님에게 돈이나 물건을 드려야 할 경우에는 어렸을 때 우리에게 아낌없이 주려고 하셨던 일을 기억해야 합니다. 누구나 결혼하고 때가 되면 부모가 되게 마련입니다. 우리가 부모님을 잘 공경해야 우리의 자녀들도 우리에게 그렇게 할 것이 아니겠읍니까?

미국 뉴욕시에는 자녀들의 버림을 받거나 집을 나와 질병과 가난 속에 거리를 방황하는 노인의 수가 5만을 넘는다고 합니다. 거리를 방황하지는 않더라도 자녀들의 기피 때문에 각종 공공보호시설에 수용된 노인들의 수는 현재 많은 선진국에서 날로 늘어나고 있다고 합니다. 가까운 이웃 일본에서도 평균수명이 늘자 '노령화 사회'의 노인문제가 심각해지고 있읍니다.

노인문제의 해결방식에는 나라와 시대에 따라 차이가 있습니다. 옛

날 우리 나라의 일부 지방에서는 고려장(高麗葬)이라 하여 병약하게 된
노인들을 움막이나 동굴 속에 그냥 내버렸다가 죽은 뒤 장사지내는 습
관이 있었읍니다. 미국 인디언들도 이런 풍습이 있었다고 하는데 인류
의 역사를 놓고 볼 때 이런 식으로 부모를 대우한 사람들이 잘 된 적
은 없었읍니다. 역사적으로 볼 때, 자녀들이 부모를 잘 모시고 부모들
도 자녀들을 정성껏 돌보아 행복한 가정생활을 했던 나라만이 부강하
게 될 수 있었던 것입니다.

노인문제나 가정파탄문제는 현재 선진국의 재정적자를 증가시키고
사회복지수준을 떨어뜨리는 기본요인이 되고 있읍니다. 경제학적으로
볼 때 부모님 봉양문제를 자녀들이 직접 해결하지 않고 국가사회에 맡
겨서 해결하려고 하는 경우에는 비용이 더 많이 드는 '비경제적인 방법'
이 됨은 물론입니다.

한 나라의 힘은 갖고 있는 무기보다 그 나라 국민들의 사람 됨됨
이에 달려 있읍니다. 하나님을 두려워하고 부모를 공경하며 이웃을 사
랑할 줄 아는 사람들이 사는 나라는 근본적으로 튼튼한 나라이며 '성스
럽고 풍요롭게' 되기 마련입니다. 사실 우리 나라에서도 심지어 친부모
님과 처부모님을 한 집에 같이 정성껏 모시는 등 부모님을 잘 봉양하는
자녀들이 적지 않고 자녀들의 장래와 교육을 위하여 평생을 희생하는
부모들도 적지 않습니다. 한국사회가 근본적으로 튼튼하다고 하는 것
도 이런 이유에서입니다. 불경에도 자녀들이 부모를 공경하는 가정에
는 부처님의 축복이 깃든다고 했읍니다. 부모를 잘 모시고 사는 가정
의 자녀들은 정신건강도 좋아지고 학교에서는 스승, 직장에서는 상사
그리고 생활 속에서는 동료들과도 좋은 관계를 유지하게 됩니다. 그리
고 인자하신 부모님의 얼굴이 떠오를 때는 죄를 범하려던 사람도 범죄
의 손을 멈추게 된다고 합니다. 부모를 공경하지 않는 사람은 다른 사
람도 존경하지 않는, 이른바 '사람 무서운 줄 모르는 사람'이 되는 것
입니다. 이런 사람들의 장래는 예측할 수가 없는 것입니다.

그런데 대개는 하나님을 경외하는 사람들이 부모님도 잘 모시고 부모님을 잘 모시는 사람들이 이웃과도 좋은 관계를 맺기 마련입니다. 이렇게 보면 인간과 하나님과의 관계, 인간과 부모님과의 관계 그리고 인간과 인간과의 관계 순으로 인간의 윤리규범을 정한 십계명의 통찰력이 얼마나 큰가를 다시 한번 느낄 수 있는 것입니다.

제 6 계명—살인하지 말라

이 세상에서 가장 귀한 것은 무엇보다도 인간의 생명입니다. 인간의 생명은 하나님께서 지으신 것으로 신성한 것이며 철저히 보호되어야 하는 것입니다. 불교가 크게 강조하는 것도 불살생(不殺生), 즉 생명의 존엄성입니다. 그리고 슈바이처 박사의 중심사상도 생명경외라고 합니다. 현재 세계 도처에서는 폭행, 각종 사고, 테러, 전쟁 등으로 수많은 사람들이 귀중한 목숨을 계속 잃어가고 있읍니다. 남의 목숨을 우습게 여기는 '생명경시시대'에 살아가고 있는 현대 인류에게 어떤 종류의 살인행위도 단호히 금하는 이 계명이야말로 그 중요성이 어느 때보다 크다고 하겠읍니다.

우선 살인의 유형을 보기로 하겠읍니다. 음주운전자가 차로 사람을 치어 죽이는 것은 '직접살인'이고 그를 그렇게 취하도록 술을 권하거나 판 사람은 '간접살인'행위를 한 것으로 볼 수 있읍니다. 그리고 자살자는 자신을 '직접살인'하는 자이고 과음, 과욕, 부주의 등으로 자신의 명을 단축하는 자는 자신을 '간접살인'하는 것입니다. 이렇게 보면 음식물을 잘못 만들거나 유해물질을 넣어 자신이나 남의 수명을 단축시키는 사람, 운전부주의나 무경험으로 자신이나 남을 다치게 하는 사람, 치료를 잘못하여 남의 건강을 해치는 사람 등 우리 주위에는 수많은 사람들이 알게 모르게 자신이나 남을 직접적으로는 아니더라도 간접적으로 살인하고 있음을 알 수 있읍니다.

간접살인행위의 예를 하나 더 보기로 하겠읍니다. 밤마다 술에 취해 늦게 들어오는 술주정뱅이 아들 때문에 날마다 애간장을 태우던 아버지가 하루는 또 술에 만취되어 들어오는 아들에게 총을 건네주면서 이렇게 말하였읍니다. "너의 어머니는 네가 술취해 들어오는 것을 볼 때마다 분통이 터져 매일 조금씩 죽어가고 있다. 너의 어머니를 매일 조금씩 말려서 죽이기보다는 차라리 이 총으로 단번에 쏘아 죽여라"고 하였읍니다. 술을 덜 마시라는 가족의 애절한 호소를 무시하고 매일 술을 마셔대는 이 술주정뱅이 아들은 참으로 부모나 가족을 매일 조금씩 말려 죽이는 간접살인자인 것입니다. 정치를 하는 사람도 실책으로 국민들을 전란 속으로 끌어들이거나 전쟁이 아니더라도 국민의 애간장을 태우게 하는 경우에는 국민을 살인하는 것과 마찬가지라고 말할 수 있는 것입니다.

성경은 '살인하는 행위'뿐만 아니라 '살인하는 마음'도 단호히 금합니다. 원한, 증오심 및 복수심 등이 살인하는 마음의 예인데 성서는 "자기 형제를 미워하는 자는 누구나 다 살인자"(요한 1서 3장 15절)라고 하며 또 이웃에 대하여 살인하는 마음인 복수심을 품지 말라고 하였읍니다. 그리고 "원수갚는 것은 내가 할 일이니 내가 갚아 주겠다. 그러니 네 원수가 굶주리거든 먹을 것을 주고 목말라 하거든 마실 것을 주어라. 그러면 네 원수는 머리에 숯불을 놓는 것 같아 부끄러워 견딜 수 없을 것이다"(로마서 12장 19-20절)고 하였읍니다. 불경에도 복수심이 강한 사람에게는 불운이 찾아온다고 하였읍니다.

성서는 '영혼의 살인'행위도 금합니다. 남을 유혹하여 죄의 구렁텅이에 빠뜨리는 것은 남의 영혼을 망치는 행위인 것입니다. 그리고 인간은 영적 존재이므로 올바른 신앙생활은 올바른 영적 생활에 절대적입니다. 그러므로 남에게 신앙생활을 못하게 하는 것이나 종교의 자유를 박탈하는 행위는 영혼의 살인행위가 되는 것입니다.

그런데 이 계명에서 제외되는 살생과 살인도 있음을 유의해야 합니다. 음식이나 의복을 마련하기 위하여 인간이 동물을 살생하는 것은 성서에서 금하지 않습니다. 그리고 "밤에 집을 침입하는 도적을 죽이는 것도 죄가 아니라"(출애굽기 22장 2절)고 하였읍니다. 그러나 "도적이라도 해가 뜬 뒤에는 살인하면 책임이 있게 된다"(출애굽기 22장 3절)고 합니다. 전쟁 중에 국가의 적을 살인하는 행위나 국가가 사형수를 처형하는 것도 마찬가지로 예외입니다.

제 7 계명—간음하지 말라

"간음하지 말라"(출애굽기 20장 14절)라는 말씀은 가정의 신성함과 행복을 보장하기 위한 계명입니다. 가정은 부부간의 성의 올바른 사용뿐만 아니라 인종의 번식과 인간의 행복 및 국가사회의 번영에 초석이 되는 신성한 제도인 것입니다. 따라서 가정 밖에서 발생하는 인간의 어떠한 성관계도 하나님은 단호히 금하고 있는 것입니다.

가정은 사람이 사람을 전적으로 믿을 수 있는 곳이고 십계명의 핵심인 사랑을 실천할 수 있는 곳이며 인간이 진정한 행복을 느낄 수 있는 곳입니다. 인간이 자손 대대로 이어갈 수 있고, 참된 신앙과 종교가 교육될 수 있는 곳도 가정입니다. 불경에는 "가정은 가족들의 마음과 마음이 화합하는 곳인데 마음이 서로 잘 맞는 가정은 아름다운 정원과 같으나 반대로 서로 맞지 않아 다투는 가정은 정원을 망치는 폭풍과 같다"(불교성전 제 390 판, p. 432)고 하였읍니다. 가정은 국가사회의 기본단위이며 사회질서의 기초입니다. 그러므로 가정이 무너지면 국가사회도 무너지지 않을 수 없는 것입니다.

그런데 '가정파탄의 제 1 원인'은 간음이라고 합니다. 가정파탄은 전가족을 불행하게 만들므로 어느 계명보다 이 계명을 범한 사람이 다른 사람 특히 가족에게 큰 불행을 끼치게 되는 것입니다. 간음은 가장 은밀하게 저질러지는 죄이며 도둑질하는 죄와는 달리 어린이가 아니라 어른이 이성적으로 또한 의도적인 계획하에 저지르는 죄인 것입니다. 위대한 목사 모리스 위저는 인간 불행의 50%는 이 계명을 범하는 데서 오는 것이라고 하였습니다. "여러분은 음란을 피하십시오. 사람이 짓는 모든 죄는 몸 밖에서 일어나지만 음행하는 사람은 자기 몸에게 죄를 짓는 것입니다. 여러분의 몸은 여러분 자신의 것이 아니라 하나님에게서 받은 것으로 여러분 안에 계시는 성령님의 성전(聖殿)이라는 것을 모르십니까?"(고린도전서 6 장 18-19 절) 불경에도 인간의 몸이란 자신의 것이 아니라 빌려서 잠시 사용하는 것에 불과한 것이라고 하였습니다.

성적 본능은 인간의 본능 중 가장 강한 것이므로 많은 사람들이 각종의 성관계 범죄를 짓게 됩니다. 성서는 성의 올바른 사용은 축복받는 행위가 될 수 있으나 그릇된 사용은 간음죄를 범하여 지옥가는 행위가 됨을 여섯 차례나 밝히고 있습니다. 여러분은 로마제국의 멸망이유가 무엇인지 아십니까? 물론 성도덕의 타락이었습니다. 역사적으로 볼 때 다른 많은 강대국의 멸망도 성도덕의 타락과 긴밀한 관계를 가졌던 것입니다. 성관련 제품의 생산이 급증하는 등 '성문화의 꽃'이 피고 성범죄가 창궐하는 데도 멸망하지 않고 존속한 나라는 없었던 것입니다. 성의 그릇된 사용은 인간의 존엄성을 무너뜨리므로 정신적인 피해는 물론 성병을 발생케 하므로 육체적인 피해도 주게 됩니다. 현재는 전인류가 'AIDS'라는 불치의 성병 때문에 공포에 떨고 있음은 말할 필요도 없습니다. 간음죄는 "내가 가진 모든 것을 송두리째 삼켜 버리는 파괴적인 지옥불과도 같은 것이다"(욥기 31 장 12 절). "육신을 따라 사는 사람은 육신의 일을 생각하지만 성령님을 따라 사는 사람은 성령님의 일을 생각합니다. 육적인 생각은 죽음을 뜻하고 영적인 생각은 평안을 뜻합니다"(로마서 8장 5-6절).

간음의 중요한 원인들 중의 하나는 올바르지 못한 결혼입니다. 결혼은 성서가 강조하듯 '사랑하는 사람간의 사랑'에 기초를 둔 것이어야 함에도 불구하고 많은 사람들은 결혼을 사랑보다는 돈과 출세를 위해 하기도 하며, 정욕과 고독감 등의 해소를 위해서도 하고 있읍니다. 이런 사람들은 나중에 사랑의 대상을 가정 바깥에서 찾으려 하기 쉬우므로 간음죄의 씨앗을 뿌리는 것이나 마찬가지입니다. 뿌린 씨앗은 불원간에 간음죄라는 열매를 맺게 되는 것입니다.

성서는 "남의 아내와 간통하는 것은 미련한 짓이며, 남의 아내를 범하는 것은 제 목숨을 끊는 것이고, 그런 사람은 맞아 터지고 멸시를 받으며, 씻을 수 없는 수모를 받게 되며"(잠언 6장 32-33절), "이웃집 아내와 간통한 사람은 그 여자와 함께 반드시 사형을 당해야 된다"(레위기 20장 10절)고 하였읍니다.

가장이나 주부의 간음은 대부분 가족을 모두 불행하게 만듭니다. 음란죄를 많이 짓는 사람은 이른바 '화류병'에 걸리고 이러한 병에 걸린 사람들이 불구아라도 낳게 되면 자식이나 부모가 평생 불행 속에 살아가게 될 수도 있는 것입니다. 간음 때문에 부부가 이혼하면 특히 어린 자녀들이 막대한 피해를 받게 되므로 이들이 부모의 간음죄의 대가를 혹독하게 치루게 되는 셈입니다. 유부남, 유부녀의 간음으로 사생아가 출생한 경우에는 사생아는 물론 본처, 본남편 및 그들의 자녀들까지도 막대한 피해를 받게 됩니다. 가정이 파탄되는 경우에는 더욱 그러합니다. 조선시대에는 첩에게서 태어난 아들은 서자(庶子)라고 하여 이들의 벼슬길도 끊었는데 이는 간음을 죄악시한 데도 크게 기인한 것입니다.

가정이 파탄되면 자녀들은 죄인의 길을 걸어 이웃과 사회를 크게 해치게 되는 경우도 많습니다. 실제로 어느 나라에서나 큰 범죄는 대부분 불우한 가정출신의 범죄자에 의하여 저질러 진다고 하지 않습니까?

성서는 육체적 간음은 물론 정신적 간음도 금합니다. "간음하지 말라고 하신 말씀을 여러분은 들었을 것입니다. 하지만 나는 여러분에게 이렇게 말합니다. 누구든지 여자를 보고 음란한 생각을 품는 사람은 벌써 마음으로 그 여자를 범한 것입니다"(마태복음 5장 27-28절).

제8계명—도적질하지 말라

인간이 제일 먼저 저지르는 죄

인간이 가장 먼저 범하는 죄가 도적질입니다. 이브가 제일 먼저 지은 죄가 에덴동산에서 금단의 과일을 훔쳐 먹은 것이었고, 어린이들이 자라면서 가장 먼저 저지르는 죄도 도적질이라고 합니다. 도적질은 인간이 가장 유혹받기 쉬운 죄라고도 합니다.

인간은 평생동안 땀을 흘리며 고되게 일을 해야 먹고 살 수 있게 되어·있으므로 열심히 일하여 먹고 살아야 하는 것입니다(창세기 3장 17-19절). 그러나 그렇게 하지 않고 남이 열심히 일하여 벌어 놓은 것을 도적질하는 것은 이 계명을 거스리는 행위인 것입니다. 또 이 계명을 다른 관점에서 보면 누구나 열심히 일하여 번 것은 소유할 수 있고 그 소유권은 신성하므로 침해당해서는 안 된다는 것입니다. 곧 사유재산을 인정할 뿐만 아니라 철저히 보호해야 된다는 계명이기도 합니다. 그러므로 이 계명은 열심히 일한 사람이거나 열심히 일하지 않은 사람이거나 모두 같이 재산을 공유해야 된다는 공산제도(共産制度)를 근본적으로 부인하고 있는 것입니다.

인간의 생존과 사유재산제도

"여우도 굴이 있고 하늘의 새도 보금자리가 있듯이"(마태복음 8 장 20 절) 짐승들도 소유욕이 대단합니다. 어떤 짐승들은 보금자리나 영토를 침해당할 때 목숨을 걸고 싸우기도 합니다. 인간의 경우에도 어린이들이 장난감 때문에 다투는 것이나 어른들이 더 많은 것을 소유하기 위하여 치열한 생존경쟁을 하는 것에서 볼 수 있듯이 인간의 소유욕은 대단한 것입니다. 소유욕은 인간의 생존은 물론 '종(種)의 보존'에 필수적일 뿐만 아니라 소유권은 인간의 존엄성과 직결됩니다. 인간에게 유형·무형의 재산을 소유할 천부의 권리를 인정할 뿐만 아니라 그것을 보호하고 그 침해를 방지하기 위한 이 계명이야말로 인간의 생존과 존엄성을 보호하기 위한 계명이라고 하겠읍니다.

사람은 맹자(孟子)의 말처럼 생활에 필요한 일정한 재산, 즉 항산(恒産)을 갖게 되면 흔들리지 않는 마음, 즉 항심(恒心)이 생기게 되므로 선량한 국민이 될 수 있읍니다. 그리고 소유한 것이 더 늘어날 희망이 있을 때는 더 열심히 일하게 되므로 누구나 성실한 국민이 되려고 할 것입니다. 그러나 가진 것이 없거나 소유물을 몰수당하거나 재산의 증식이 불가능하게 된 사람은 누구나 불안을 느끼며 심할 때는 난동을 부리거나 폭도가 되기도 합니다. 공산주의이론의 창시자 칼 마르크스는 노동자들이 그들의 소유물을 계속 박탈만 당하게 되면 드디어는 단결하여 사회를 넘어뜨리는 혁명을 일으키게 된다고 하였읍니다. 역사적으로 볼 때 폭도들은 어느 사회 어느 시대를 막론하고 거의 가진 것이 없고 소유의 희망도 없는 사람들이었던 것입니다. 그러므로 누구나 유형·무형의 재산을 갖도록 하고 또한 계속 더 가질 수 있도록 하는 것이 개인이나 사회의 건강 및 안정된 발전에 절대적인 것입니다. 개인자본(個人資本)이나 사회자본(社會資本)이 계속 골고루 잘 축적되어

나가도록 하는 것이 사회를 튼튼하게 발전되도록 하는 길인 것입니다.

자본주의경제의 요체도 '자본' 또는 '자산'의 사유, 즉 사유재산(私有財産)을 중시하는 것입니다. 이것이 바로 공산주의와의 근본차이입니다. 어떤 나라는 개인의 소유권을 박탈하여 국가에 귀속시키고 있는데 그러한 나라에서는 개인의 생활이 불안정하게 됨은 물론 인간의 존엄성이 박탈당하고 인격이 무시되므로 그 나라의 국민들은 활력을 잃게 될 뿐만 아니라 소수의 국가통제자의 지시에 따라 살아가야 하는 노예의 처지가 되고 또한 통제사회라는 거대한 기계에 붙어 돌아가야 하는 하나의 작은 부속품 신세가 되는 것입니다. 인간의 개성과 자율이 무시되게 되면, 사회 전체도 활력을 잃게 되고 침체하게 되는 것입니다. 공산국가들이 바로 그러한 예에 속합니다. 공산주의는 그 창시자인 칼 마르크스의 무신론(無神論)과 유물사관(唯物史觀)에 기초하고 있으므로 개인의 소유권을 부인하는 것은 물론 인간의 성스러운 정신이나 우정 및 사랑에 바탕을 둔 인간관계를 근본적으로 부인하고 있읍니다. 헨리 키신저 박사도 유물사관의 논리에 따라 살아가는 공산주의자들과 개인적으로 우정을 두텁게 하는 등 친밀한 인간관계를 유지할 수 있다고 생각하는 것은 큰 오해라고 말한 바 있읍니다.

무신론과 유물사관에 바탕을 두어 개인의 소유권을 부정해 온 공산주의경제는 소련이나 중공을 막론하고 최근 모두 심한 경기침체를 거듭하고 있음은 말할 필요도 없읍니다. 중공의 실권자 등소평(鄧小平)이 "마르크스는 죽었다"고 선언한 것이나, 소련공산당 서기장 고르바쵸프가 "마르크스주의나 유물론은 시대에 뒤떨어진 사상"이라고 한 것도 바로 이런 이유에서입니다. 이들 모두가 이윤이나 자유기업 등 인간의 기본소유욕을 인정하는 자본주의 경제방식을 도입한다는 방침을 발표하였음은 잘 알려진 바와 같습니다. 중공이 개인의 소유권을 인정하고부터 중공의 농업생산성은 몇 배나 향상되었다고 합니다. 이 때문에 앞으로는 소련이나 베트남도 사유재산권을 인정할 것이라고 합니다.

재물을 갖게 되는 세 가지의 방법

사람이 재물을 갖게 되는 데에는 세 가지의 방법이 있습니다.

첫째는 정직하게 열심히 일을 한 대가로 재물을 갖게 되는 것이고,

둘째는 순수한 사랑의 동기로 남이 즐겁게 선물로 주는 것을 받아서 갖게 되는 것이며,

세째는 남에게서 도적질하여 갖게 되는 것입니다.

성서에는 인간의 재물 중 정당한 노동의 대가나 순수한 동기의 사랑을 기초로 하여 받은 것만이 옳은 재물이고, 그 외의 것은 모두 도적질하여 갖게 된 것이라고 하였읍니다. 즉, 위에서 말한 앞의 두 가지는 합법적인 재산이나 마지막 한 가지는 불의(不義)의 재산이라는 것입니다.

그런데 성서는 옳은 재물을 모은 사람이라고 하더라도 그 재물을 항상 가난한 이웃에게 나누어 주어야 함을 강조하고 있읍니다. 그렇게 하지 않으면 사랑을 실천하지 않는 죄를 범하는 것이라고 합니다. 특히 가난한 사람들을 대상으로 하여 많은 재산을 모은 사람이 그들에게 그것을 나누어주지 않는 것은 큰 죄를 범하는 것이라고 합니다. 이런 부자에 대하여 성서는 다음과 같이 말하고 있읍니다. "내가 다시 말하지만 부자가 하나님의 나라에 들어가는 것보다 낙타가 바늘귀로 통과하는 것이 더 쉽다"(마태복음 19 장 24 절).

도적질을 하는 이유

사람이 도적질을 하는 이유는 첫째, 인간은 땀을 흘리며 열심히 일해야 먹고 살게 되어 있다는 하나님의 섭리를 인정하지 않기 때문입니다. 그리고 현재 자신이 하는 일이 자신의 능력을 감안하여 하나님께

서 정하여 주신 것이나 마찬가지인데도 능력을 다해서 열심히 일하지 않으며, 현재 받고 있는 보수도 많건 적건 자신의 능력과 처지를 반영한 것인데도 이를 인정하지 않고 부당하게 자신의 이익만 고집하기 때문입니다. 곧 신앙심이 없거나 부족할 뿐만 아니라 '청지기'처럼 성실하게 맡은 일을 처리해야 된다는 생각을 하지 않기 때문입니다.

둘째는 탐욕입니다. 자신의 능력이나 분수 이상의 것을 바라는 탐심이 도적질의 뿌리라고 합니다.

세째는 주위의 악한 사람들, 이른바 '사탄'의 교사 때문입니다. 악심이 생기고, 마음 속에 사탄이 들어간 사람은 이브가 뱀의 말을 경청하듯이 '마귀의 직업'인 도적질에 마음이 쏠린다는 것입니다. 나쁜 친구 때문에 도적질하는 사람도 적지 않을 것으로 보입니다. 좋은 친구를 사귀고 좋은 환경에서 살아가는 것이 그만큼 중요한 것입니다.

도적질의 유형

도적질은 인간이 제일 많이 범하는 죄로 그 유형도 다음과 같이 여러 가지입니다.

1. 남의 돈이나 물건 등을 도적질하는 것.   이런 도적질은 두 가지로 나눌 수 있는데 하나는 강도, 절도 등 '집 밖에 있는 도둑'이고, 다른 하나는 식구나 가정부, 동거하는 친척 등이 저지르는 '집안에 있는 도둑'입니다. 남이 가진 물건이나 돈을 직접 빼앗는 것도 도적질이지만, 압력을 넣어서 남이 스스로 가져오게 하여 빼앗는 것도 마찬가지로 도적질인 것입니다.

조선시대의 탐관오리들이 백성들에게 "네 죄는 네가 알렸다"는 식으로 압력을 넣어 돈을 스스로 가져오게 하였던 것은 잘 알려진 바와 같습니다. 인류의 오랜 역사를 놓고 보면 다음의 성경말씀에 잘 나타난 바와 같이 백성의 것을 빼앗는 탐관오리들이 활개를 친 경우가 수 없이 많았던 것입니다. "너의 지도자들은 반역자요, 도적들과 한 패이며 하나같이 뇌물과 선물받기를 좋아하고 고아와 과부의 억울한 문제를 해결해 주지 않는구나"(이사야 1장 23절). 이런 유의 도적은 국가사회 전체의 관점에서 볼 때 가장 나쁜 죄라고 하겠읍니다.

2. 상거래와 관계되는 것. 이는 가장 흔한 도적질로 각종 상거래를 하는 사람들이 저울로, 자로, 되로, 광고 등으로 상대방을 속이는 것입니다. 즉, 각종 불공정거래로 상대방에게서 빼앗으려고 하는 것입니다. 현대의 복잡한 산업사회에서는 가짜상품, 함량이나 성분미달 상품, 오염이 심한 상품 등 수많은 형태의 나쁜 상품을 만들어 남을 속이는 불공정거래가 이루 말할 수 없이 많게 될 수 있는 것입니다.

한 시골 정육점에서 주인과 손님이 서로 속이는 장면을 그린 그림 이야기가 있읍니다. 닭고기를 파는 주인은 50 대 남자로서 저울대 반대편에 서서 저울에 닭고기를 올려놓은 후 온순한 얼굴에 이상한 미소를 띠면서 손가락으로 저울을 아래로 누르고 있었읍니다. 손님은 백발이 성성한 60 대 중반의 여자인데 저울대 이쪽에서 주인이 고기를 저울대에 올려놓자 얼굴에 역시 이상한 미소를 띠면서 손가락으로 저울을 위로 떠받치고 있었읍니다. 그런데 주인과 손님은 모두 손가락으로 저울을 누르고 떠받치며 속이는 데 정신이 팔려 서로가 속이고 있는 것도 몰랐던 것입니다.

이렇게 서로 속이는 경우, 속이는 사람이 보는 이득은 속는 사람이 보는 손해와 똑 같으므로 사회전체로 볼 때는 백해무익한 것입니다. 오히려 속이는 데 귀중한 시간이나 정력을 쓰게 되므로 그만큼 손해가 되는 것입니다. 성서는 일상거래에서 서로 속이지 말 것을 누누이 강조하고 있읍니다. "너희는 땅을 사고 팔 때 서로 속이지 말아라"(레위기 25장 14절). "주머니에 같지 않은 저울추, 곧 큰 것과 작은 것을 넣지 말 것이며 내 집에 같지 않은 되, 즉 큰 것과 작은 것을 두지 말 것이요, 오직 십분 공정한 저울추를 두며 십분 공정한 되를 둘 것이라.
그리하면 하나님 여호와께서 주시는 땅에서 내내 장수하리라"(신명기 25
장 13-15절).

　3. 남에게 돌아갈 몫을 떼어먹는 것.　　빌린 돈을 갚지 않는 것
이나 종업원에게 돌아갈 임금의 일부를 착취하는 것, 종업원이 주인에
게 보수에 상응하는 일을 해 주지 않는 것, 공공요금을 받아서 착복하
는 것, 정당한 세금을 내지 않는 것, 공금을 횡령하는 것 등 이런 종
류의 도적질은 한없이 많은 것입니다. "기업은 망해도 기업가는 잘 산
다"고 하듯이, 기업의 돈을 뒤로 빼돌리는 사람도 도적질을 하는 것입
니다. 국민의 돈을 해외에 빼돌리고 자본을 도피시키는 것도 마찬가지
입니다.

　관리인, 후견인, 변호인 등 남의 재산을 맡아서 관리하는 사람들
이 관리하는 재산을 떼어먹거나, 하청을 주고 받는 기업들이 서로 돈
이나 물건을 떼어먹는 경우도 도적질입니다. 관직에 있는 사람이 국민
들에게 응당히 해 주어야 할 서비스를 뇌물, 급행료 등을 받고 해 주
는 것도 마찬가지입니다. 이외에도 가짜 영수증을 만들어 주고 돈을 더
받아 내는 것이나 고리대금업 등 남의 몫을 떼어먹는 예는 이루 말할
수 없이 많은 것입니다. 고리대금업자와 탕자의 대화가 있읍니다. "언
제 탕자의 짓을 그만 두느냐?"는 고리대금업자의 질문에 탕자는 "당
신이 고리대금업을 그만 둘 때 나도 탕자의 생활을 그만 둔다"는 것이
었다고 합니다.

　성서는 도적질 중 과부, 고아, 불구자, 가난한 사람 등 경제적 약
자로부터 도적질하는 것을 가장 나쁘다고 합니다. "보라. 너희 밭에서,
추수한 품꾼에게 주지 아니한 삯이 소리지르며 추수한 자의 우는 소리
가 만군의 귀에 들리느니라"(야고보서 5장 4절).

　4. 노력하지 않고 남의 재물을 차지하려고 하는 도박행위.　　도

박꾼보다 차라리 술고래가 낫다고 할 정도로 도박은 인간에게 해로우
며 도둑과 쌍동이라고도 합니다. 도박벽(賭博癖)이 심한 사람은 도둑과
마찬가지로 공짜로 큰 재물을 얻으려고 하다가 대개는 있는 재산마저
잃게 되는 것입니다. 도박으로 재산을 잃을 때는 대개 명예와 인격도
같이 잃게 되는 것입니다.

자신에 대한 도적질

이상은 남에게서 도적질하는 것이지만, 자기 자신에 대해서도 도
적질할 수 있는 것입니다.

5. 알뜰히 모은 재산을 탕진하는 것.   탕자는 도둑과 마찬가지
로 자신에게서 재물을 빼앗는 사람입니다. 게으른 사람도 귀중한 시간
과 노력을 낭비하므로 일종의 도적이라고 할 수 있읍니다. 사치와 허
영 때문에 빚을 내어 가면서까지 소비하는 사람이나 저축할 여력이 있
음에도 불구하고 저축을 않고 소비만 하는 사람은 자기 자신에게서 재
물을 빼앗는 사람인 것입니다.

6. 남의 보증을 서는 행위.   위험한 줄 알면서 보증을 서는 사
람은 자기 자신에게서 재물을 빼앗는 사람인 것입니다. "너는 남의 빚
보증을 서지 말아라. 만일 네가 그 빚을 갚아 줄 수 없을 경우에는 네
잠자리까지 빼앗기게 될 것이다"(잠언 22장 26-27절).

7. 자신에게 지나치게 인색한 사람.   '구두쇠'는 자신에게 일용
품마저 용인하지 않으므로 자신에게서 재물을 빼앗는 사람인 것입니다.
이런 사람들은 지나치게 인색하기 때문에 "부귀영화를 아쉬움 없이 하
나님께 받았으면서도 그것을 마음껏 누려보지 못하고 엉뚱한 사람에게
물려주게 되는 일이 있다"(전도서 6장 2절)는 것입니다.

물질 이외의 도적질

이상은 물질에 관한 도적질이나 물질 이외의 도적질도 적지 않습니다.

8. 남의 인격의 도적질.　인신매매, 어린이유괴, 인질 및 납치 행위 등이 그 예입니다. "유괴범은 유괴한 사람을 팔아 버렸든, 잡아 두었든 간에 반드시 사형에 처해야 한다"(출애굽기 21장 16절).

9. 남의 성격의 도적질.　요상한 향락시설이나 사행심 조장시설을 만들어 성인의 마음을 타락시키고 청소년의 성격을 비뚤어지게 하는 사람은 남의 성격을 도적질하는 것입니다.

10. 남의 명성의 도적질.　남을 비방하여 명성을 떨어뜨리는 행위입니다. 세익스피어가 "내 돈을 훔치는 사람은 돈만 가져가나 내 명성을 좀도둑질하는 사람은 그것으로 득도 보지 못하면서 참으로 나를 가난하게 만든다"고 했듯이 남을 비방하는 자는 남의 명성을 도적질하는 것입니다.

11. 남의 평화와 행복의 도적질.　남의 남편이나 아내의 애정을 빼앗아 평화롭고 행복하던 남의 가정을 파괴하고 그 가족에게 상처를 입히는 행위가 그 예입니다. (이상은 토마스 왓슨, 허셀 포드, 캄벨 모간, 아더 핑크의 십계명해설에 따른 것입니다.)

하나님이나 부모님에 대한 도적질

12. 가령 운동경기 등에서 크게 승리를 하면 그 영광을 어떤 사람은 천부의 재능을 주신 하나님께 돌리고, 어떤 사람은 육신을 낳아주신 부모님께 돌리며 또 어떤 사람은 코치나 자기 자신에게 돌리기도 합

니다. 사실 유명한 운동선수, 가수, 학자, 정치가 등이 될 자질은 천부적으로 타고나는 경우가 많으므로 승리의 영광은 하나님이나 부모님께 돌아가야 하는 것입니다. 따라서 이러한 영광을 자신에게만 돌리는 사람은 하나님이나 부모님으로부터 그 영예를 빼앗는 것입니다. 그리고 그야말로 천기(天氣)가 좋아 풍년이 들고 천우신조(天佑神助)하여 경제가 호황을 누릴 때 그 영광을 정책담당자들이 다 차지하려고 하는 것도 마찬가지입니다.

　13. 엿새 동안 열심히 일하고 하루는 잘 쉬고 거룩하게 보내라는 계명을 어기는 것은 하나님께 돌아갈 몫을 빼앗는 것입니다. 그 하루를 환락이나 각종 범죄를 저지르는 데 사용하는 경우는 더욱 그러합니다. 시간의 7분의 1이나 소득의 10분의 1은 하나님의 몫이므로 하나님께 돌려야 하는 것입니다. 곧 성스러운 목적에 써야 하는 것입니다. 이런 것을 지키지 않는 것은 하나님의 것을 빼앗는 행위라는 것입니다.

　14. 인간은 누구나 육신을 낳아서 기르신 부모님께 아무리 갚아도 못다 갚을 큰 빚을 지고 있는 것입니다. 부모님께 은혜를 갚지 않는 것은 부모님으로부터 도적질하는 것입니다.

　"부정한 방법으로 돈을 모아 부자가 된 사람은 자기가 낳지 않은 알을 품고 있는 자고새와 같아서 언젠가는 그것이 자고새를 버리고 날아가 버리듯 그의 부도 조만간에 그를 떠날 것이니 결국 그는 어리석은 자가 되고 말 것이다"(예레미야 17장 11절).

도적질을 안하게 되려면

　첫째, 누구나 "도적질하던 사람은 이제부터 그런 짓을 그만두고 제 손으로 일하여 떳떳하게 살며"(에베소서 4장 28절), "제 힘으로 벌어 먹도록 하라"(데살로니가후서 3장 12절)는 말과 같이 스스로 벌어서 먹고,

그야말로 "일하기 싫어하는 사람은 먹지도 말라"(데살로니가후서 3장 10절)고 하듯이 반드시 열심히 일을 하여 먹고 살도록 해야 합니다.

둘째, "돈을 위해서 살지 말고 지금 가지고 있는 것으로 만족할 줄 알고"(히브리서 13장 5절), 돈을 좇아서 살지 말고 하나님의 섭리를 생각하고 세상의 이치를 좇아 살며 하나님이 주신 '분복(分福)'에 만족하고, 모든 일에 절제하며 자족하는 법을 배워야 하는 것입니다.

세째, 도적질에 대한 보답이 어떤 형태로 이루어지는가를 잘 알아야 합니다. 도적질을 하는 사람은 대개 약간의 재물을 얻으려고 하다가 그것의 몇 배 되는 것, 심지어는 인생의 전부를 잃어버리게도 됩니다. 특히 배우는 위치에 있는 어떤 학생이 다른 학생의 물건이나 돈을 강탈하는 경우를 보십시오. 잃은 학생은 잃은 것만큼만 손해를 보나 강탈한 학생은 나중에 체포되면 도적질한 것을 모두 빼앗김은 물론 심한 경우에는 퇴학을 당하므로 인격, 명예 및 장래를 모두 잃어버리게 되는 것입니다. 도적질을 하는 사람은 설령 물질적으로는 풍요롭게 된다고 하더라도 양심의 가책을 받으면서 일생동안 수치스러운 삶을 살게 됩니다. 사실 "도둑이 제 발 저린다"고 하듯이 도둑은 항상 불안과 두려움과 양심의 가책 속에서 살아가는 불행한 사람이라는 사실을 명심할 필요가 있읍니다.

뿐만 아니라 도둑은 하늘의 처벌을 받게 됩니다. 도둑들은 도적질한 돈을 대개는 환락가에서 탕진하게 되듯이 도둑의 돈은 도둑의 건강을 해치고 명(命)을 단축하는 방향으로 쓰여집니다. 도둑은 도적질한 돈을 스스로 지은 죄를 처벌하는 방향으로 쓰게 마련이라는 것입니다. 도둑에 대하여는 대개 하나님의 무서운 처벌이 내리기 마련입니다. "내가 저주를 보내겠다. 그것이 도둑의 집과 내 이름으로 거짓 맹세하는 자의 집에 들어가 그 집에 머물며 그 집의 나무와 돌까지 모조리 소멸할 것이다"(스가랴 5장 4절).

도둑과 경제

가령 수험생이 애지중지하는 책을 어떤 사람이 훔쳤다면 잃은 사람은 막대한 손해를 보나 도둑은 헌책 정도의 득밖에 못봅니다. 도둑의 득(得)보다 잃은 사람의 실(失)이 비교할 수 없을 정도로 큰 것입니다. 이와 같이 도둑은 일반적으로 약간의 득을 보기 위하여 사회에 막대한 손해를 끼치게 됩니다. 설령 도둑이 새책을 훔쳐 같은 값에 판다고 하더라도 사회적으로 보면 하등의 이득이 없는 것입니다.

남의 물건을 훔치지 않더라도 도둑은 다른 사람들로 하여금 담장을 높이 쌓게 하고, 담 위에 철조망을 치게 하며, 개를 키우게 하고, 경비를 세우게 하는 등 불안한 생활을 하도록 만듭니다. 뿐만 아니라 국가로 하여금 경찰관의 수를 늘리게 하고, 감옥을 더 짓도록 하며, 재판관의 수를 늘리게 하는 등 국가사회에 대하여도 막대한 피해를 끼치게 됩니다.

이런데 낭비할 돈을 공장을 더 짓고 해외자원을 개발하며 기술을 개발하고 학교시설을 늘리는 데 사용하는 경우와 비교하면 도둑이 사회에 끼치는 피해는 그야말로 막대함을 알 수 있는 것입니다. 외채가 많은 후진국이 외국 빚을 얻어 와서 경찰관의 수를 늘리고, 감옥을 더 짓는 데 사용한다면 도둑의 사회적인 피해는 얼마나 크겠읍니까?

"누가 도둑이냐? 모두가 도둑이다", "송사리같은 도둑만 잡히고 낙타를 통째로 삼키는 도둑은 멀쩡하다"고 할 정도로 사회에 도둑이 많고 사회정의가 붕괴되면 사회가 어떻게 되겠읍니까? 그런 사회는 끝장이 나는 것입니다. 인류의 오랜 역사를 놓고 보면 이런 국가사회도 적지 않았던 것입니다. 이런 나라에서는 국민 모두가 서로에게 피해를 주고 받으며 서로 보복하는 데 국력을 다 쓰게 되는 법입니다. 이런 사회일수록 이른바 "나야말로 당했으니 언젠가는 보복을 하고 말겠다"고 생각하는 사람이 많아지므로 사회가 항상 불안하게 됨은 말할 나위도 없는 것입니다.

이와 정반대 되는 사회에서는 국민 모두가 서로에게 은혜를 베풀므로 모두가 서로에게 큰 빚을 지고 있다고 생각합니다. 그러므로 "나야말로 가정, 직장 및 국가사회에 큰 신세를 졌으니 언젠가는 꼭 갚아야겠다"고 생각하는 사람의 수가 많은 법입니다. 일본의 유명한 경제학자 미찌오 모리시마는 일본사회야말로 바로 이런 사회라고 하였읍니다. 그러므로 일본사회는 근본적으로 튼튼하다고 합니다. 미국 하바드대학의 헨리 로솝스키와 예일대학의 휴 패트릭은 일본은 바로 이 점 때문에 앞으로도 고도성장을 지속할 것이며, 그것도 서구선진국의 거의 2배 수준으로 성장할 것이라고 하였읍니다. 그런데 모리시마는 중국은 전통적으로 억울하게 빼앗겼다고 느끼는 사람들이 많은 사회라고 하였는데, 이는 중국의 정체성에 대하여 시사하는 바 크다고 하겠읍니다.

국민 모두가 남의 것을 빼앗으려고 하지 않고 자기의 일을 열심히 하려고 할 때 국가경제가 근본적으로 튼튼하게 됨은 말할 나위도 없읍니다.

　　"저에게는 당신께 간청할 일이 두 가지 있읍니다.
　　그것을 제 생전에 이루어지게 해 주십시오.
　　허황한 거짓말을 하지 않게 해 주십시오.
　　가난하게도, 부유하게도 마십시오. 먹고 살 만큼만 주십시오.
　　배부른 김에 '여호와가 다 뭐냐'고 하며 배은망덕하지 않게,
　　너무 가난한 탓에 도적질하여 하나님의 이름에 욕을
　　돌리지 않게 해 주십시오" (잠언 30장 7-9절).

제 9 계명—이웃에게 거짓증언하지 말라

"너희 이웃에 대하여 거짓증언하지 말라"(출애굽기 20 장 16 절). 이웃에게 해가 될 거짓증언을 하는 사람은 사람 잡는 몽치요, 칼이요, 날카로운 화살촉이다"(잠언 25 장 18 절).

인간은 남의 말 하기를 좋아하는 동물

인간은 말을 하는 동물이고 특히 남의 말 하기를 좋아하므로 이 계명을 제일 많이 범합니다. 이런 말이 있읍니다. 큰 마음을 가진 이는 세상이야기를 하고, 보통 마음을 가진 이는 사건이야기를 하며 작은 마음을 가진 이는 사람이야기를 한다고 합니다. 그런데 인간의 마음은 유사 이래 큰 발전을 못하였으므로 대부분의 사람들은 아직도 남의 말 하기를 좋아하는 작은 마음을 가진 사람의 상태에 머물러 있다고 합니다. 이들은 그야말로 '노는 입'으로 남의 말을 끊임없이 하게 된다는 것입니다.

이웃을 해치려고 한 말은 물론 무심코 한 말이나 남의 도움이 되도록 한 말도 결과적으로는 이웃을 크게 해칠 수 있읍니다. 그러므로 인간은 이웃에게 거짓증언의 죄를 알게 모르게 많이 범하게 되는 것입니다. 이 계명은 이웃에 대한 악의에 찬 거짓말을 금함은 물론 악의없이 하는 말이라도 진실하게 하여 남을 해치는 일이 없도록 해야 된다는 사실을 강조하는 것입니다. 이 계명을 중시하는 미국 같은 선진국에서는 사람들이 거짓말하는 것을 큰 죄를 짓는 것으로 생각하고 있는 것입니다. '그 사람 거짓말장이'라는 평이 붙은 사람은 그 사회에서는 그야말로 거의 끝장이 나는 것입니다.

참된 말을 사랑의 정신에서 성실하고 올바르게

"우리는 사랑의 정신에서 진실을 말해야 합니다"(에베소서 4장 15절). 의로운 사람은 "참된 말을 성실하게 하며 남을 비방하지 않고 친구를 해하지 않으며 이웃을 헐뜯는 말을 퍼뜨리지 않습니다"(시편 15편 2-3절). 그리고 "따뜻하고 부드러운 말은 생명나무와 같습니다"(잠언 15장 4절). 성서는 이와 같이 인간이 말을 할 때 '진실'을 '사랑의 정신'에서 그리고 '성실'하고 '온유'하게 해야 된다고 하였읍니다. 불교의 팔정도(八正道)의 하나인 정어(正語)가 강조하는 것도 바른 말인 것입니다. 진실성은 도덕의 핵심이고 올바른 성품의 기본바탕인 것입니다. 그런데 사람의 진실성은 말하는 데서 가장 잘 나타나는 법입니다. 누구나 말을 할 때는 그 대상이 이웃이건 사건이건 국가사회이건 항상 진실해야 되는 것입니다. 어떤 사람은 말을 할 때 허풍을 떠는 등 항상 과장하여 말하며 또 어떤 사람은 그야말로 '깐죽깐족'하게 항상 남의 명성이나 인격을 깎거나 줄여서 말합니다. 이런 '허풍선이'나 '깐족이'는 모두 거짓증언자인 것입니다.

현대는 '욕설과 비방의 시대'라고 합니다. 경쟁업자간의 비방, 당파간의 비방, 이웃 나라들간의 비방, 자유진영과 공산진영간의 비방 등 인간은 국내외적인 비방의 홍수 속에서 살아간다고도 할 수 있읍니다. 특히 매스컴이 잘 발달된 관계로 각종 비방은 전파를 타고 순식간에 국내는 물론 지구촌 구석구석까지 퍼져나가게 됩니다. 우리의 속담도 "발 없는 말이 천리가고", "낮 말은 새가 듣고 밤 말은 쥐가 듣는다"는 등 말의 전파가 극히 빠르다는 사실을 강조하고 있읍니다.

세상이 어지러울 때일수록 남을 비방하는 말이 많게 됩니다. 80년대 초 경기가 몹시 침체하여 사회가 불안하게 되었을 때 각종 유언비어가 난무하여 '유비통신'이라는 말까지 생겼음은 잘 아는 바와 같읍니다. 심한 비방과 거짓증언은 남을 망치고 사회를 어지럽게 함은 물론입니다. 성서에도 "혀는 사람을 죽이기도 하고 살리기도 한다. 혀를 놀리기 좋아하는 사람은 반드시 그 대가를 받는다"(잠언 18장 21절). 그리고 "혀는 걷잡을 수 없는 악이며 죽이는 독으로 가득 차 있다"(야고보서 3장 8절)고 하였읍니다. 악한 사람은 우선 그 혀에서 독을 빼내어야 하는 것입니다.

거짓증언 때문에 생긴 인간의 불행

인류의 오랜 역사를 놓고 볼 때 남의 거짓증언 때문에 발생한 인간의 고통과 슬픔은 이루 헤아릴 수 없이 많았음을 잘 알 수 있읍니다. 풍신수길(豐臣秀吉)의 조선침략야욕을 정탐하는 사신으로 일본에 갔던 김성일은 돌아와서 같이 갔던 황윤길과는 반대로 풍신수길은 침략야욕을 갖고 있지 않다고 거짓증언하였읍니다. 이 때문에 온 국민들은 무방비상태에서 임진왜란의 참화를 여러 해 동안 겪지 않을 수 없었던 것입니다. 임진왜란 때 원균의 거짓증언 때문에 성웅(聖雄) 이순신 장군은 파면당하여 감옥에 갇히는 신세가 되었고, 원균이 대신 그 자리를 차지하였다가 당시 해군이 전멸되는 비극이 생겼읍니다. 조선시대 당쟁이 극심하던 때 남의 거짓증언 때문에 관직을 잃고 낙향한 사람은 물론 왕으로부터 사약을 받거나 이른바 '삼족을 멸'하는 참변을 당한 사람도 적지 않았던 것입니다. 1924년 일본의 관동 대지진 때는 조선사람들이 방화를 하고 우물에 독약을 넣었다는 일본인들의 악의에 찬 거짓증언 때문에 무수한 한국인들이 대학살을 당했던 것입니다.

6·25 사변이 터졌을 때도 지도자들은 서울을 고수한다고 거짓증언하여 놓고 먼저 도망친 다음 한강다리를 폭파하여 무고한 백성들을 피난도 못가고 공산군치하에서 고통을 받게 했읍니다. 북한도 6·25 때 남침을 해놓고 남한이 시작한 북침을 방어하기 위하여 전쟁을 하게

되었다고 세계 각국에 지금까지도 거짓증언하고 있읍니다. 최근에는 한국의 홍보담당자들이 외국에 한국경제의 실정에 대하여 과대하게 홍보함으로써 일부 서구 선진국민들이 한국을 일본과 거의 같은 수준의 발전을 한 나라로 오인하게 만들었읍니다. 그 결과 그들은 한국상품에 대한 수입규제조치를 취하게 되었고 우리의 수출이 어렵게 된 적도 있었던 것입니다.

지금 이 시각에도 세계 도처에서 남과 나라를 위한다는 거짓증언하에 테러와 폭행으로 무수한 사람들을 해치거나 괴롭히려고 음모하는 사람들도 적지 않을 것으로 보입니다. 캄벨 모간 목사는 구라파의 불안의 반은 국가 간의 비방이나 중상모략 때문이라고 하였읍니다. 아담과 하와도 에덴동산에서 사탄의 거짓증언 때문에 그 죄악의 과일을 따먹게 되었다고 하지 않읍니까?

자신을 망치는 거짓증언

거짓증언 때문에 자신을 망친 이도 적지 않읍니다. 이솝우화에 나오는 소년은 심심풀이로 이웃에게 늑대가 나왔다고 거짓증언을 되풀이하다가 신뢰를 잃어 진짜 늑대가 나왔을 때는 도와주는 이가 없어 목숨을 잃고 말았읍니다. 친구나 친지들에게 이간을 붙이거나 불리한 거짓증언하기를 좋아하는 사람들은 대부분 시기심, 교만심, 열등의식이 강한 사람들로 불원간 절교를 당하는 등 큰 손해를 보기 마련입니다. 자신이나 남의 학력, 경력, 능력 등을 다른 사람에게 속이는 사람도 마찬가지입니다.

아인슈타인은 성공에는 세 가지 조건이 있다고 하였읍니다. 첫째는 일을 잘하는 것이고, 둘째는 노는 것을 잘하는 것이며, 세째는 입을 다무는 것이라고 하였읍니다. 요는 쓸데없는 말을 하지 않는 것이 성공의 세 가지 조건 중의 하나라는 것입니다. 불경은 사람이 말을 할 때는 다섯 가지를 중시해야 된다고 합니다. 우선 경우에 맞게 해야 되고, 다음으로 거짓말을 하지 말고 사실과 일치하도록 해야 하며, 세째는 듣는 이에게 거칠게 들리지 않고 즐겁게 들리도록 해야 된다는 것입니다. 그리고 남을 해치는 말을 해서는 안 되고 남에게 도움이 되는 말을 해야 하며, 마지막으로 남을 증오하면서가 아니라 동정하면서 해야 된다는 것입니다. 인간의 긴긴 역사도 결국은 '거짓과 진실 간의 싸움의 역사'라고 합니다. 인간은 언어를 사용할 때 알게 모르게 거짓과 참 중 하나를 택할 수밖에 없읍니다. 여러분! 자신이나 주위의 사람들은 어느 쪽을 택한다고 생각합니까? 어느 누구도 남의 거짓증언 때문에 피해를 보는 일이 없는 사회가 되었으면 얼마나 좋겠읍니까? 인간은 보통 거짓말을 하면서 죄를 짓고, 죄를 지을 때는 거짓말을 하게 됩니다.

행복의 결정요인으로서의 언어

언어는 잘 사용할 때는 '인간사회라는 기계'를 잘 돌아가게 하는 윤활유의 역할을 하나 잘못 사용될 때는 그 속에 들어가 부서지게 하는 모래가 될 수도 있는 것입니다. 따라서 언어를 잘 사용하는 사람은 인간관계를 즐겁게 하고 자기 자신이나 남의 세상살이도 편안하게 해줍니다. 그러나 언어를 잘못 사용하는 사람은 남과 자신을 크게 해치고 불행하게 만듭니다. 인간의 행복은 의식주 등의 물질뿐만 아니라 언어에 의하여서도 크게 좌우되는 것입니다. 따라서 더 많은 물질의 생산을 통하여, 즉 경제의 성장을 통하여 인간의 행복을 증진하려고 하는 노력도 중요하지만 올바른 언어의 사용을 통하여 인간의 행복을 증진하려고 하는 노력도 이에 못지 않게 중요하다고 하겠읍니다.

거짓증언의 유형

거짓증언의 유형도 여러 가지입니다.

1. 법정에서의 거짓증언.   수사를 담당하는 사람이나 법정에 증인으로 서게 된 사람이 무고한 사람을 죄가 있다고 거짓증언하여 남을 억울한 죄인으로 만드는 것은 큰 죄를 짓는 일입니다. 무고한 사람을 살인자라고 거짓증언하는 사람은 살인죄를 짓는 것입니다. "뇌물을 받고 범죄한 사람을 놓아 주며 죄 없는 사람을 감옥에 가두는"(이사야 5장 23절) 사람은 큰 죄를 짓는 것입니다.

2. 악의에 찬 중상모략.   말로써 남을 중상모략하는 사람은 혀로 남을 해치며, 투서로 남을 비방하는 사람은 손가락으로 남을 해치는 것입니다. 남을 비방하는 이는 보통 세 사람을 동시에 해치게 됩니다. 우선 비방당하는 사람에게 상처를 줍니다. 비방을 듣는 사람에게는 판단을 흐리게 만들므로 마찬가지로 피해를 줍니다. 그리고 비방하는 사람은 거짓과 악의를 마음 속에 품게 되므로 자신의 영혼을 더럽히게 되는 것입니다. 총·칼로 남을 해치려고 하는 사람은 적으나 혀로써 남을 해치기를 좋아하는 사람은 너무나 많은 것입니다. 독사의 독은 입에 있고 전갈의 독은 꼬리부분에 있으며 비방이나 무고하는 사람의 독은 혓바닥에 있다고 합니다.

3. 어떤 사람의 성격이나 능력을 잘 모르면서 잘 알아보지도 않고 다른 사람에게 말하여 그 사람이나 듣는 사람에게 피해를 주는 것도 거짓증언하는 것입니다.

4. 추천을 하는 사람이 추천대상자의 능력이나 성격을 다른 사람에게 거짓으로 말하는 것도 거짓증언입니다.

5. 결백한 사람이 거짓비방을 받고 있는데도 불구하고 침묵을 지키는 사람은 거짓증언하는 사람입니다.

6. 아부.   아부하는 사람은 듣는 사람의 허영을 만족시키고 그의 안정을 위협하게 할 뿐만 아니라 자신의 영혼도 속이게 됩니다. 아첨으로 상사가 직원의 능력이나 사태를 잘못 판단하게 하는 사람은 상사는 물론 다른 사람까지도 해치게 되는 것입니다. 특히 후진국의 지도자 주변에 아부하는 간신배들이 인의 장막을 형성하여 지도자의 판단을 흐리게 하여 지도자나 국가의 존립마저 위태롭게 한 예도 적지 않았던 것입니다.

7. 자신에 대한 거짓증언.   자신을 돋보이게 하려고 겉을 꾸미거나 자랑하는 사람, 그리고 자신의 능력을 과시하기 위하여 분수에 넘치는 생활을 하는 사람 등은 자신에 대하여 거짓증언하는 사람들인 것입니다. 자신의 지식이나 능력을 숨겨서 말하는 사람도 마찬가지입니다. 자신을 너무 높이거나 낮추는 것은 모두 거짓증언이 되는 것입니다. (이상은 캄벨 모간과 토마스 왓슨의 설명에 따른 것입니다.)

법적인 처벌의 대상이 되지 않는 비방

험담을 좋아하는 사람들은 혓바닥으로 '비방의 독화살'을 마구 쏘아대어 무고한 사람들을 쓰러뜨리려고 하는 나쁜 사람들로서 세상을 크게 어지럽히는 것입니다. 성서는 "여호와여, 이 입에 문지기를 세워 주시고, 이 말문에 파수꾼을 세워 주소서"(시편 141편 3절)라고 하여 사람의 혀조심을 강조하고 있습니다. 비방하는 혀에 의하여 생긴 마음의 상처는 유명한 의사도 고치지 못하는 것입니다. 심한 비방은 무고죄 등의 법적 처벌의 대상이 되나 심하지 않은 것은 법적 처벌의 대상도 안된 채 남을 해치는 것입니다. 국민간의 험담과 비방 때문에 발생하는 국력손실도 막대할 것으로 보입니다. 두더지가 땅 속만 뒤지듯이 비방

하기 좋아하는 사람은 남의 험담거리만을 뒤지고 다닙니다. 허셀 포드
는 그런 사람은 그 혀를 매달아 처형하고, 이를 즐겨 듣고 부추기는 사
람은 그 귀를 매달아 처형해야 된다고 하였읍니다.

말로써 남을 해치는 것을 피하려면 첫째, 자신이 하는 일에 혼신
의 힘을 기울이고 남의 일에 참견하지 말아야 합니다. 자기 일에 바쁜
사람은 남의 말을 하고 돌아다닐 시간적 여유가 없는 것입니다. 미국
사람들은 남의 일에 참견하는 것을 극히 싫어합니다. 그들의 일에 참
견하여 보십시오. "None of your business. Mind your own business !"
즉, "당신이 참견할 일이 아니오. 당신 일이나 챙기시오"라는 핀잔을
당장 받게 될 것입니다.

한국인은 전통적으로 남의 일에 참견하는 것을 좋아한다고 합니다.
어디에 가는 사람을 보면 "어디에 갑니까?" 하고 묻고, 행선지를 밝
히면 또 "왜 갑니까?" 하고 묻는 등 남의 일에 참견하는 것을 좋아한
다는 것입니다.

둘째, 자신의 허물과 부족함을 잘 알고 연구하여 고치는 데 전념
하십시오. "네 눈 속에 들보가 있는데 어떻게 형제에게 '네 눈 속에 있
는 티를 빼내 주겠다' 하고 말할 수 있겠읍니까?" (마태복음 7장 4절)

세째, 여러분 주위에 이웃을 비방하는 사람들이 있거든 그들을 피
하도록 노력하십시오.

네째, 이웃에 대하여 선입관이나 편견을 갖지 마십시오.

다섯째, 파당을 만드는 것은 이웃을 비방할 소지를 만드는 것입니
다. 따라서 파당을 형성하지 않도록 하십시오. (이상은 아더 핑크 목사
가 제시한 방안들입니다.)

"남 속이는 말은 입에 담지도 말고 남 해치는 소리는 입술에 올리
지도 말아라" (잠언 4장 24절). "선한 사람은 마음 속에 쌓인 선으로
선한 말을 하고 악한 사람은 마음 속에 쌓인 악으로 악한 말을 한다.

사람은 마음에 가득 찬 것을 입으로 말하기 마련이다"(누가복음 6장 45
절). 그리고 "거짓말, 쓸데없는 말, 헐뜯는 말이나 일구이언 등을 하지
말고 항상 바른 말을 하도록 노력하십시오"(불교 팔정도(八正道) 중의 정
어(正語), 불교성전 제 390 판, 반니항경상권(般泥恒經上卷)).

제 10 계명—이웃의 소유를 탐내지 말라

"너희 이웃집을 탐내지 말라. 너희 이웃의 아내나 종이나 소나 나
귀나 너희 이웃이 소유한 그 어떤 것도 탐을 내서는 안 된다"(출
애굽기 20장 17절).

불행의 원인은 탐심

"욕심이 잉태하면 죄를 낳고 죄가 자라면 죽음을 가져온다"(야고
보서 1장 15절)고 하듯이 탐욕은 일만 악(一萬惡)의 근원입니다. 탐욕
때문에 얼마나 많은 사람이 처절한 감투싸움, 재산싸움을 하면서 그야
말로 피바다를 헤엄치고 있습니까? 돈을 더 벌려고 너무나 많은 승객
을 태워 배를 침몰시킨 뱃사공이나 돈을 더 벌려고 과속을 하다가 승
객을 다치게 한 운전자들의 수는 얼마이겠습니까? 꿀통에 들어간 파
리가 자제를 못하다가 빠져 죽듯이 수단방법을 가리지 않고 돈을 긁어
모으려고 하다가 '자신'이나 '남'을 죄악의 구렁텅이에 빠지게 한 사람
의 수는 또한 얼마이겠습니까? 옛날에 노론·소론하며 파당을 형성하
여 자신이나 '당'의 욕심을 채우려고 하다가 국민을 불안하게 만들고 국
력을 손상시킨 정치가들은 또한 얼마나 많았습니까? 공무원이 죽으
면 그 영혼이라도 청와대에 간다고 할 정도로 출세를 탐하여 남을 해
치는 사람의 수는 얼마나 많겠습니까?

　　사촌이 논을 사는데 배 아파하는 사람은 얼마이겠읍니까? 가짜서
류를 만들어서까지 남의 집이나 땅을 차지하려고 하다가 잡혀서 감옥
살이하는 사람들, 남의 아내를 탐하다가 치정살인에 얽힌 사람들, 남
의 돈을 탐내다가 공금횡령이나 뇌물수수로 죄인이 된 사람들은 또한
얼마이겠읍니까? 뱁새가 황새를 쫓으려다가 다리가 찢어지듯이 분수
에 맞지 않는 생활을 탐내다가 가세를 기울인 사람은 얼마이겠읍니까?
중고차를 사야 될 사람이 새 차를 사고 소형차를 사야 될 사람이 중형
차를 사며 소형주택을 사야 될 사람이 힘겹게 대형주택을 사는 등 분
수에 맞지 않은 생활을 하려고 하는 사람들은 또한 얼마나 많겠읍니까?

성장과 더불어 필요한 욕망의 억제

　　탐심이 많은 사람은 불만도 많게 되므로 불행하기 마련입니다. 불
경도 탐심이 불행의 원인이라고 합니다. 대탐대실(大貪大失)이라고 하
듯이 탐심이 많은 사람일수록 분수 이상의 것을 탐내다가 오히려 있는
것마저 잃게 되는 법입니다. 인간의 행복은 물질을 분자, 욕망을 분모
로 하는 식(행복=물질÷욕망)으로도 표시되는데, 이 식에 따르면 욕망
이 클수록 행복은 적어질 수밖에 없읍니다. 국가 전체로 볼 때도 분자
인 물질의 증가, 즉 경제의 성장보다 분모인 국민의 욕망의 증가가 빠
르게 되면 국민은 욕구불만이 많아지므로 불평불만을 많이 터뜨리는 등
불행하게 되는 것입니다. 이에 따라 사회불안도 그만큼 커지게 됨은 말
할 나위도 없읍니다. 올바른 경제정책은 경제성장을 도모함과 더불어
검소한 생활태도와 저축을 강조하는 등 국민의 욕망을 억제하는 정책
을 병행하는 것입니다.

탐심과 전시효과

탐심은 분수에 넘치는 소비생활을 하게 만듭니다. 특히 자신보다 잘 사는 사람들의 소비생활을 보고 본받을 때는 더욱 그러합니다. 경제학에서는 농촌사람들이나 후진국 국민들이 잘 사는 도시인들이나 선진국 국민들의 소비습성을 보고 배워 분수에 넘치는 소비를 하게 되는 것을 마치 전시회에 간 사람들이 모르는 것을 배워오는 것에 비유하여 전시효과(展示效果, demonstration effect)라고 합니다. 사실 잘 사는 사람들이 모인 곳은 각종 소비재의 '전시장'이라고도 할 수 있읍니다. 전시효과는 특히 물질에 탐심이 많은 후진국 사람들의 소비수준을 높이므로 저축을 감소시키는 중요한 요인이 되는 것입니다. 후진국 국민들의 탐심으로 소비가 과다하게 되면 국내저축이 적어지므로 외자도입의 필요성이 증가함은 물론입니다. 사실 후진국 외채의 적지 않은 부분은 국민의 탐심에 크게 기인한 것으로 보입니다. 아주 못사는 나라들의 외채는 마르코스 필리핀 전대통령의 경우에서도 보는 바와 같이 지도자들의 탐심에도 크게 기인하는 것입니다.

탐심과 상대적 빈곤

탐심은 또한 경제학에서 말하는 '상대적 빈곤'의 원인이 되기도 합니다. 인간은 기본생활에 절대적으로 필요한 의식주 등의 기본수요의 충족문제, 즉 '절대적 빈곤' 문제를 해결할 수 있게 되면, 다른 사람과의 격차를 크게 인식하기 시작합니다. 따라서 잘사는 사람과의 격차가 크기 때문에 스스로 느끼는 빈곤인 '상대적 빈곤'이 사회문제로 대두하게 됩니다. 상대적 빈곤이 국민의 탐심에 크게 기인함은 말할 필요도 없읍니다. 따라서 국민의 탐심이 클수록 그 국가사회의 상대적 빈곤문제도 커지는 것입니다.

탐욕은 인간의 '근원적인 죄'이고 '악덕'입니다. 그러나 놀랍게도 대부분의 사람들은 자신의 마음 속에 이와 같이 엄청난 죄의 뿌리가 들어있다는 사실을 깨닫지 못하면서 살아가고 있는 것입니다. 이 죄는 또한 사람들이 자신이 다반사로 범한다는 사실조차 모르는 죄이기도 합니다. 탐욕은 인간의 선심(善心)을 억누르고 '짐승의 마음', 곧 수심(獸心) 또는 동물근성(動物根性)을 발동하게 합니다. 탐심이 많은 사람은 마음 속에 일만 악의 뿌리를 가지고 다닌다는 사실을 잘 알 필요가 있읍니다.

탐심은 모든 계명을 범하게 하는 원인

탐심은 '영혼을 오염'시키며 십계명을 모두 범하게 하는 무서운 죄의 뿌리인 것입니다. 탐심이 십계명 모두를 어떻게 범하게 만드는지 보기로 하겠읍니다. 탐심이 많은 사람은 우선 하나님의 섭리보다 돈, 출세, 명예 등을 더 중요시하므로 우선 제1계명을 범합니다. 잡신을 섬기지는 않는다고 하더라도 돈에 새겨진 우상에는 절하게 되므로 제2계명을 범하며, 돈 때문에 하나님의 이름도 더럽히게 되므로 제3계명을 범하게 됩니다. 많은 사람들이 돈 때문에 안식일을 지키지 않고 돈 때문에 부모님들의 마음을 아프게도 하므로 제4 및 5계명도 쉽게 범합니다. 돈 때문에 직·간접살인행위나 그 관련행위에 가담하게 되므로 제6계명을 범하고, 돈 때문에 매음이나 그와 관련된 행위도 하게 되므로 제7계명을 범합니다. 돈 때문에 도적질하고 이웃에게 거짓증언하게 될 때 제8과 9계명을 모두 어기게 되는 것입니다. "돈을 사랑하는 것이 일만 악의 뿌리"(디모데전서 6장 10절)인 것입니다. 불경에서도 탐욕의 대가는 멸망과 죽음뿐이라고 합니다.

이와 같이 탐심은 인간으로 하여금 모든 계명을 범하게 하므로 "탐심을 버리라"(누가복음 12장 15절)는 계명을 십계명의 마지막으로 한 것은 이 계명으로 하여금 다른 계명을 지키도록 다시 한번 다짐하기 위해서인 것입니다. 즉, 다른 계명을 보호하기 위하여 울타리를 치는 격이라고 할 수 있습니다.

탐욕하는 사람들의 특징

탐욕하는 사람들은

첫째, 인간의 영적이고 성스러운 면을 무시하고 물질적이고 세속적인 것만을 좇아서 사는 사람들입니다. '맑은 마음의 거울'이고 '말소리가 사람의 됨됨이를 나타낸다'고 하듯이 탐욕이 많은 사람들의 마음에는 모두 자신이나 남의 돈, 출세, 인기, 명예 등 세속적인 것이 가득차 있습니다. 따라서 이들의 대화내용이나 관심도 모두 이러한 것들입니다.

둘째, 영혼과 양심을 돈, 권력, 인기 등 세속적인 것과 기꺼이 바꾸려고 합니다.

세째, 수단방법을 가리지 않고, 돈, 권력, 인기를 얻으려고 합니다. 따라서 협잡이나 부정 및 남의 희생을 강요하는 행위도 서슴지 않고 하려고 합니다.

탐심이 많은 사람들은 그야말로 '탐욕의 귀신'에게 사로잡혀 그 노예가 되어 살아가는 사람들인 것입니다. 배가 물 위에 떠 있을 때는 문제가 없으나 물이 배에 들어가 배를 지배하기 시작하면 큰 일이 나듯이 사람이 탐욕을 누르고 있을 때는 문제가 없으나 탐욕이 사람 속에 들어가 사람을 지배하기 시작하면 큰 일이 나는 것입니다. 그렇게 되면 배가 침몰하듯 사람도 침몰하게 되는 것입니다. 불경도 사람이 탐심에 흔들려서는 안 된다고 하였읍니다. 우리 속담에도 탐심이 극심하여 "환장한 사람 3년 못넘긴다"는 말이 있읍니다.

탐심을 억제하는 길

탐심을 억제하는 길은

첫째, 자족(自足)하는 법을 배우는 것입니다. "내가 가난하기 때문에 이런 말을 하는 것은 아닙니다. 나는 어떠한 형편에서도 스스로 만족하는 법을 배웠습니다. 나는 가난하게 사는 법도 알고 부유하게 사는 법도 압니다. 배가 부르건 고프건 부유하게 살건 가난하게 살건 그 어떠한 경우에도 스스로 만족하게 생각하는 비결을 배웠습니다. 나에게 능력주시는 분 안에서 나는 모든 것을 할 수 있습니다"(빌립보서 4장 11-13절). 그리고 공수래 공수거(空手來 空手去)라고 하듯이 "우리가 세상에 아무 것도 가지고 오지 않았으므로 아무 것도 가지고 가지 못합니다. 우리는 먹을 것과 입을 것이 있으면 그것으로 만족해야 합니다"(디모데전서 6장 7-8절)라는 성경말씀을 이해하여야 하는 것입니다.

현재의 소유가 적건 많건 간에 하나님께서 나의 능력에 맞게 정해주신 것으로 생각하는 사람은 남의 것을 탐하지 않게 됩니다. 공자도 "곡굉이침지 낙역재기중(曲肱而枕之 樂亦在其中)" 즉 "나물 먹고 물 마시고 팔을 베고 누웠으니 낙이 그 속에 있다"고 하여 자족의 중요성을 강조하였던 것입니다. "하나님께서 나에게 은혜를 베풀어 주셔서 내가 필요로 하는 것은 무엇이든지 다 가지고 있다"(창세기 33장 11절)고 생각할 정도로 욕망을 줄이고 자족하는 것을 깨닫는 사람은 남의 것을 탐하지 않게 되는 것입니다.

둘째, 올바른 생업에 열성적으로 종사하는 것입니다. 게으른 자가 탐심의 유혹을 가장 잘 받게 됩니다. 항상 열심히 일함으로써 탐심이 침투할 수 있는 기회를 만들지 말아야 하는 것입니다.

셋째, 가진 것으로 자신보다 가난한 사람들을 도와주도록 노력할 때 탐심을 물리칠 수 있게 됩니다. "나보다 가난한 사람들을 위하여 무슨 선한 일을 하였던가?"를 자세히 생각해 볼 필요가 있는 것입니다.

　　네째, 남을 돕는 일을 많이 함으로써 탐심을 억제하는 것입니다. 앞의 '세째'는 주로 가난한 사람을 물질적으로 돕는 것이나 '네째'는 물질이 아니더라도 공손한 말씨, 다정한 얼굴표정 등으로 가난한 사람은 물론 주위의 모든 사람을 돕는 것입니다. 선심을 베풀려고 할 때 탐심은 억제되는 것입니다. 불경도 자신의 욕심을 다스리고 마음을 다스리는 것이 무엇보다 중요함을 강조하고 있읍니다. 불경은 정치하는 사람들은 특히 남보다 자신부터 잘 다스려야 된다고 합니다. 그런데 이 계명에서 인간이 물질적으로 풍요롭게 됨을 나쁘다고 한 것이 아니라, 남의 것을 탐하는 것이 나쁘다고 한 사실을 잘 알아야 하는 것입니다.

　　다른 계명들은 모두 인간의 '보이는 행위'와 관련된 것이나 이 계명은 '보이지 않는 마음'과 관련된 것입니다. 즉, 범죄행위가 아니라 범죄하는 마음과 관련되어 있읍니다. 이 계명은 사람이 정결하고 순수한 마음을 가질 것을, 곧 마음 속 깊이 깨끗한 소망을 가질 것을 강조합니다. 불교에서도 누구나 순수한 마음이 있어야 '깊은 마음'에 이르게 되고 도(道)를 깨닫게 되며 대자대비의 깊은 뜻을 깨달아 실천할 수 있는 사람이 된다고 하였읍니다.

　　사람은 누구나 물질적으로 풍요롭게 될수록 정신적으로 성스럽게 되도록 노력해야 함은 물론입니다. 탐욕으로 재산을 아무리 많이 모으더라도 죽을 때 가지고 갈 수는 없는 것입니다. "부정하게 모은 재산이 목숨을 앗아갈 수도 있는 것입니다"(잠언 1장 19절). 알렉산더 대제는 자기가 죽거든 그의 관 양쪽에 구멍을 뚫어 자신의 빈 손이 내보이게 하라는 유언을 남겼읍니다. 이는 비록 세계를 정복한 그도 이 세상을 떠날 때 빈 손으로 간다는 것을 사람들에게 보여주기 위한 것이었다고 합니다. (여기에서 참조한 불경은 일본의 불교전도협회가 390 번 고쳐 쓴 불교성전입니다. 원고를 읽고 도움말씀을 주신 손봉호 교수, 김인수 교수, 진교훈 교수와 문법과 문장을 바로 잡아 주신 서울대학교 국어국문학과 권영민 교수께 감사드립니다.)

산상수훈과 현대인의 생활원리

산상수훈과 경제윤리

보리밥을 겨우 먹을 정도로 어렵게 살던 사람은 죽을 고생을 하여 재산을 모아 쌀밥을 먹을 형편이 되면, 넉넉한 생활을 즐기게 되기는 커녕 오히려 죽게 된다는 말이 있읍니다. 나라의 경우에도 마찬가지입니다. 국민의 의식(衣食)문제조차 해결하지 못하던 가난한 나라가 경제성장을 이룩하여 의식에 여유가 생기기 시작하는 중진국이 되면 국민들은 넉넉한 생활을 즐기게 되는 것이 아니라, 갖은 사회혼란으로 생활이 오히려 불안하게 되는 경우가 적지 않은 것입니다. 축구와 축제에 국력이 쏠린다는 라틴아메리카국가들이 그 예인 것입니다. 그 중에서 특히 알젠틴은 1920 년대에 이미 세계 7 대 선진국에 속할 정도로 발전하였으나 그 이후 지금까지 갖은 사회혼란으로 줄곧 침체를 거듭해 오다가 1987 년부터는 1 인당 GNP면에서 한국에 밑돌기 시작했읍니다.

그 이유는 물론 물질적인 향상을 뒷받침할 만한 정신적 기반이 없었기 때문입니다. 개인이건 국가이건 건전한 가치관이 없이는 단기간의 성장은 가능할지 모르나 장기간의 성장은 할 수 없는 것입니다. 서구 선진제국이 과거 200년간 계속하여 성장할 수 있었던 것도 '청교도윤리'라고 하는 그들의 가치관이 건전하였기 때문이었으며, 일본이 1868년 명치유신 후 100년이 넘는 오랜 세월동안 계속 성장할 수 있었던 것도 '겸손, 검소 및 근면'을 특성으로 하는 일본인들의 가치관이 건전하였기 때문이었던 것입니다.

경제성장단계에서 이른바 '루이스고비'에 와 있는 한국은 현 시점에서 국민의 가치관을 올바르게 형성하고 한국인에게 맞는 '자본주의정신'을 잘 개발하며 모든 국민이 물질적으로는 물론 정신적으로도 풍요로운 삶을 누릴 수 있도록 하여야 할 것입니다. 싱가폴은 최근 '공자프로젝트'라는 이름 아래 자본주의정신을 개발하는 국가적인 연구사업을 시작하였읍니다. 유교사상과 동양철학의 세계적인 대가 투 웨이밍 하바드대학 교수를 중심으로 한 이 연구사업은 동양전래의 사상인 공자의 유교사상에 서구 자본주의정신의 기본인 기독교윤리를 가미함으로써 싱가폴의 지속적인 발전에 정신적인 지주가 될 자본주의정신을 개발한다는 것입니다.

투 웨이밍 교수는 청교도윤리가 서구제국이 선진국으로 되는 데 있어서 기본윤리가 되었던 것처럼 신유교윤리는 한국, 일본, 대만, 홍콩 등 동아시아제국이 선진국으로 되는 데 기본윤리가 될 수 있다고 하였읍니다. 그가 말하는 신유교윤리란 전통적인 유교윤리에·기독교윤리를 조화시킨 것입니다. 따라서 그는 한국 등 동아시아 국가들이 앞으로 경제성장을 지속하기 위해서는 유교윤리와 기독교윤리를 잘 조화시켜서 동양사회에 맞는 '자본주의정신'을 개발해야 된다고 하였읍니다.

그런데 에드윈 라이샤워 하바드대학 교수가 일본의 경제윤리는 유교윤리에 기독교윤리를 가미한 것이라고 하였음은 시사하는 바 큽니다. 그는 일본의 기독교인의 수는 전체인구의 1% 정도에 불과하나 기독교윤리가 일본인의 도덕윤리에 미친 영향은 지극히 크다고 하였읍니다. 기독교윤리가 서구제국을 선진국으로 만드는 데 정신적 기반이 되었던 것처럼 일본을 선진국으로 만드는 데에도 절대적인 역할을 했다는 것입니다.

우리는 자본주의정신의 개발과 관련하여서 뿐만 아니라 우리의 제1의 교역상대국인 미국과 서양을 잘 알기 위해서도 기독교윤리를 잘 알아야 된다고 하겠읍니다. 흔히들 서양을 잘 이해하기 위해서는 성경과 희랍·로마신화, 그 중에서도 특히 성서를 잘 알아야 된다고 합니다. 성서는 미국에 있어서 헌법을 비롯한 각종 법률의 기본정신이 되고 있으며, 미국인의 일상생활의 기본틀을 형성하고 있다고 합니다.

산상수훈(山上垂訓, Sermon on the Mount)은 성경학자 윌리암 버클리에 따르면 십계명과 더불어 기독교윤리의 핵심이라고 합니다. 기독교를 모르는 사람도 산상수훈과 십계명을 통하여 기독교의 근본윤리를 어느 정도 파악할 수 있을 것으로 보입니다. 그런데 십계명은 기독교신자가 아닌 사람들에게는 난해한 점이 많을 것으로 보여 세계적인 성경학자들의 해설에 따라 계명마다 쉽게 해설을 하였읍니다. 그러나 산상수훈은 누구나 읽으면 쉽게 이해할 수 있는 말씀들로 보이므로 별도로 해설을 하지 않았읍니다. 다만 최신 영어판으로 된 성경의 산상수훈 부분을 가급적 쉬운 말로 번역하여 영어 원문과 함께 실었으니 같이 대조하면서 읽어보기 바랍니다.

산상수훈에 있는 말씀 중에는 불경이나 논어에 있는 말씀뿐만 아니라 한국의 전통윤리나 경천애민(敬天愛民) 등의 고유사상과도 일치되는 것이 많아 많은 사람들에게 친숙하게 느껴지는 말씀이기도 합니다. 누구나 학교에 다니면서 또는 일상생활을 하면서 산상수훈에 있는 말씀을 들어볼 기회가 많이 있었을 것입니다. 그러나 평소에 들은 말씀이 산상수훈에 있는 것인지 잘 알 수가 없고 또한 알더라도 단편적으로 알게 된 경우가 대부분이었을 것으로 보입니다. 산상수훈에 있는 말씀은 누가 언제 들어도 좋은 말씀인데 이를 전부 읽어본 사람들은 기독교인을 제외하면 극히 적을 것으로 보입니다. 어떤 사람들은 평생동안 깨우친 것을 정리해 보았더니 그런 내용이 이미 십계명이나 산상수훈에 다 있더라고 하였읍니다. 사실 성서는 세계 제 1 의 베스트 셀러인데 산상수훈은 십계명과 더불어 그 핵심이 되고 있으니 그 중요성이 얼마나 크겠읍니까? 산상수훈은 또한 그 문체가 간명하고 아름다와 문학인들도 즐겨 읽는 글이라고 합니다. 미국의 많은 부모들은 어린 자녀들에게 인간의 기본 윤리관을 심어주기 위해서는 물론 문장력을 키워주기 위해서도 산상수훈을 암기하도록 하고 있다고 합니다.

서구 선진국민들이 성경을 열심히 읽을 때는 경제도 힘차게 발전하고 국민의 생활도 건전하고 활력이 넘쳤으나, 성경읽기를 소홀히 하고부터는 경제는 물론 사회도 침체하기 시작했다고 합니다. 서구 선진국에서는 성도덕이 타락하고, 이혼율이 증가하며, 부모들로부터 버림받는 자녀들이나 자녀들로부터 버림받은 노부모들이 늘어나고 있읍니다. 서구 사회에서는 '국민윤리의 재무장'을 위해서도 국민들이 성경을 다시 많이 읽도록 해야 된다고 주장하는 사람의 수가 날로 늘어나고 있는 것입니다. 산상수훈을 영문과 같이 읽으면서 한국인의 가치관은 어떻게 변화하여야 하며 앞으로 한국인의 경제윤리는 어떻게 되어야 할 것인가를 연구해 보기 바랍니다.

산상수훈

예수님께서 군중을 돌아보시고 산상에 올라가 자리에 앉으시자 제자들이 그 주위에 가까이 모였습니다. 그리고나서 예수님께서 가르침을 시작하셨습니다.

참된 행복

영적(靈的)으로 가난함을 아는 사람들은 행복합니다. 하늘나라가 그들의 것입니다.

애통(哀痛)해 하는 사람들은 행복합니다. 하나님께서 위로해 주실 것입니다.

온유(溫柔)한 사람들은 행복합니다. 하나님께서 약속하신 것을 받게 될 것입니다.

옳은 일을 하나님의 뜻대로 실행하는 것을 으뜸으로 여기는 사람들은 행복합니다. 하나님께서 그들에게 충분한 만족을 주실 것입니다.

남에게 자비(慈悲)를 베푸는 사람들은 행복합니다. 하나님께서 그들에게 자비를 베풀어 주실 것입니다.

마음이 깨끗한 사람들은 행복합니다. 그들은 하나님을 뵙게 될 것입니다.

평화를 위하여 일하는 사람들은 행복합니다. 하나님께서 그들을 당신의 자녀라고 부르실 것입니다.

옳은 일을 하나님의 뜻에 따라 실행하다가 박해(迫害)를 받는 사람들은 행복합니다. 하늘나라가 그들의 것입니다.

The Sermon on the Mount

Jesus saw the crowds and went up a hill, where he sat down. His disciples gathered around him, and he began to teach them :

True Happiness

Happy are those who know they are spiritually poor ; the Kingdom of heaven belongs to them !
Happy are those who mourn ; God will comfort them !

Happy are those who are humble ; they will receive what God has promised !
Happy are those whose greatest desire is to do what God requires ; God will satisfy them fully !
Happy are those who are merciful to others ; God will be merciful to them !
Happy are the pure in heart ; they will see God !

Happy are those who work for peace ; God will call them his children !
Happy are those who are persecuted because they do what God requires ; the Kingdom of heaven belongs to them !

여러분이 나를 따르는 사람이라는 이유로 모욕을 받고 박해를 당하고 온갖 비방(誹謗)을 받을 때 여러분은 행복합니다. 여러분을 위하여 커다란 보상(報償)이 하늘에 마련되어 있읍니다. 즐거워하고 기뻐하십시오. 여러분에 앞서 살다 간 선지자(先知者)들도 이와 같이 박해를 받았던 것입니다.

소금과 빛

여러분은 모든 인간을 위한 소금이나 마찬가지입니다. 그렇지만 소금이 짠 맛을 잃으면 다시 그것을 짜게 할 수가 없읍니다. 그것은 쓸모없게 되어 버린 것이니 밖에 버려지고, 사람들의 발에 밟히게 될 것입니다.

여러분은 세상을 밝히는 빛이나 마찬가지입니다. 언덕 위에 세워진 도시는 감추어 질 수가 없읍니다. 등불을 켜놓고 그것을 그릇으로 덮어 두는 사람은 아무도 없을 것입니다. 등불을 켜는 사람은 이를 받침대 위에 올려 놓을 것이고 그래야 등불이 집안에 있는 모든 사람들을 비출 것입니다. 마찬가지로 여러분의 빛도 세상사람들 앞에 밝게 빛나야 되는 것입니다. 그렇게 되면 그들이 여러분의 선행(善行)을 보고 하늘에 계신 여러분의 아버지를 찬양(讚揚)하게 될 것입니다.

율법(律法)에 관한 가르침

여러분은 내가 모세의 율법이나 선지자들의 가르침을 없애기 위하여 왔다고 생각하지 마십시오. 나는 이를 없애로 온 것이 아니라 이루기 위하여 온 것입니다. 하늘과 땅이 없어지지 않는 한, 율법의 가장 작은 점이나 내용의 가장 작은 부분 그 어느 하나도 결코 없어지지 않을 것임을 누구나 기억해야 할 것입니다. 세상만사가 끝날 때까지

Happy are you when people insult you and persecute you and tell all kinds of evil lies against you because you are my followers. Be happy and glad, for a great reward is kept for you in heaven. This is how the prophets who lived before you were persecuted.

Salt and Light

You are like salt for all mankind. But if salt loses its saltiness, there is no way to make it salty again. It has become worthless, so it is thrown out and people trample on it.

You are like light for the whole world. A city built on a hill cannot be hid. No one lights a lamp and puts it under a bowl ; instead he puts it on the lampstand, where it gives light for everyone in the house. In the same way your light must shine before people, so that they will see the good things you do and praise your Father in heaven.

Teaching about the Law

Do not think that I have come to do away with the Law of Moses and the teachings of the prophets. I have not come to do away with them, but to make their teachings come true. Remember that as long as heaven and earth last, not the least point nor the smallest detail of the Law will be done away with—not until the end of all things. So

는 결코 없어지지 않을 것입니다. 그러므로 누구든지 계명(誡命) 중 가
장 작은 것 어느 하나라도 어기거나 남에게도 어기도록 가르치는 사람
은 천국에서 가장 작은 사람의 대접을 받게 될 것입니다. 반면에 계명
을 지키고 남에게도 지키도록 가르치는 사람은 누구나 하늘나라에서 큰
사람의 대접을 받게 될 것입니다. 여러분에게 말하지만 여러분은 하나
님의 가르침을 실행하는 데 있어서, 율법을 가르치는 사람들이나 바리
새인들보다 더 충실하여야 천국(天國)에 들어갈 수 있읍니다.

노여움에 관한 가르침

옛날에는 사람들에게 "살인하지 말라. 살인하면 누구나 심판을 받
게 될 것이다"라고 했다는 말을 여러분들은 들었을 것입니다. 그러나
이제 나는 이렇게 말합니다. 누구든지 형제에게 성내는 사람은 심판을
받게 될 것이고, 형제를 아무 짝에도 쓸모없는 녀석이라고 하는 사람
은 심판위원회에 회부될 것이며, 그리고 형제를 쓸모없는 바보라고 하
는 사람은 불지옥에 가게 될 위험이 있읍니다. 그러므로 여러분이 성
단(聖壇)에서 하나님께 막 예물(禮物)을 드리려고 하는데 원한을 품고
있는 형제가 생각나거든 예물을 그 자리에 놔두고 즉시 달려가 그 형
제와 먼저 화해(和解)부터 하십시오. 그리고 나서 돌아와 예물을 하나
님께 바치십시오.

누가 여러분에게 소송을 제기하여 법정에서 재판을 받게 하려거든
법정에 가기 전의 시간이나 가는 도중에라도 화해하도록 하십시오. 일
단 법정에 서게 되면 그 사람은 여러분을 재판관에게 넘겨 줄 것이고,
재판관은 여러분을 형리(刑吏)에게 넘길 것이며 그러면 여러분은 감옥
에 갇히게 될 것입니다. 여러분에게 말하지만, 갚을 돈 마지막 한 닢
마저 다 갚을 때까지는 거기에 갇혀 있어야 될 것입니다.

then, whoever disobeys even the least important of the command-
ments and teaches others to do the same, will be least in the Kingdom
of heaven. On the other hand, whoever obeys the Law and teaches
others to do the same, will be great in the Kingdom of heaven. I tell
you, then, that you will be able to enter the Kingdom of heaven only
if you are more faithful than the teachers of the Law and the Pharisees
in doing what God requires.

Teaching about Anger

You have heard that people were told in the past, "Do not
commit murder ; anyone who does will be brought to trial." But now
I tell you : whoever is angry with his brother will be brought to trial,
whoever calls his brother "You good-for-nothing !" will be brought
before the Council, and whoever calls his brother a worthless fool will
be in danger of going to the fire of hell. So if you are about to offer
your gift to God at the altar and there you remember that your
brother has something against you, leave your gift there in front of the
altar, go at once and make peace with your brother, and then come
back and offer your gift to God.

If someone brings a lawsuit against you and takes you to court,
settle the dispute with him while there is time, before you get to court.
Once you are there, he will turn you over to the judge, who will hand
you over to the police, and you will be put in jail. There you will stay,
I tell you, until you pay the last penny of your fine.

간음에 관한 가르침

"간음하지 말라"는 말을 여러분은 들었을 것입니다. 그러나 나는 이제 이렇게 말합니다. 여자를 보고 음욕(淫慾)을 품는 사람은 마음 속으로 간음죄를 범하게 되는 것입니다. 그러므로 여러분으로 하여금 죄를 짓도록 하는 것이 오른쪽 눈이라면 그걸 빼내어 던져 버리십시오. 몸의 일부를 잃더라도 지옥(地獄)에 가지 않는 것이 온 몸이 지옥에 던져지는 것보다 훨씬 좋은 것입니다. 또한 여러분의 오른손이 죄를 짓게 만들거든 그 손을 잘라 버리십시오. 사지 중의 하나를 잃더라도 지옥에 가지 않는 것이 온몸이 지옥에 떨어지는 것보다 훨씬 좋은 것입니다.

이혼에 관한 가르침

"이혼하려는 사람은 아내에게 이혼장을 써주어야 한다"는 말을 들었을 것입니다. 그러나 내가 이제 말하려는 것은, 음행(淫行)이 아닌 이유로 아내와 이혼하는 사람은 그녀가 재혼하여 간음(姦淫)하게 만드는 죄를 짓게 된다는 것입니다. 그리고 그녀와 결혼하는 남자도 간음죄를 짓게 된다는 것입니다.

맹세에 관한 가르침

"약속한 것을 어기지 마십시오. 하나님께 맹세한 것은 실행하십시오" 하고 옛 사람들에게 말한 것도 여러분은 들었을 것입니다. 그러나 내가 이제 말하려는 것은 이것입니다. 약속을 할 때 맹세하지 마십시오. 하늘을 두고 맹세하면 안됩니다. 하늘은 하나님의 옥좌(玉座)이기 때문입니다. 땅을 두고 맹세해도 안됩니다. 땅은 하나님의 발판이

Teaching about Adultery

You have heard that it was said, "Do not commit adultery." But now I tell you : anyone who looks at a woman and wants to possess her is guilty of committing adultery with her in his heart. So if your right eye causes you to sin, take it out and throw it away ! It is much better for you to lose a part of your body than to have your whole body thrown into hell. If your right hand causes you to sin, cut it off and throw it away ! It is much better for you to lose one of your limbs than to have your whole body go off to hell.

Teaching about Divorce

It was also said, "Anyone who divorces his wife must give her a written notice of divorce." But now I tell you : if a man divorces his wife for any cause other than her unfaithfulness, then he is guilty of making her commit adultery if she marries again ; and the man who marries her commits adultery also.

Teaching about Vows

You have also heard that people were told in the past, "Do not break your promise, but do what you have vowed to the Lord to do." But now I tell you : do not use any vow when you make a promise. Do not swear by heaven, because it is God's throne ; nor by earth, because it is the resting place for his feet ; nor by Jerusalem, because

기 때문입니다. 예루살렘을 두고도 안됩니다. 예루살렘은 위대한 왕의 도시이기 때문입니다. 여러분의 머리를 두고도 맹세하지 마십시오. 여러분은 머리카락 하나라도 희거나 검게 만들 수 없읍니다. 여러분은 그저 "예"할 때는 "예"하고 "아니오"할 때는 "아니오"라고만 대답하십시오. 더 이상의 말은 사탄으로부터 나오는 것입니다.

복수에 관한 가르침

"눈에는 눈으로, 이에는 이로"라는 말을 여러분은 들었을 것입니다. 그러나 이제 내가 말하려는 것은 이것입니다. 여러분한테 악한 일을 한 사람에게 앙갚음하지 마십시오. 어떤 이가 여러분의 오른쪽 뺨을 때리거든 왼쪽 뺨도 때리게 돌려대어 주십시오. 그리고 누가 소송 (訴訟)을 걸어 여러분의 셔츠를 차지하려고 하거든 코트까지 내주십시오. 그리고 어느 점령군이 강제로 그의 짐을 1마일 나르라고 하거든 2마일을 날라 주십시오. 달라는 이에게는 주고 빌려달라는 이에게는 빌려 주십시오.

원수에 대한 사랑

여러분은 "친구는 사랑하고 원수는 미워하라"는 말을 들었을 것입니다. 그러나 내가 이제 말하려고 하는 것은, 원수를 사랑하고 여러분을 박해하는 사람들을 위하여 기도하라는 것입니다. 그래야 여러분은 천국에 계신 아버지 하나님의 자녀가 될 수 있읍니다. 왜냐하면 하나님께서는 악인이나 선인에게 다같이 그의 태양을 비추어 주시며, 의로운 사람이나 불의(不義)한 사람에게 다같이 비를 내려주시기 때문입니다. 자기를 사랑하는 사람들만 사랑한대서야 하나님께서 여러분에게 보상을 해 줄 이유가 어디 있겠읍니까? 세리(稅吏)들도 그런 일이야 하

it is the city of the great King. Do not even swear by your head, because you cannot make a single hair white or black. Just say "Yes" or "No"— anything else you say comes from the Evil One.

Teaching about Revenge

You have heard that it was said, "An eye for an eye, and a tooth for a tooth." But now I tell you : do not take revenge on someone who wrongs you. If anyone slaps you on the right cheek, let him slap your left cheek too. And if someone takes you to court to sue you for your shirt, let him have your coat as well. And if one of the occupation troops forces you to carry his pack one mile, carry it two miles. When someone asks you for something, give it to him ; when someone wants to borrow something, lend it to him.

Love for Enemies

You have heard that it was said, "Love your friends, hate your enemies." But now I tell you : love your enemies and pray for those who persecute you, so that you may become the sons of your Father in heaven. For he makes his sun to shine on bad and good people alike, and gives rain to those who do good and to those who do evil. Why should God reward you if you love only the people who love you ? Even the tax collectors do that ! And if you speak only to your friends, have you done anything out of the ordinary ? Even the

지 않습니까? 친한 사람들과만 말하고 지낸대서야 여러분이 다른 사람들보다 더 나을 것이 무엇입니까? 이방인(異邦人)들도 그런 일은 합니다. 여러분들은 하늘에 계신 아버지께서 완전하신 것처럼 완전해야 합니다.

자선(慈善)에 관한 가르침

여러분은 종교인으로서 마땅히 해야 할 선행을 함에 있어서 남에게 알리기 위하여 남이 보는 앞에서 하는 일이 결코 없도록 하십시오. 그런 일을 남이 보는 앞에서 하면 하늘에 계신 아버지로부터 아무런 보상(報償)을 받지 못할 것입니다.

그러므로 가난한 사람에게 어떤 것을 줄 때는 마치 위선자(僞善者)들이 예배당(禮拜堂)이나 거리에서 떠들어대며 하듯이 자랑삼아 하지 마십시오. 위선자들이 그렇게 하는 것은 사람들의 칭찬을 받기 위해서입니다. 확실하게 말하지만 이미 그들은 받을 수 있는 보상은 다 받은 것입니다. 그러므로 여러분이 가난한 사람을 도울 때는 제일 가까운 친구조차도 모르게 하십시오. 그래야 은밀(隱密)한 선행이 되는 것입니다. 여러분이 은밀하게 하는 선행에 대하여는 이를 지켜 보시는 아버지께서 보상해 주실 것입니다.

기도(祈禱)에 관한 가르침

기도할 때는 위선자들처럼 되지 마십시오. 위선자들은 남에게 보이려고 예배당이나 거리에서 일어서서 기도하기를 좋아합니다. 분명히 말하지만, 이미 그들은 받을 수 있는 보상은 다 받은 것입니다. 그러므로 여러분들은 기도할 때 자신의 방으로 가서 문을 닫고 보이지 않는 아버지께 기도하십시오. 그러면 여러분이 남 모르게 기도하는 것을

pagans do that ! You must be perfect—just as your Father in heaven is perfect.

Teaching about Charity

Make certain you do not perform your religious duties in public so that people will see what you do. If you do these things publicly, you will not have any reward from your Father in heaven.

So when you give something to a needy person, do not make a big show of it, as the hypocrites do in the houses of worship and on the streets. They do it so that people will praise them. I assure you, they have already been paid in full. But when you help a needy person, do it in such a way that even your closest friend will not know about it. Then it will be a private matter. And your Father, who sees what you do in private, will reward you.

Teaching about Prayer

When you pray, do not be like the hypocrites ! They love to stand up and pray in the houses of worship and on the street corners, so that everyone will see them. I assure you, they have already been paid in full. But when you pray, go to your room, close the door, and pray to your Father, who is unseen. And your Father, who sees what you do

보고 계시는 여러분의 아버지께서 보답해 주실 것입니다.

기도할 때 이방인(異邦人)들처럼 쓸데없는 말을 많이 하지 마십시오. 그들은 기도가 길어야 하나님께서 들어주신다고 생각합니다. 그들처럼 되지 마십시오. 여러분이 구하기 전에 필요로 하는 것을 여러분의 아버지께서는 이미 다 알고 계십니다. 그러므로 여러분은 기도를 이렇게 하십시오.

"하늘에 계신 우리 아버지,
온 세상이 아버지를 하나님으로 받들게 하시며
아버지의 나라가 오게 하시며
아버지의 뜻이 하늘에서와 같이
땅에서도 이루어지게 하소서.

오늘 우리에게 필요한 양식을 주시고
우리가 우리에게 잘못한 이를 용서하듯이
우리의 잘못을 용서하시고
우리를 유혹에 빠지지 않게 하시고
악에서 구하소서."
(주기도문은 공동번역 성서대로임)

남이 여러분에 대해 잘못한 것을 여러분이 용서해 주면 하늘에 계신 여러분의 아버지께서도 여러분의 잘못을 용서하실 것입니다. 그러나 여러분이 그렇게 하지 않는다면 아버지께서도 여러분의 잘못을 용서하지 않으실 것입니다.

금식(禁食)에 관한 가르침

그리고 금식을 할 때에는 위선자들이 하듯이 침통한 표정을 짓지 마십시오. 그들은 금식하는 것을 남에게 보이려고 외모를 일부러 가다

in private, will reward you.

When you pray, do not use a lot of meaningless words, as the pagans do, who think that God will hear them because their prayers are long. Do not be like them. Your Father already knows what you need before you ask him. This, then, is how you should pray :

"Our Father in heaven :
May your holy name be honored ;
may your Kingdom come ;
may your will be done on earth as it is in heaven.

Give us today the food we need.
Forgive us the wrongs we have done,
as we forgive the wrongs that others have done to us.
Do not bring us to hard testing,
but keep us safe from the Evil One."

If you forgive others the wrongs they have done to you, your Father in heaven will also forgive you. But if you do not forgive others, then your Father will not forgive the wrongs you have done.

Teaching about Fasting

And when you fast, do not put on a sad face as the hypocrites do. They neglect their appearance so that everyone will see that they are

듣지 않습니다. 분명히 말하지만, 그들은 이미 받을 수 있는 보상을 다 받았읍니다. 여러분이 금식할 때에는 얼굴을 씻고 머리도 빗질을 하여 깨끗이 해야 합니다. 그래야 다른 사람들이 여러분이 금식하고 있다는 것을 모르게 됩니다. 단지 여러분에게 보이지 않는 아버지께서만 아시게 됩니다. 여러분이 남모르게 하는 것을 보시는 여러분의 아버지께서 여러분에게 보상해 주실 것입니다.

하늘에 쌓은 재물

재물을 이 땅 위에 쌓아두지 마십시오. 거기에는 좀과 녹이 재물을 못쓰게 만들고 도둑이 들어와 훔쳐가기도 합니다. 대신에 여러분 자신을 위하여 재물을 하늘에다 쌓아두십시오. 거기서는 여러분의 재물을 좀과 녹이 못쓰게 만들거나 도둑이 들어와 훔쳐가는 일이 없읍니다. 여러분의 재물이 있는 곳에는 여러분의 마음도 언제나 있기 마련이기 때문입니다.

몸의 빛

눈은 몸의 등불과 같습니다. 여러분의 눈이 건강하면 온몸이 빛으로 가득찰 것이고, 눈이 건강하지 못하면 온몸이 어두움으로 가득찰 것입니다. 그러므로 여러분 마음 속의 빛(양심)이 어두움으로 변한다면 그 어두움은 얼마나 심하겠읍니까?

하나님과 소유물(所有物)

아무도 두 주인을 섬길 수가 없읍니다. 한 편을 미워하고 다른 편을 사랑하게 되거나 한 편을 잘 받들고 다른 편을 업신여기게 됩니다. 여러분은 하나님과 돈을 함께 섬길 수 없읍니다.

fasting. I assure you, they have already been paid in full. When you go without food, wash your face and comb your hair, so that others cannot know that you are fasting — only your Father, who is unseen, will know. And your Father, who sees what you do in private, will reward you.

Riches in Heaven

Do not store up riches for yourselves here on earth, where moths and rust destroy, and robbers break in and steal. Instead, store up riches for yourselves in heaven, where moths and rust cannot destroy, and robbers cannot break in and steal. For your heart will always be where your riches are.

The Light of the Body

The eyes are like a lamp for the body. If your eyes are sound, your whole body will be full of light ; but if your eyes are no good, your body will be in darkness. So if the light in you is darkness, how terribly dark it will be !

God and Possessions

No one can be a slave of two masters ; he will hate one and love the other ; he will be loyal to one and despise the other. You cannot serve both God and money.

그래서 말하지만, "여러분은 무엇을 먹고 무엇을 마시며 살아갈까" 하고 안달하지 마십시오. "또한 몸에 무엇을 걸치고 살아갈까" 하고 안달하지도 마십시오. 아무튼 목숨이 먹고 마시는 것보다 더 소중하지 않습니까? 몸이 또한 옷보다 소중하지 않습니까? 새들을 보십시오. 새들은 씨를 뿌리거나 곡식을 거두지도 않고 곳간에 쌓아두는 일도 없습니다. 그럼에도 하늘에 계신 여러분의 아버지께서 그들을 먹여 살리십니다. 여러분은 새들보다 훨씬 소중하지 않습니까? 여러분 중 어느 누가 근심한다고 하여 목숨을 한 순간이라도 연장할 수 있겠습니까?

그리고 왜 입을 것 때문에 안달을 합니까? 들꽃이 어떻게 자라는 가를 보십시오. 그들은 일을 하거나 입을 옷을 스스로 만들지 않습니다. 그러나 여러분에게 말하고자 하는 것은, 그 많은 영화(榮華)를 누린 솔로몬 왕도 어느 들꽃 한 송이만큼 아름다운 옷을 입어보지 못했다는 것입니다. 오늘 있다가 내일 아궁이에 던져져 불타 없어질 들풀에게도 하나님께서 옷을 입혀 주십니다. 하물며 여러분에게 입혀 주실 것이야 더욱 확실한 것임은 말해 무엇하겠습니까? 어찌하여 여러분은 믿음이 그렇게 약합니까?

그러므로 여러분은 "내가 먹고, 마시고, 입을 것이 어디에서 생길까?"하고 안달을 하지 마십시오. (이런 것들은 이방인들이나 걱정하는 것들입니다.) 이 모든 것이 여러분에게 필요한 것임을 여러분의 아버지께서는 다 알고 계십니다. 대신에 무엇보다 하나님의 나라와 하나님께서 옳다고 하시는 일을 하려고 노력하십시오. 그리하면 그 이외의 것은 모두 하나님께서 여러분에게 주실 것입니다. 그러므로 내일 일을 미리 걱정하지 마십시오. 내일은 내일대로의 걱정거리가 얼마든지 있기 마련입니다. 어느 날이건 그 날의 걱정거리가 있기 마련인데 이를 더 많게 할 필요는 없는 것입니다.

This is why I tell you : do not be worried about the food and drink you need in order to stay alive, or about clothes for your body. After all, isn't life worth more than food ? And isn't the body worth more than clothes ? Look at the birds : they do not plant seeds, gather a harvest and put it in barns ; yet your Father in heaven takes care of them ! Aren't you worth much more than birds ? Can any of you live a bit longer by worrying about it ?

And why worry about clothes ? Look how the wild flowers grow : they do not work or make clothes for themselves. But I tell you that not even King Solomon with all his wealth had clothes as beautiful as one of these flowers. It is God who clothes the wild grass — grass that is here today and gone tomorrow, burned up in the oven. Won't he be all the more sure to clothe you ? What little faith you have !

So do not start worrying : "Where will my food come from? or my drink? or my clothes?" (These are the things the pagans are always concerned about.) Your Father in heaven knows that you need all these things. Instead, be concerned above everything else with the Kingdom of God and with what he requires of you, and he will provide you with all these other things. So do not worry about tomorrow ; it will have enough worries of its own. There is no need to add to the troubles each day brings.

남을 심판(審判)하는 행위

남을 심판하지 마십시오. 그러면 하나님께서도 여러분을 심판하지 않으십니다. 하나님께서는 여러분이 남을 심판하는 대로 여러분을 심판하시며, 여러분이 남을 저울질하는 데 쓰는 그 저울로 여러분을 저울질하십니다. 여러분은 어찌하여 형제의 눈 속에 있는 티는 들여다 보면서 자신의 눈 속에 들어있는 들보에는 주의를 기울이지 않습니까? 여러분의 눈 속에는 들보가 들어있는데도 형제에게 "내가 네 눈의 티 좀 빼내자"하고 감히 말할 수 있겠읍니까? 여러분! 먼저 자신의 눈속에 들어있는 들보부터 빼내십시오. 그래야 여러분의 눈도 잘 보이고 형제의 눈에서 티도 빼낼 수 있게 됩니다.

거룩한 것을 개에게 주지 마십시오. 돌아서서 여러분을 해치려고나 할 것입니다. 진주(眞珠)를 돼지 앞에 던져주지 마십시오. 발로 짓밟기밖에 더 하겠읍니까?

구(求)하라, 찾으라, 문을 두드리라

구하십시오. 받게 될 것입니다. 찾으십시오. 찾게 될 것입니다. 문을 두드리십시오. 여러분에게 문이 열리게 될 것입니다. 누구든지 구하는 사람은 받게 될 것이고, 찾는 사람은 찾게 될 것이며, 두드리는 사람에게는 문이 열리게 될 것입니다. 아들이 빵을 달라고 하는데 돌을 줄 부모가 어디 있겠읍니까? 또한 자식이 물고기를 달라고 하는데 어느 부모가 뱀을 주겠읍니까? 여러분들이 아무리 사악(邪惡)하다고 할지라도 자식들에게 좋은 것을 줄줄 압니다. 그러니 하늘에 계신 여러분의 아버지께서는 구하는 사람에게 좋은 것을 얼마나 더 많이 주시려고 하시겠읍니까?

Judging Others

Do not judge others, so that God will not judge you, for God will judge you in the same way you judge others, and he will apply to you the same rules you apply to others. Why, then, do you look at the speck in your brother's eye and pay no attention to the log in your own eye ? How dare you say to your brother, "Please, let me take that speck out of your eye," when you have a log in your own eye ? You hypocrite ! First take the log out of your own eye, and then you will be able to see clearly to take the speck out of your brother's eye.

Do not give what is holy to dogs — they will only turn and attack you. Do not throw your pearls in front of pigs — they will only trample them underfoot.

Ask, Seek, Knock

Ask, and you will receive ; seek, and you will find ; knock, and the door will be opened to you. For everyone who asks will receive, and anyone who seeks will find, and the door will be opened to him who knocks. Would any of you who are fathers give your son a stone when he asks for bread ? Or would you give him a snake when he asks for a fish ? As bad as you are, you know how to give good things to your children. How much more, then, will your Father in heaven give good things to those who ask him !

여러분은 남이 자신에게 해주었으면 하고 바라는 대로 남에게 해 주십시오. 이것이 모세의 율법과 선지자들의 가르침의 참 뜻입니다.

좁은 문

좁은 문으로 들어가십시오. 멸망(滅亡)에 이르는 문은 넓고, 그 길 또한 가기 쉬워 많은 사람들이 그리로 갑니다. 그러나 생명에 이르는 문은 좁고 그 길 또한 험악하여 이를 찾아가는 이는 아주 적습니다.

나무와 과실

여러분, 거짓 선지자(先知者)들을 경계하십시오. 그들은 겉으로 양 의 모양을 하고 여러분에게 나타나지만 속은 사나운 이리와 똑같습니 다. 그들의 행실(行實)을 보면 어떤 사람인가를 알게 될 것입니다. 가 시덤불은 포도열매를 맺지 못하고, 엉겅퀴나무에서는 무화과가 열리지 못합니다. 건강한 나무는 좋은 열매를 맺고, 건강하지 못한 나무는 나 쁜 열매를 맺게 됩니다. 건강한 나무가 나쁜 열매를 맺을 수 없고, 건 강하지 못한 나무가 좋은 열매를 맺을 수 없습니다. 좋은 열매를 맺지 못하는 나무는 어느 것이나 잘려서 불에 던져지게 됩니다. 그러므로 여 러분은 그들의 행실을 보고 거짓 선지자들을 구별할 수 있는 것입니다.

나는 여러분을 알고 있지 못합니다

"주(主)님, 주님" 하고 나를 부른다고 하여 누구나 하늘나라에 들 어가는 것은 아닙니다. 하늘에 계신 내 아버지의 뜻대로 행하는 사람 들만 들어가게 되는 것입니다. 심판(審判)의 날이 오면 많은 사람들이 나에게 "주님, 주님, 우리가 주님의 이름으로 하나님의 말씀을 전했고, 주님의 이름으로 많은 마귀를 쫓아냈으며 또한 많은 기적들을 행했읍

Do for others what you want them to do for you : this is the
meaning of the Law of Moses and of the teachings of the prophets.

The Narrow Gate

Go in through the narrow gate, because the gate to hell is wide
and the road that leads to it is easy, and there are many who travel
it. But the gate to life is narrow and the way that leads to it is hard,
and there are few people who find it.

A Tree and Its Fruit

Be on your guard against false prophets ; they come to you
looking like sheep on the outside, but on the inside they are really like
wild wolves. You will know them by what they do. Thorn bushes do
not bear grapes, and briers do not bear figs. A healthy tree bears good
fruit, but a poor tree bears bad fruit. A healthy tree cannot bear bad
fruit, and a poor tree cannot bear good fruit. And any tree that does
not bear good fruit is cut down and thrown in the fire. So then, you
will know the false prophets by what they do.

I Never Knew You

Not everyone who calls me "Lord, Lord" will enter the Kingdom
of heaven, but only those who do what my Father in heaven wants
them to do. When the Judgement Day comes, many will say to me,
"Lord, Lord ! In your name we spoke God's message, by your name
we drove out many demons and performed many miracles !" Then I

니다"하고 말할 것입니다. 그러면 나는 그들에게 "나는 여러분을 알고 있지 못합니다. 사악(邪惡)한 짓을 좋아하는 사람들은 내게로부터 물러가시오"라고 말할 것입니다.

집을 짓는 두 사람

그러므로 누구나 나의 이러한 말을 듣고 그대로 실행하는 사람은 반석(盤石) 위에 자기의 집을 지은 슬기로운 사람과 같습니다. 비가 쏟아져 내리고, 강물이 홍수되어 넘쳐흐르며, 바람이 세차게 불어 닥쳐도 그 집은 반석 위에 세워졌으니 무너지지 않습니다.

그러나 나의 이러한 말을 듣고도 그대로 실행하지 않는 사람은 누구나 모래 위에 집을 지은 어리석은 사람과 같습니다. 비가 쏟아져 내리고, 강물이 홍수되어 넘쳐흐르고, 바람이 세차게 불어 닥치면 그 집은 여지없이 쓰러지게 됩니다. 그렇게 쓰러지는 것은 얼마나 끔찍한 일이겠읍니까?

예수님의 권위

예수님께서 이러한 말씀을 마치시자, 모인 사람들은 그 분의 가르치시는 방법을 보고 몹시 놀랐읍니다. 다른 율법학자(律法學者)와는 달리 그분의 가르치심에는 권위(權威)가 있었기 때문이었읍니다. (이 글을 읽고 많은 도움말씀을 주신 서울대학교 사회교육학과 손봉호 교수와 문장과 표현을 바로 잡아 주신 서울대학교 국문학과 권영민 교수께 감사드립니다.)

will say to them, "I never knew you. Get away from me, you wicked people !"

The Two House Builders

So then, anyone who hears these words of mine and obeys them is like a wise man who built his house on rock. The rain poured down, the rivers flooded over, and the wind blew hard against that house. But it did not fall, because it was built on rock.

But anyone who hears these words of mine and does not obey them is like a foolish man who built his house on sand. The rain poured down, the rivers flooded over, the wind blew hard against that house, and it fell. And what a terrible fall that was !

The Authority of Jesus

When Jesus finished saying these things, the crowd was amazed at the way he taught. He wasn't like the teachers of the Law ; instead, he taught with authority.

현실사회와 두 가지 경제체제 : 자본주의와 공산주의

Always give thanks. (Eph 5. 20)

국부론과 자본주의

국부론과 활력 있는 경제사회

국부론의 원리를 중시한 국가들

〈국부론(國富論, The Wealth of Nations, 1776)〉이 나왔을 당시의 영국은 그 저자 아담 스미스도 밝혔듯이 신생아 20명 중 2명도 살아남기 어려웠고, 10살밖에 되지 않은 어린이들도 노동을 해야 할 정도로 국민의 생활이 궁핍했읍니다. 국부론이 나오기 전까지는 중국을 비롯한 동양의 생활수준이 영국을 위시한 서양의 생활수준보다 앞섰으나 국부론이 나온 뒤부터는 반대로 서양이 앞서기 시작했고 세월이 지남에 따라 격차는 커지기만 했던 것입니다. 중국에서는 국부론이 나오기 전에 이미 침술이 고도로 발달하고 각종 질병을 운동으로 고치는 방법도 개발되는 등 한의학이 크게 발달하였읍니다. 때문에 그 당시 중국인의 평균수명은 영국을 위시한 서양인들의 평균수명보다 크게 앞섰다고 합니다.

국부론에 제시된 자본주의의 경제원리를 중시한 영국은 그 이후 세계제일의 부국이 되어 오랫동안 세계를 지배할 수 있었음은 잘 아는 사실이고, 미국도 1776년 독립선언 이후 줄곧 그렇게 한 결과 지금은 세계제일의 부국이 되었읍니다. 금세기에 선진국이 된 일본도 자본주의의 경제원리를 잘 따랐고, 1965년 국가독립 이후 세계제일의 고도성장을 지속하여 이미 몇 년 전에 1인당 소득이 7천 달러를 넘어서게 된 싱가폴도 마찬가지입니다. 그리고 철저하게 사유재산권을 보호하고 시장경제원리를 존중하는 등 국부론에 제시된 근본경제원리에 **따라** 경제를 운영해 온 홍콩도 이미 1983년에 1인당 소득이 6천 달러를 넘어섰읍니다.

노벨상수상 경제학자 밀튼 프리드만은 홍콩은 자본주의경제원리에 가장 충실한 국가라고 하였읍니다. 즉, 홍콩의 정부정책은 최근까지 아담 스미스가 주장하는 바의 자유방임(自由放任, laissez-faire)과 사유재산을 철저히 보장하는 정책이었던 것입니다. 그러나 이 말의 어감이 좋지 않다고 하여 최근에는 이를 '적극적 불간섭정책'으로 바꾸었읍니다. 그 핵심은 정부가 기업활동에 간섭을 하지 않는 것을 적극적으로 한다는 것으로 시장경제의 자율적 활동을 최대로 보장한다는 것입니다. 이는 경제에 대한 정부간섭은 최소화될수록 좋다는 노벨경제학상 수상자 하이예크의 '최소간섭의 원칙(doctrine of least interference)'과도 일치하는 것입니다. 요는 자유와 번영과 활력이 넘치는 자본주의사회의 건설원리를 제시한 국부론을 중시하여 경제를 운영한 나라들은 모두 고도성장을 지속하여 이미 부국이 되었거나 되어간다는 것입니다.

아담 스미스는 현대경제학의 시조(始祖)입니다. 우리가 현재 배우려고 애쓰는 것이나 더 발전시켜 보려고 애쓰는 것도 결국 그가 창시

한 경제학의 근본원리인 것입니다. 다음과 같이 흔히 인용되는 스미스
의 '보이지 않는 손(The Invisible Hand)'의 원리를 제대로 이해하지 못
하고서는 어느 누구도 오늘날의 자본주의 경제의 근본문제를 올바로 이
해한다고 할 수 없을 것입니다.

> "우리가 저녁식사를 먹을 것으로 기대할 수 있는 것은 정육업자,
> 양조업자 및 제빵업자들의 자비심 때문이 아니라 그들의 사리추구
> 동기 때문입니다."

> "사람은 누구나 생산물의 가치가 극대화되는 방향으로 자신의 자
> 본을 활용하려고 노력하는 것입니다. 그는 공익을 증진하려고 의
> 도하지 않으며 얼마나 증진하고 있는가를 알지도 못합니다. 그는
> 단지 자신의 안전과 이익을 위하여 행동할 뿐입니다. 그런데 그는
> 이렇게 행동하는 가운데 '보이지 않는 손'의 인도를 받아서 원래 의
> 도하지도 않았던 목표를 달성하게 되는 것입니다. 이와 같이 사람
> 은 자신의 이익을 열심히 추구하는 가운데 흔히 국익을 증진하게
> 되는데, 이렇게 하는 것이 의도적으로 하는 경우보다, 공익을 오
> 히려 더 증진하게 되는 법입니다."

스미스는 인간이란 본능적으로 자신의 이익본위로 행동하게 되어
있는데 이렇게 행동하더라도 결국은 사회에 유익한 결과를 초래하게 된
다고 하였읍니다. 물론 여기에서의 자신의 이익추구라는 것은 타인을
해치지 않고 타인의 인정을 받는 범위 내에서의 사리추구를 의미합니
다. 그리고 '보이지 않는 손'의 인도를 받아서 사회에 유익한 결과를 초
래하는 것이 정부의 '보이는 손'의 감시를 받아가면서 그렇게 하는 경
우보다 오히려 더 효율적이라는 것이 스미스사상의 핵심인 것입니다.

폴 사뮤엘슨 MIT대학 교수에 따르면 경제학자에게는 물론 일반인
에게도 아담 스미스처럼 심대한 영향을 준 사람은 없다고 합니다. 그
리고 심지어 자본주의의 운동법칙에 관한 책이라고 하는 칼 마르크스

의 자본론보다 국부론이 오히려 자본주의 운동법칙을 더 잘 설명하고 있다고 합니다. 공산주의이론의 창시자인 칼 마르크스가 '소외감' 등의 개념을 정립한 것도 아담 스미스의 국부론 때문이며 노동가치설의 근본원리를 제시한 영국의 저명한 경제학자 리카도가 경제학을 공부하게 된 것도 국부론 때문이라고 합니다. 사뮤엘슨은 경제학의 창시자인 아담 스미스가 경제학에 있어서는 죠지 워싱턴인 동시에 토마스 제퍼슨이며 벤자민 프랭클린인 동시에 아이자크 뉴톤이라고 하였읍니다. 국부론은 미국독립선언과 같은 해인 1776년에 출판되었는데 독립선언이 '생존과 자유와 행복의 추구'라는 이상을 지향하는 사회를 건설하기 위한 것이라면, 국부론은 그러한 사회의 형성원리가 어떠해야 하는가를 밝힌 것이라고 하겠읍니다. 이러한 중요성 때문에 국부론을 모르는 사람은 거의 없을 것이나 한편 이를 읽어본 사람도 거의 없다고 할 수 있을 것입니다. 서기 2000년의 일본사회를 연구하는 각계각층의 전문가 150여명이 150여 차례 회의를 할 때마다 거의 매번 강조한 것은 '활력 있는 경제사회의 건설'이었다고 합니다. 여러분은 자유와 번영과 활력이 넘치는 국가사회를 건설하려면 국민이 어떤 경제원리를 중시해야 되는가를 지금부터 설명하는 국부론의 근본원리를 검토하면서 잘 연구해 보기 바랍니다.

국부론의 요지

아담 스미스가 구명(究明)하려고 한 문제는 다음의 두 가지로 나눌 수 있읍니다.

경제의 '부분'과 경제내부의 질서

경제 '전체'의 성장과 국부의 증진

경제의 '부분'과 경제내부의 질서

국부론의 근본경제원리를 논의하기에 앞서 그 요지를 먼저 설명하고자 합니다. 경제 전체는 생산자와 소비자 또는 개인과 기업 등 경제의 각 부분이 모두 합쳐진 것으로 볼 수 있읍니다. 그런데 스미스가 구명하고자 한 것은 "이들 부분은 어떤 행동원리에 따라서 경제행위를 하는가? 그리고 그러한 경제행위를 하는 부분으로 구성된 전체경제는 어떻게 움직이는가?" 하는 것이었읍니다. 스미스에 따르면 생산자나 소비자는 모두 경제행위를 사리(私利) 중심으로 하게 되어 있다고 합니다. 이는 인간이 남이나 사회에 해로운 행위를 의도한다는 뜻이 아니라 인간은 기본적으로 자기중심적이므로 자신의 이익을 최우선적으로 고려한다는 것입니다. 그러나 이러한 자기 중심적이고 근시안적인 인간의 경제행위에 의해서도 전체경제는 효율적으로 운영될 수 있다고 스미스는 주장하였던 것입니다. 지금부터 그 이유를 살펴보기로 하겠읍니다.

스미스는 사리를 추구하는 생산자들이라도 '시장이라는 제도'를 통하여 상호경쟁을 하는 경우에는 그 과정에서 어떤 질서 같은 것이 형성된다고 하였읍니다. 예를 들면, 치열한 경쟁을 하는 어떤 기업이 자사제품의 값을 올려 받으려고 하더라도 경쟁기업들 때문에 그렇게 하지 못하는데 이는 경쟁기업들이 서로 감시하고 규제하여 소비자들에게 피해를 주지 못하도록 하기 때문입니다. 이와 같이 시장제도(市場制度, market system)는 정부가 개입하지 않더라도 생산자들 스스로가 서로를 자율적으로 감시하고 규제하는 기능을 발휘하는 것입니다. 이러한 자율규제기능이 시장이라는 제도가 수행하는 첫 번째 중요한 기능인 것입니다.

사리를 추구하는 경쟁기업들은 소비자들이 원하는 제품을 원하는 양만큼, 그리고 될수록 값싸게 만들어야 돈을 벌게 되어 있읍니다. 이는 사리를 추구하는 기업들은 결국 국민이 바라는 제품을 원하는 양만큼만 생산하므로 국가의 귀중한 자원이 그만큼 절약된다는 것을 의미합니다. 이와 같이 정부의 명령없이도 사리를 추구하는 경쟁기업들로 하여금 국민이 원하는 제품을 원하는 양만큼 그리고 최소의 비용으로 생산하게 만드는 것, 즉 자원의 능률적인 사용을 위하여 자발적으로 노력하지 않을 수 없게 만드는 것이 시장제도의 두 번째 기능인 것입니다.

이와 같이 생산자들이 비록 사리중심으로 경제행위를 하더라도 결국은 마치 '보이지 않는 손(The Invisible Hand)'의 인도를 받아서 하는 것처럼 국익을 증진하게 된다는 것입니다. 요약하여 말하자면, 시장이라는 제도는 생산자들이나 소비자들이 서로가 서로를 해치지 못하도록 자율적으로 감시할 뿐만 아니라 국민이 원하는 제품을 원하는 양만큼, 그리고 최소의 비용으로 생산하도록 규제하는 기능을 하는 것입니다.

시장제도가 이러한 기능을 할 수 있는 것은 경제를 구성하는 '부분'들, 즉 생산자들이나 소비자들이 상호경쟁을 하기 때문입니다. 시장제도에는 '경쟁이라는 장치'가 있는데 이것은 경쟁자들이 지켜야 할 어떤 규율이나 질서 또는 상호감시체제를 만들어 내는 것입니다. 따라서 스미스는 이와 같은 감시체제가 내재되어 있는 시장경제에 대하여 정부가 별도로 감시하거나 간섭할 필요가 없다고 생각하여 경제에 대한 정부의 자유방임을 주장했던 것입니다. 아울러 개인의 자유로운 재산의 소유와 증식 그리고 이를 토대로 한 자유로운 경제활동을 주장했던 것입니다. 이런 것이 스미스가 경제의 '부분'의 차원에서 구명하려고 한 문제인 것입니다. 되풀이 한다면, 스미스는 경제를 구성하는 부분들은 어떤 동기에 따라 경제행위를 하며, 부분들간에 자연적으로 발생하는 질서에는 어떤 것이 있을 수 있는가를 구명하려고 하였던 것입니다.

경제 '전체'의 성장과 국부의 증진

경제 전체의 차원에서 스미스가 구명하려고 한 문제는 어떻게 하여 경제전체가 성장하고 국가의 부, 곧 국부(國富, wealth of nation)는 증진되는가 하는 것이었읍니다. 그런데 스미스에 따르면 시장제도는 앞에서 말한 바와 같은 기능을 할 수 있으므로 시장제도가 그 본연의 기능을 하도록 정부에서 내버려두면, 즉 자유방임하면 경제는 성장하고 국부는 증진된다고 하였읍니다. 그 이유는 무엇이겠읍니까?

스미스는 기업이 이윤을 증가시키기 위하여서는 무엇보다 생산을 증가시켜야 하고 생산을 증가시키기 위하여는 생산성을 향상시켜야 하며 생산성을 향상시키기 위해서는 분업(分業, division of labor)을 촉진해야 된다고 하였읍니다. 따라서 그는 국민생산 또는 국부증진의 열쇠는 분업이라고 생각했던 것입니다.

스미스는 분업을 국부론 제1장에서 바늘공장을 그 예로 들어 설명하고 있읍니다. 그는 10명이 분업을 하지 않고 바늘을 만들면 한 사람이 하루에 20여 개를 만드는 것도 어렵다고 하였읍니다. 그러나 분업을 하여 만들면, 즉 철사를 자르고, 다듬고, 바늘귀를 만들고, 광택을 내고, 머리를 다듬는 등으로 바늘 만드는 일을 공정별로 나누어 한 사람씩 전문화(specialization)하여 만들면 10사람이 하루에 4만 8천 개, 즉 한 사람 당 4,800개나 만들 수 있다고 하였읍니다. 스미스는 분업이 이와 같이 생산성을 크게 높인다는 사실을 강조하고 있읍니다. 그런데 분업은 어떻게 촉진되겠읍니까? 스미스는 기계설비의 사용이 분업촉진의 열쇠라고 했읍니다. 그에 따르면 이윤을 극대화하려는 기업은 분업을 촉진할 수밖에 없고 그러기 위하여는 기계설비투자를 증가시키지 않을 수 없다고 하였읍니다. 기업의 자본축적은 결국 국민생산, 곧 국부의 증가를 초래하게 된다고 하였읍니다. 그리고 시장의 규모가 크면 클수록 분업의 기회도 증가한다고 하였읍니다. 따라서 그는 최대한 자유로운 교환활동을 주장했으며 시장규모에 제약을 가하는 어떠한 국가정책도 반대했던 것입니다. 교환의 자유는 개인의 경제활동의 자유를 증진시키며 '기업의 자유(freedom of enterprise)'와 더불어 국민의 자유를 증진시키게 되는 것입니다. 스미스의 정부정책관의 핵심을 폴 사뮤엘슨이 요약한 것을 보면 다음과 같습니다.

"여러분은 선의의 법령과 규제로 경제에 도움을 주고 있다고 생각합니다. 그러나 그렇지 않습니다. 자유방임하십시오. 간섭하지 말고, 그대로 내버려 두십시오. '사리(私利)라는 기름'이 '경제라는 기어(gear)'를 거의 기적에 가까울 정도로 잘 돌아가게 할 것입니다. 계획을 요하는 사람은 아무도 없읍니다. 통치자의 다스림도 필요없읍니다. 시장이 모든 것을 해결할 것입니다."

그런데 노동자의 생산성향상으로 임금이 상승하면 기업의 이윤이 감소하여 자본축적이 어렵게 된다고 생각할 수 있읍니다. 그러나 스미스가 국부론에서 밝힌 것처럼, 그 때는 20명의 신생아 중 2명이 생존하기도 어려울 정도로 유아사망률이 높았기 때문에 노임상승은 영양개선을 통하여 유아사망률을 저하시키고, 따라서 노동자의 수를 늘리기 때문에 노임은 별로 상승하지 않는다고 스미스는 생각하였읍니다. 따라서 분업증가에 따른 이윤증가는 자본축적과 국부증진으로 연결된다고 하였읍니다. 즉, 그는 자유시장제도야말로 자본축적을 촉진하는 가장 효율적인 제도임을 밝힌 것입니다. 이런 것이 스미스가 구명하려고 한 경제 전체차원에서의 문제였던 것입니다. 여기서 경제 전체차원에서의 문제는 거시경제학적 문제, 부분차원에서의 문제는 미시경제학적 문제라고 할 수 있읍니다. 전자는 거시질서(macro-order), 후자는 미시질서(micro-order)에 관한 문제라고도 할 수 있읍니다.

이런 것이 국부론의 요지인 것입니다. 그런데 스미스가 국부론을

집필했을 당시의 세상은 공장종업원의 수가 바늘공장의 예에서와 같이
10여 명 정도밖에 안 되는 소기업 내지 영세기업시대이었던 것입니다.
그리고 중상주의나 봉건제도의 잔재도 상당히 남아 있을 때이었던 것
입니다. 그러므로 국부론의 원리를 경제환경이 크게 다른 한국경제의
현실에 그대로 적용하려고 하는 것은 물론 무리입니다. 지금부터 국부
론의 근본원리가 무엇이며 그 원리를 한국경제에 적용할 때는 어떤 점
에 유의해야 되는가를 보기로 하겠습니다. 국부론의 근본원리를 이해
하기 위해서는 무엇보다 '근본경제문제'를 잘 알 필요가 있습니다.

근본경제문제

　　농가의 근본경제문제.　　근본경제문제의 뜻을 우선 가장 간단한
농가의 예를 통하여 보기로 하겠습니다. 가령 여러분이 내년부터 농사
를 짓게 되었다고 할 때 당면하게 될 '근본경제문제'는 무엇이겠읍니까 ?
우선 사용가능한 농토와 자신의 노동력 그리고 동원가능한 자본으로 생
산할 수 있는 곡식, 채소, 경제작물 등 농작물의 종류와 각각의 '물리
적'인 최대생산량을 파악해야 할 것입니다. 그 다음에는 판매가격과 생
산비를 감안할 때 어떤 것을 각각 얼마나 생산하는 것이 가장 '경제적'
인가를 결정하는 것입니다.

　　그런데 농가에 따라서는 한 해는 배추농사를 많이 지었다가 배추
값의 폭락으로 큰 손해를 보고, 다음 해에는 마늘농사를 지었다가 마
늘값의 폭락으로 또 다시 손해를 보게 되는 등 농작물의 종류를 잘못
선택하여 큰 손해를 보는 경우가 적지 않습니다. 농부가 열심히 농사
를 지어 비록 물리적으로는 최대의 생산량을 거두었다고 하더라도 농
작물가격이 폭락하면 경제적 수입은 최소가 될 수도 있음은 물론입니
다. 그러므로 농부가 당면하는 근본경제문제들 중의 하나는 '생산물의

종류와 양'을 올바로 결정하는 것입니다.

그 다음의 근본경제문제는 무엇이겠읍니까 ? 경작하기로 한 농작물은 어떤 것이든지 최소의 비용으로 생산하는 것이 근본문제라고 할 수 있을 것입니다. 즉, 일단 생산하기로 한 것은 가격이야 어떻게 되든 최소의 비용으로 생산해야 하는 것입니다. 따라서 경운기 대신 인부를 더 많이 사용하는 것이 좋은가 또는 그 반대로 하는 것이 좋은가 등을 검토하여 비용을 최소화할 수 있는 방법을 찾아내어야 한다는 것입니다. 이는 곧 '생산방법의 결정'문제인 것입니다.

또 하나의 근본경제문제는 농작물을 생산한 후 현물 또는 환금(換金)한 것을 누구에게 얼마나 분배하는가 하는 것입니다. 곧 '누구를 위하여' 농사를 짓는가 하는 것입니다. 농가가 땅을 빌린 경우에는 지주에게 지대를 지불해야 하고, 농자금을 빌린 경우에는 자본가에게 이자를, 노동력을 제공해 준 사람에게는 임금을, 농기계를 빌려준 사람에게는 임대료를 그리고 국가에 대하여는 각종 공공서비스를 제공해 준 대가로 세금을 각각 지불해야 하는 것입니다. 이런 것들을 모두 지불하고 나면 남는 것이 아무 것도 없을 수도 있습니다. 이런 경우에는 농사를 그야말로 '남을 위하여' 지은 것입니다.

그러나 남는 것이 있는 경우에는 농가가 이를 다시 교육비로 자녀에게, 부모봉양비로 부모님께 그리고 증여금 등으로 가난한 친척·친지 등에게 분배하는 것입니다.

그런데 분배는 두 가지로 나눌 수 있읍니다. 하나는 생산에 직접 참여한 사람들, 즉 지주, 자본가, 노동자 등에게 그 기능에 따라서 지대, 이자, 임금 등으로 소득을 분배하는 것인데 이를 소득의 기능적 분배(functional distribution)라고 합니다. 다른 하나는 생산에의 참여 여부에 관계없이 필요한 사람 중심으로 소득을 분배하는 것인데 이를 소득의 인적 분배(personal distribution)라고 합니다.

이와 같이 소득의 기능적 분배나 인적 분배를 어떻게 하면 잘 할 수 있는가 하는 것이 농가가 당면하는 또 하나의 근본경제문제인 것입니다. 이들 3대 근본경제문제를 요약하면 다음과 같은 세 가지인 것입니다.

1. 생산물의 종류와 양의 결정
2. 생산방법의 결정
3. 분배의 결정

왜 이 세 가지가 '근본' 경제문제이겠읍니까? 어떤 사람들은 농가의 근본경제문제는 부채(負債)라고 할지 모릅니다. 그러나 부채는 농가의 많은 문제들 중의 하나가 될 수는 있으나 '근본문제'는 아닌 것입니다. 왜냐하면 가령 어떤 농가에게 기존의 부채를 탕감해 준다고 하더라도 부채를 계속 지게 되는 원인이 없어지지 않는다면 그 농가는 다시 부채를 지게 될 것이기 때문입니다. 가령 어떤 농가의 부채의 근본원인이 재배할 농작물을 항상 잘못 선택하는 것이라고 한다면, 즉 마늘파동 때 마늘농사를, 배추파동 때 배추농사를 지었기 때문이라고 한다면, 설령 일시적으로 부채를 탕감받는다 하더라도 그 농가는 다시 부채를 지게 될 것입니다. 따라서 그 농가의 '근본'문제는 부채가 아니라 '농작물의 종류와 양의 선택'을 잘못한 것입니다.

또한 그 농가가 농작물의 종류와 양을 잘 선택했다고 하더라도 생산방법을 잘 몰라서 항상 적자를 본다면 부채를 일시적으로 탕감해 주더라도 시간이 가면 그 농가는 다시 많은 부채를 지게 될 것입니다. 이런 경우에 그 농가의 근본문제는 부채가 아니라 생산방법의 부지(不知)인 것입니다. 이와 같이 농가가 당면하는 근본경제문제는 부채가 아니라 어떻게 하면 생산할 농작물의 종류와 양을 잘 정하고 아울러 경제적인 생산방법을 선택할 수 있는가 하는 것입니다.

기업의 근본경제문제.   기업의 경우에도 위의 세 가지가 근본경제문제임은 물론입니다. 가전제품업체를 예로 들면, 가전업체가 당면하는 첫 번째의 근본경제문제는 사용가능한 인력과 생산시설과 기술로 텔레비젼, 냉장고, 전축 등 많은 제품 중에서 어떤 것을 얼마나 생산할 것인가를 결정하는 것입니다. 다른 하나의 근본경제문제는 이 가전제품을 어떻게 하면 최소의 비용으로 생산할 수 있는가 하는 것입니다.

또 하나의 근본경제문제는 가전업체가 제품을 생산함으로써 창출하는 소득을 생산에 직접 참여하거나 직접 참여하지 않더라도 분배를 필요로 하는 사람들에게 어떻게 분배하며 국가에 대한 세금은 또한 얼마나 내느냐 하는 것입니다. 즉, 창출된 소득을 적절하게 분배하는 문제입니다. 이상에서와 같이 기업체의 경우에도 근본경제문제는 위와 같은 세 가지임을 알 수 있습니다.

국가의 근본경제문제.   지금까지는 농가와 기업을 각각의 독립된 생산단위로 간주하여 근본경제문제를 살펴보았습니다. 지금부터는 생산자와 소비자가 혼재(混在)할 뿐만 아니라 생산자와 소비자 전체를 감안해야 하는 국가사회의 경우를 보기로 하겠습니다. 우선 다음과 같은 몇 가지 상품의 예를 보기로 하겠습니다.

우리 나라에서는 가령 단추를 어떤 크기와 모양과 색깔로, 몇 개를 누가 어떠한 방법으로 만들며, 만든 뒤에는 누가 어떤 것을 몇 개씩 사용할 것인가를 누가 어떻게 정하겠읍니까? 그리고 음식의 경우에는 가령 내일 국민들이 먹을 채소, 과일, 생선, 육류 등을 누가 얼마나 생산하며, 그 값은 또한 얼마나 받고, 누가 먹을 것인가를 누가 어떻게 정합니까? 의복 등의 일용품 그리고 스포츠나 예술품의 경우는 또한 어떠하겠읍니까? 국가의 경우에도 이러한 문제는 앞의 예에서와 마찬가지로 3대 근본경제문제로 요약될 수 있습니다. 그러나 국가의 경우에는 개별농가나 기업과는 문제의 성격상 큰 차이가 있음은 물론입니다.

그런데 세 가지 근본경제문제들 중 '생산물의 종류와 양'의 결정과 '생산방법'의 결정은 능률과 관련된 것들이고 분배의 결정은 형평과 관련된 문제인 것입니다. 따라서 근본경제문제는 '능률과 형평'이라는 두 가지 문제로 요약할 수 있읍니다.

이러한 문제는 경제체제나 경제발전단계를 막론하고 어느 나라, 어느 시대에서나 공통적으로 당면하게 되는 3대 근본경제문제인 것입니다. 심지어 벌과 개미와 같은 동물사회에서도 이런 문제는 발생하는 것입니다.

세 가지 경제문제에 대한 네 가지 해결방법

이러한 문제들에 대한 해결방법에는 네 가지가 있읍니다.

첫째는 개미나 벌 등의 동물과 같이 본능에 의하여 해결하는 것입니다. 그런데 사실 민도가 낮은 후진국의 국민들은 상당한 수의 경제문제들을 본능이나 충동에 의하여 해결한다고 할 수 있을 것입니다.

둘째는 옛날 농민들이 같은 농작물을 동일한 방법으로 계속하여 경작하는 것처럼 구태의연한 방법을 그대로 답습하여 생산자나 소비자가 당면하는 경제문제를 해결하는 것으로 전통적 경제(traditional economy) 방법이라고 합니다.

세째는 국가가 어떤 통제나 계획기구를 통하여 생산물의 종류와 양, 생산방법 그리고 생산물의 분배방식 등을 일일이 정한 후 국민들에게 복종하도록 명령함으로써 경제문제를 해결하는 것인데, 이런 방식을 통제경제(統制經濟) 또는 명령경제(命令經濟, command economy) 방법이라고 합니다. 이런 경제에서는 국가가 모든 재산을 소유하게 되므로 국민은 재산을 공유 또는 공산(共産)하게 되는 것입니다. 이를 공산주의 방법이라고도 합니다.

네째는 국가가 통제를 하지 않고, 물건을 만들고 싶은 사람들이 원하는 양을 자유의사대로 만들어 시장에 판매하고, 소비하는 사람들도 마음에 드는 것을 자유의사대로 시장에서 구입하여 쓰게 하는 방식, 곧 근본경제문제를 이해당사자들이 스스로 '시장'이라는 기구를 통하여 자유롭게 해결하도록 하는 방식을 자유시장경제(free market economy) 방식이라고 합니다.

이러한 경제에서는 국민의 '자유'로운 경제활동이 필수적이고, '시장'이라는 제도가 핵심적인 역할을 하며, 그리고 생산은 국가기구가 아니라 자유로이 활동하는 기업에 의하여 이루어지는 것입니다. 따라서 이러한 경제를 자유기업경제(free enterprise economy), 자유경제, 시장경제라고도 합니다. 이런 경제에서는 자본의 자유로운 소유, 운용 및 증식을 중시하므로 자본주의(capitalism) 경제라고도 합니다.

그런데 자본주의경제에서의 '시장'은 공산주의경제에서의 국가통제 기구에 비견되는 역할을 하므로 하나의 기구 또는 제도라고 할 수 있읍니다. 시장을 '시장기구(市場機構, market mechanism)' 또는 '시장제도(市場制度, market system)'라고 하는 것은 이러한 이유에서입니다.

위의 네 가지 해결방법들 중 가장 중요한 것은 마지막 두 가지, 즉 통제경제방법과 자유경제방법인 것입니다. 그런데 이 두 가지 중 전자는 경제학의 지식이 별로 없는 사람도 그 원리를 비교적 쉽게 이해할 수 있읍니다. 그러나 후자는 경제전문가가 아니면 제대로 이해하는 사람이 거의 없다고 해도 과언이 아닐 정도로 난해한 것입니다.

특히 공산국가의 심한 통제 속에서 살던 사람들은 자유시장경제의 근본원리를 거의 이해하지 못하는 것입니다. 그들에게 자유시장경제의 근본원리나 장·단점 등을 납득시키는 것은 거의 불가능하다고 하는 사람도 있읍니다. 즉, 어떻게 정부가 통제를 하지 않고 그대로 내버려 두는데도 국민들이 바라는 물건이 원하는 양만큼 생산될 수 있는가를 이해하지 못하는 것입니다. 그리고 왜 국민들의 생필품수급을 정부가 통제하지 않고 국민들에게 자유방임하는가도 이해하지 못하는 것입니다. 공산국가의 지도자들은 국가통제없이 운영되는 자유시장경제야말로 '무질서와 혼돈의 경제'라고 오해하기 쉬운 것입니다.

그런데 역설(逆說)적인 사실은 자본주의국가의 국민들도 거의 대부분 자본주의경제의 본질을 모르면서 살아가는 것이라고 하겠읍니다. 말하자면 자본주의경제의 '게임의 룰'도 모르면서 그 게임을 하면서 살아가고 있는 셈인 것입니다. 지금부터 이를 설명하기로 하겠읍니다.

순수자본주의와 '보이지 않는 손'의 원리

사리추구와 경쟁 및 순수자본주의

우리 나라에서는 앞서 말한 바와 같이 단추, 의복, 음식물, 가전제품, 음반, 그림 등의 생산량과 가격, 생산방법 및 소비대상 등을 경제기획원이나 상공부 등에서 일일이 결정하고 통제한다고 생각합니까? 또한 그럴 필요가 있다고 생각합니까? 물론 경제기획원이나 상공부 등에서 그것들을 결정하지도 않고 또한 그렇게 할 필요도 없는 것입니다. 정부가 간여하지 않고 그대로 내버려 두더라도, 즉 자유방임하더라도 이러한 상품들은 거의 대부분 국민이 필요로 하는 것들이 필요로 하는 양만큼 생산되고, 생산하는 사람도 정부의 지시에 따라 억지로 하는 것이 아니라 자유의사대로 그리고 가장 비용이 적게 드는 방법을 스스로 찾아서 하게 되는 것입니다. 소비자들도 마찬가지로 정부의 지시에 따라 마음에 들지도 않는 것을 억지로 사서 쓰는 것이 아니라 자신의 기호(嗜好)에 맞는 것을 스스로 선택하여 필요한 양만큼 구입하여 사용하는 것입니다.

아담 스미스는 생산자나 소비자는 모두 자신의 '사리추구' 동기에 따라 행동을 하지만 서로가 치열한 '경쟁'을 하게 되므로 이런 경제행위는 마치 어떤 '보이지 않는 손'의 인도를 받아서 이루어지는 것처럼 신통할 정도로 질서정연한 결과를 낳는다고 하였읍니다. 생산자들과 소비자들이 좋아하는 대로 경제활동을 하는데도 앞에서 말한 3대 근본 경제문제들은 이들이 원하는 방향으로 마치 어떤 보이지 않는 손의 인도를 받아서 해결되는 것처럼 질서정연하게 해결된다는 것을 '보이지 않는 손의 원리(The Invisible Hand Doctrine)'라고 합니다. 이렇게 운영되는 경제를 순수자본주의(pure capitalism) 경제 또는 자유방임자본주의(laissez-faire capitalism) 경제라고 합니다. 경제학에서의 이 원리는 물리학에서의 뉴톤의 만유인력의 법칙이나 생물학에서의 다윈의 진화론에 비견되는 중요한 원리인 것입니다.

우리 나라에서는 정부가 기업체들을 통제하지 않고 그대로 내버려 두더라도, 즉 자유방임하더라도 음식의 맛이나 단추의 모양, 의복의 색깔, 가전제품의 모델 등이 마음에 들지 않는다고 국가에 대하여 불평하는 사람들이 없읍니다. 마찬가지로 원하지 않는 것을 억지로 만든다고 국가에 대하여 불평하는 생산자도 없읍니다. 모두 자유의사대로 자기의 책임하에 상품을 만들어서 시장에 판매하거나 구입하여 사용하는 것입니다. 그러므로 잘하면 자신이 득을 보고, 못하면 자신이 손해를 직접 보기 때문에 모두가 합리적으로 경제행위를 하려고 노력하게 되는 것입니다.

그러므로 자본주의경제이론의 시조 아담 스미스는 국민들의 경제문제들은 국민들이 스스로 해결하도록 내버려 두어야 되지 국가가 간섭하면 안 된다고 주장하였던 것입니다. 즉, 아담 스미스의 기본철학은 자유방임인 것입니다. 국가가 경제활동을 자유방임하더라도 사리를 추구하는 생산자들은 치열한 경쟁을 통하여 더 좋고, 더 새로운 물건을 보다 저렴하게 만들려고 노력하며, 이에 따라 소비자들은 더 좋은 물건을 더 싼 값에 사 쓰게 된다는 것입니다. 그런데 이와 같은 스미스의 자유방임정책이나 보이지 않는 손의 원리가 제대로 이루어지기 위해서는 생산자와 소비자간의 거래가 이루어지는 '시장'이라는 제도가 잘 발달되어야 하고, 경제적 자유와 더불어 자유로운 기업활동이 보장되어야 하는 등 많은 전제조건들이 필요합니다.

경쟁과 자율규제

한국의 모든 가전제품회사들은 물건을 적당히 만드는 등 게으름을 피우며 국가의 귀중한 자원을 낭비하고 있다고 생각합니까? 아니면 그 반대라고 생각합니까? 물론 답은 그 반대입니다. 만약 어떤 회사가 게으름을 피우면서 물건을 적당히 만든 후 그것을 비싸게 판매하여 소비자들을 그야말로 '착취'하려고 하면, 다른 경쟁업체는 더 좋은 물건을 만들어 더 싼 가격에 판매할 것이므로 그 회사는 고객을 잃는 등 큰 손해를 보게 됩니다. 즉, 경쟁회사가 있기 때문에 어떤 회사도 그렇게 할 수가 없습니다. 이와 같이 자유경제에서는 경쟁기업들 서로가 서로를 감시하고 규제하는 것입니다. 때문에 가전업체들은 국민에게 더 좋은 제품을 더 싼 값에 공급하기 위하여 열심히 노력하지 않을 수 없는 것입니다. 경쟁업체보다 더 좋은 물건을 더 싼 값에 만들 수 있는 기업만이, 즉 국민들에게 더 많은 혜택을 줄 수 있는 기업만이 돈을 벌 수 있게 되어 있으므로 모든 업체들이 그렇게 하려고 열심히 노력하지 않을 수 없습니다. 따라서 경쟁이 치열할수록 자율규제도 그만큼 강력해지는 것입니다.

경쟁과 상벌

공산국가에서는 중앙통제기구가 정해주는 생산목표를 생산자가 그대로 달성하거나 초과달성하면 국가로부터 그에 상응하는 상을 받고, 반대로 달성하지 못하면 그에 상응하는 벌을 받게 됩니다. 그런데 통제기구가 생산자에게 제품의 생산지시를 할 때는 원자재 등의 사용량도 함께 지정하여 주므로 생산자가 생산목표를 크게 초과달성할 여지는 적습니다. 또한 초과달성한 경우에도 상금이 그렇게 많지 않은 것이 보통입니다. 그러나 생산목표를 달성하지 못할 때는 그 생산물을 원료로 사용하는 다른 생산자들에게 연쇄적으로 피해를 주게 되므로 그 처벌이 가혹하게 되는 것이 보통입니다. 따라서 공산국가에서도 생산자들은 생산목표를 달성하려고 열심히 노력하게 되는 것입니다.

그러나 자본주의국가에서는 정부의 통제가 없더라도 앞의 가전업체의 예에서와 같이 생산자들 스스로가 열심히 생산활동을 하지 않을 수 없는 것입니다. 왜냐하면 게으름을 피우거나 생산활동을 합리적으로 하지 못하여 국가의 귀중한 자원을 낭비하는 기업은 '비능률 죄를 많이 짓는 기업'이 되어서 경쟁에서 스스로 탈락하게 되기 때문입니다. 이런 기업에 대한 '벌(罰)'은 심한 경우에는 그야말로 패가망신을 수반하는 '부도' 또는 '도산' 형태의 가혹한 것이 되기도 합니다. 마치 실력 없는 권투선수가 링에서 KO로 참패당하는 것이나 마찬가지입니다. 그런데 실력없는 권투선수가 처벌을 국가로부터가 아니라 바로 상대방으로부터 받는 것처럼 기업간의 치열한 경쟁의 경우에도 참패하는 기업은 처벌을 국가로부터가 아니라 경쟁자로부터 직접 받는 것입니다.

기업체들은 이러한 처벌을 받지 않기 위하여서도 스스로 사력을 다하지 않을 수 없습니다. 반면에 열심히 노력하여 성공하면 그야말로 떼돈을 벌고 명성을 국내외적으로 크게 떨치는 등 '부와 명예의 대상(大

賞)'을 차지할 수도 있게 되는 것입니다. 공산국가에서의 생산자의 생산활동에는 국가가 정해주는 목표가 그 대체적인 한계가 되나 자본주의국가에서의 생산자의 생산활동에는 한계가 없읍니다. 세계시장을 대상으로 하는 경우에는 더욱 그러합니다. 무한정 생산하여 성공할 때는 그 상도 거의 무한정하게 되니 상의 크기는 공산국가와 비교가 안 될 정도로 큰 것입니다. 이와 같이 자본주의경제에서는 기업활동에 대한 '상과 벌'을 경쟁자들 서로가 직접 주고 받게 되므로 그 효과가 빠를 뿐만 아니라 특히 상은 공산주의경제의 그것과는 비교가 안 될 정도로 크기 때문에 모두가 성공하기 위하여 열성적으로 노력하게 됩니다.

자유경제와 통제경제의 상벌에는 다음과 같은 큰 차이가 있읍니다.

첫째, 통제경제에서의 생산자는 상과 벌을 국가로부터 받게 되나 자유시장경제에서의 생산자는 국가의 간여없이 경쟁시장에서 경쟁자들로부터 직접 받게 됩니다.

둘째, 통제경제에서는 일반적으로 상은 적고 벌은 중(重)하나 자유경제에서는 벌은 적고 대신에 상은 거의 무한정하다고 하겠읍니다.

세째, 자유경제에서의 상벌은 거의 금전적인 환산이 가능하고 그 규모도 비교적 분명한 것입니다. 그러나 통제경제에서의 상벌은 영웅칭호, 훈장, 수용소생활, 당으로부터의 감시 등 금전적 환산이 어려운 것이 대부분입니다. 그런데 일반적으로 금전적인 형태의 상벌이 비금전적인 형태의 상벌보다 목표달성에 효율적이라고 합니다.

경제의 주인은 국민 ── 민주경제

한국의 가전업체들은 소비자들로부터의 착취나 그들의 희생을 바탕으로 돈을 번다고 생각합니까? 물론 그렇지 않습니다. 위에서 밝힌 바와 같이 자유시장경제에서는 경쟁기업이 국민이 원하지 않는 상품을 마음대로 만들어 비싸게 팔아 돈을 번다는 것은 생각할 수도 없는 일입니다. 모든 생산자들은 국민들의 기호에 적합할 뿐만 아니라 값도 싼 물건을 만들 수 있어야, 즉 '국민을 주인'으로 잘 섬길 줄 알아야 돈을 벌 수 있도록 되어 있는 것입니다.

뿐만 아니라 경쟁을 치열하게 하는 가전제품업자들은 소비자들에게 아프터서비스까지도 잘 해주려고 노력하게 됩니다. 얼마 전의 일로서 어느 가전업체가 그 해를 '소비자의 해'로 정하여 철저한 아프터서비스를 제공한다고 발표하니까 그 이후 다른 업체들도, 심지어 회사사정이 극히 어려운 업체도 잇따라 그렇게 한다고 발표한 적이 있었읍니다. 이는 자본주의경제에서는 경쟁업체들이 싫든 좋든 소비자의 마음에 드는 제품을 공급하고 제품을 공급한 다음에는 아프터서비스까지 해주지 않으면 돈을 벌 수 없게 되어 있음을 의미하는 것입니다. 바캉스철에 자동차회사들이 자동차수리팀을 고속도로나 유원지 등 차가 많이 몰리는 곳에 파견하여 운전자들에게 갖은 편의를 다 제공하려고 애쓰는 것도 마찬가지입니다. 이와 같이 시장경제는 그야말로 민(民)이 주(主)가 되는 경제, 곧 민주경제(民主經濟)인 것입니다.

공산국가에서는 소비자에 대한 아프터서비스도 국가의 통제하에 이루어지지만 자본주의국가에서는 정부가 그렇게 할 필요가 없읍니다. 그리고 가령 한 업체가 그 해를 '소비자의 해'로 정했을 때 정부가 다른 업체들에게도 그와 같이 하라고 지시할 필요가 없읍니다. 왜냐하면 지시하지 않고 자유방임하더라도 자연히 다른 업체들도 다 그렇게 하기 때문입니다.

경쟁과 능률

가전업체들은 국민들이 바라는 모양과 색깔과 크기의 제품을 원하는 양만큼 만들려고 노력한다고 생각합니까? 물론 그렇습니다. 왜냐하면 국민들이 원하지 않는 것을 만들면 팔지 못하므로 손해를 보고,

원하는 것이라도 원하는 양보다 더 많이 만들면 다 팔지 못하므로 또한 그만큼 손해를 봅니다. 또한 더 적게 만들면 더 팔 수 있는데도 수량이 부족하여 더 이상 판매할 수 없으므로 그만큼 손해를 봅니다. 그러므로 가전업체들은 될수록 국민들이 바라는 제품을 바라는 양만큼 만들려고 노력하지 않을 수 없읍니다. 이를 다른 관점에서 보면 이들은 될 수 있는 한 과잉생산이나 과소생산에 따른 국가자원의 낭비, 즉 '비능률'을 줄이려고 노력한다는 것입니다.

그리고 경쟁기업들이 제품을 만들 때는 가장 비용이 적게 드는 방법, 곧 자원을 가장 적게 사용하는 방법에 따라 생산하지 않을 수 없게 됩니다. 왜냐하면 자원을 낭비할 때는 손해를 보기 때문에 기업들 스스로가 낭비를 줄이기 위하여 갖은 노력을 다하지 않을 수 없기 때문입니다. 그야말로 "이기기를 다투는 자마다 모든 일에 절제"(고린도전서 9장 27절)하지 않을 수 없는 것입니다. 이와 같이 자본주의경제에서는 필요없는 것이 만들어지거나 필요한 것이라도 너무 많이 만들어져서 창고에 쌓이는 등의 낭비가 발생할 소지가 작고, 또한 경쟁기업들이 상품을 생산할 때에도 국가의 귀중한 인적 및 물적 자원을 가장 적게 사용하여 낭비를 가급적 줄이려는 노력을 자발적으로 부단히 하게 되어 있는 것입니다.

공산국가에서는 국민들이 원하는 제품의 종류와 양을 국가의 통제자가 나름대로 정하여 생산자에게 생산지시를 하고 생산된 제품은 통제자가 정한 방법에 따라 소비자들에게 배급됩니다. 그런데 중앙에 있는 소수의 통제자가 수많은 가전제품의 모양, 색깔, 크기 등을 전국 각지에 흩어져 있는 각계각층의 사람들의 마음에 들게 정하거나 또는 국민들의 연간 소비량을 정확히 파악하는 것은 거의 불가능한 일입니다. 따라서 국민들의 기호에 맞지 않는 상품은 과다하게 생산되고 기호에 맞는 상품은 과소하게 생산되기 쉬워 자원의 낭비가 발생할 소지가 크게 됩니다. 그리고 각 생산자가 사용할 생산방법까지 '중앙'의 통제자

가 거의 정해주므로, 생산자는 그 지역의 공장의 실정을 반영하여 생
산비를 줄일 수 있는데도 그렇게 하기가 어렵게 될 뿐만 아니라 자원
을 절약할 의욕도 잃기 쉬운 것입니다.

경쟁과 기술혁신

가전제품업체들은 기술을 해외로부터 도입하거나 새로 개발하는 등
더 좋고 더 새로운 제품을 만들기 위하여 부단히 노력하고 있다고 생
각합니까? 그렇습니다. 어느 업체나 타업체와의 치열한 경쟁에서 이
기기 위하여 신기술의 도입과 신제품의 개발 등에 부단히 노력하게 됨
은 물론입니다. 경쟁업체에 비해 기술혁신에서 뒤지면 경쟁에서 도태
될 수밖에 없기 때문입니다. 뿐만 아니라 경쟁기업들은 기술혁신을 위
하여 부단히 노력한다는 사실 자체까지도 국민에게 계속 알리려고 애
를 쓰며 신제품이라도 개발하게 되면 이를 즉시 신문, 텔레비젼 등의
광고를 통하여 국민에게 알리려고 합니다.

공산국가에서는 통제기구가 생산조직체와는 별도의 조직체인 기술
개발기구에게 가전제품에 관한 기술을 얼마나 그리고 어떻게 개발하라
고 지시를 하지만 자본주의국가에서는 국가가 그렇게 하지 않더라도 가
전업체들이 서로 다투어 자발적으로 기술혁신을 하게 되어 있는 것입
니다. 오히려 치열한 경쟁을 하는 가전업체의 경우, 정부가 직접 간여
하지 않는 것이 제품의 질이나 국제경쟁력을 향상시키는 데 더 큰 도
움이 될 때도 많은 것입니다.

자유경제와 근본경제문제의 해결

앞의 설명에서 시장경제 내부에는 공산국가에서와 같은 국가통제
기구의 규제나 감시가 없음에도 불구하고 어떤 '자율규제장치' 또는 '자

동감시장치' 같은 것이 있어서 이것이 생산자들로 하여금 스스로 다음
과 같은 노력을 부단히 하지 않을 수 없도록 만들게 됨을 알 수 있을
것입니다.

즉, 경쟁업체들은 첫째, 국민이 원하는 제품을 원하는 양만큼 만
들기 위하여 부단히 노력하며,

둘째, 어떤 제품을 생산하더라도 생산비를 최소화하려고 부단히 노
력하며,

세째, 신기술을 개발하거나 해외로부터 도입하여 보다 좋고 새로
운 제품을 만들려고 부단히 노력하며,

네째, 더 능률적인 기업들이 더 많은 소득을 분배받기 때문에 모
두가 더 열심히 일하려고 노력하게 됨을 알 수 있을 것입니다.

자유시장경제에서는 공산국가에서처럼 국가가 통제를 하지 않는데
도 가전업체들이 다투어 위에서와 같은 노력을 하게 되는데 그 이유는
다음의 두 가지입니다.

하나는 생산자의 이윤추구동기(利潤追求動機)이고, 다른 하나는 생
산자간의 '자유경쟁(自由競爭)'인 것입니다.

이와 같이 자본주의경제에서는 시장제도 내부에 있는, 즉 내재(內
在)된 자율규제장치가 경쟁자로 하여금 능률과 형평이라는 근본경제문
제를 해결하도록 자율규제하는 것입니다.

이렇게 볼 때 '경쟁자간의 자유로운 경쟁'이야말로 국가사회의 근
본경제문제의 해결에 있어서는 물론 활력있는 발전에 있어서도 그 열
쇠가 되는 것입니다. 경제내부에 독점요인이 증가하고 경쟁저해 분위
기가 무르익게 되면 경제사회는 침체의 늪으로 빠져들어가는 것입니다.
그러므로 생산자들이나 소비자들이 자유롭게 경쟁할 수 있는 경제환경
을 구성하는 것이 자본주의경제발전의 요체인 것입니다.

순수자본주의와 혼합경제

앞에서는 의복, 음식물, 가전제품 등의 상품은 그 수요와 공급을 정부가 지시하지 않고 그대로 내버려 두더라도 시장이란 기구가 이를 거의 해결한다고 하였읍니다. 즉, 순수자본주의경제에서는 보이지 않는 손이 근본경제문제를 모두 해결할 수 있을 것으로 보았읍니다. 그러나 그 해결과정에서는 다음과 같은 많은 문제가 발생하므로 정부가 근본경제문제의 해결을 전적으로 시장제도에 자유방임만 할 수는 없는 것입니다.

1. 독과점요인의 증가와 경쟁의 제한
2. 외부효과
3. 소득의 불균등 분배
4. 올바르지 못한 국민의 욕구

이러한 문제들은 자유시장제도가 잘 해결하지 못하는 문제들로서 이른바 '시장실패(market failure)'를 초래하는 문제들이라고 할 수 있읍니다. 이러한 문제의 해결 때문에 정부가 경제의 운영에 여러 가지로 간여하지 않을 수 없는 것입니다. 이들 문제의 설명은 이 글 뒷부분 '보이지 않는 손의 원리가 잘 작용하기 위한 조건'을 참고하기 바랍니다.

이와 같이 '현대 자본주의경제'에서는 아담 스미스가 주장한 대로 보이지 않는 손이 근본경제문제를 모두 해결할 수 있을 것으로 기대할 수는 없으며 경제에 대한 정부의 개입이 불가피한 것입니다. 현대 자본주의경제는 시장제도의 '자율적 기능'과 국가의 '통제기능'이 잘 혼합되어야 효율적으로 운영되는 경제이므로 '혼합경제(混合經濟, mixed economy)'라고 합니다. 미국, 일본 등의 선진국은 물론 한국경제도 순수자본주의경제가 아니라 혼합경제임은 물론입니다.

사리추구와 국익증진

　여러분은 경제행위를 할 때 자신의 이익, 즉 사리(私利)를 먼저 생각합니까? 아니면 국가의 이익, 즉 국익(國益)을 먼저 생각합니까? 아담 스미스는 국부론에서 사람은 누구나 사리를 우선적으로 추구하게 되어 있고 또한 그렇게 하는 것이 개인에게는 물론 국가사회에게도 오히려 득이 된다고 하였습니다. 뿐만 아니라 그는 인간이 경제행위를 할 때 사리를 우선하는 것이 국익을 우선하는 경우보다 결과적으로는 오히려 국익을 더 증진하게 된다는 놀라운 사실도 밝혔던 것입니다.

　어떻게 그러하겠습니까? 사리추구가 결과적으로는 오히려 국익을 증진하게 된다는 역설(逆說)은 대부분의 사람들에게는 그야말로 이해하기 어려운 윤리문제인데, 국부론이 나왔을 당시의 민도가 낮은 사람들에게는 더욱 그러하였던 것입니다. 이 역설을 아담 스미스가 체계적으로 잘 설명하였기 때문에 이 점에서도 국부론은 높이 평가되고 있는 것입니다. 물론 여기에서의 사리란 과도한 탐욕이 아니라 '인간의 양심과 도덕과 정의로운 법에 의해서 용인되어지는 사리'라는 사실에 유의할 필요가 있습니다. 우리 나라에서도 아직까지 많은 사람들은, 개인의 경제행위는 모름지기 국익 우선으로 되어야 하지 사리 우선으로 되어서는 안 된다고 생각하고 있습니다. 그런데 유념해야 할 것은 개인이 경제행위를 국익 우선으로, 즉 '개인'보다는 '전체'의 이익 우선으로 해야 된다고 하는 나라는 전체주의국가라는 사실입니다.

　사리추구가 어떻게 국익을 증진하게 되는가를 보기로 하겠습니다. 사실 우리 주위의 이른바 '보통 사람들'의 일상생활을 보면 생각과 행동이 대부분 자신의 이해 중심으로 되고 있음은 물론입니다. 예를 들면 밤잠이나 낮잠을 자고, 음식을 먹으며, 의복이나 일용품을 구입하고 돈을 모아 집이나 가구를 장만하며, 여행을 가거나 취미, 오락생활 등을 하는 것은 국가를 위해서가 아니라 모두 자기 자신을 위한 것입니다. 그런데 이러한 경제행위를 알차게 잘 하는 사람, 곧 사리추구를 합리적으로 사려깊게 하는 사람은 자신은 물론 국가에도 유익한 결과를 가져다 주고 그렇지 못한 사람은 자신은 물론 나라에도 해를 끼친다고 하겠읍니다.

부연하면, 돈을 낭비하는 사람은 필요없이 물건을 소비하므로 자신에게도 손해를 주고 귀중한 국가의 자원을 그만큼 허비하게 되므로 국가에도 폐를 끼치는 것입니다. 그리고 자신의 건강을 잘 관리하지 못하여 중병에 걸리는 사람은 자신이나 주위 사람들에게 큰 피해를 줄 뿐만 아니라 사회 전체적으로 볼 때도 병원시설과 의료관계 인력을 더 늘리는 데 귀중한 자원을 낭비하도록 하는 것입니다. 과음하는 사람도 자신의 건강을 해침은 물론 술의 생산량이나 술집의 수를 증가시키므로 귀중한 국가자원의 낭비를 초래합니다. 도둑은 남으로 하여금 담장을 높이고 경비를 세우는 데 많은 돈을 쓰게 할 뿐만 아니라 국가로 하여금 경찰관의 수를 늘리게 하는 등 불필요한 일들에 많은 예산을 쓰게 하므로 다른 사람들과 사회 전체에 막대한 피해를 주는 것입니다.

이와 같이 낭비하는 사람, 건강관리를 소홀히 하는 사람, 과음하는 사람, 도둑 등은 모두 사리추구를 합리적으로 하지 못하는 사람들인 것입니다. 이와 같이 사리를 합리적이고 사려깊게 추구하지 못하는 사람은 해국(害國)을 하는 사람입니다. 이들이 사리를 합리적으로 추구하면 자신은 물론 국가사회에도 큰 도움을 주게 됨은 물론입니다. 수신(修身)을 잘 한 사람이 치국(治國)을 해야 된다는 공자의 말씀은 이런 점에서도 타당한 것입니다. 사리도 잘 추구할 줄 모르면서 국익부터 증진해야 된다고 하는 것은 말이 안 되는 것입니다. 그런데 여기에서의 사리추구는 앞서 말한 바와 같이 건전한 개인의 양심과 사회의 도덕을 바탕으로 하는 것이며, 독점적 환경이 아니라 자유경쟁적 환경에서 이루어지는 것임을 유의할 필요가 있읍니다.

아담 스미스가 국부론에서 사리추구가 국익을 증진하게 된다는 것을 밝힌 것은 사실 이와는 약간 다른 차원에서입니다. 앞서 말한 가전제품의 예를 통하여 보면 한국의 가전제품업체들은 치열한 경쟁을 하는 가운데 서로 이윤을 극대화하려고 그야말로 사력을 다합니다. 그러한 과정에서 더 좋고 더 새로운 제품을 생산하게 되는데, 이는 국민의 관점에서는 더 좋고 더 새로운 제품의 사용을 의미합니다. 또한 더 좋은 제품을 개발, 수출하여 값진 외화를 많이 벌어들이면 외채가 많은 한국경제에 큰 도움을 주게 되는 것입니다. 뿐만 아니라 가전업체들이 더 좋고 새로운 제품을 만들기 위하여 기술을 개발하거나 해외로부터 도입하게 되면 국가의 기술수준도 그만큼 향상되는 것입니다. 가전업체들은 모두 마치 스미스가 말하는 '보이지 않는 손'의 엄중한 지시나 감시를 받고 있는 것처럼 다투어 이러한 노력을 하는 것입니다. 활발한 자유경쟁을 통하여 이들이 돈을 더 벌려고 하면 할수록, 즉 이윤추구행위를 열심히 하면 할수록 국민과 국가경제에 주는 이득도 그만큼 더 커지게 된다고 하겠읍니다.

이와 같이 가전업체들은 사리를 추구하는 가운데 원래는 의도하지도 않았지만 결과적으로는 마치 어떤 보이지 않는 손의 인도를 받아서 하는 것처럼 국익을 크게 증진하게 되는 것입니다. 예를 하나 더 들어 보기로 하겠읍니다. 가령 어떤 가수지망생의 경우를 보면, 그 사람이 가수가 되려고 하는 것은 자신의 이익 때문이지 국가사회를 위한 것은 아닙니다. 실제로 노래자랑대회에 나오는 가수지망생들도 국가를 위해서 노래를 부른다고 하지는 않습니다. 그러나 이들이 열심히 노래실력을 쌓아 치열한 경쟁의 관문을 뚫고 전국대회나 세계적인 가요제에서 우승하게 되면 어떻게 되겠읍니까? 그 사람은 자신이 영예를 안게 됨은 물론 국민에게는 더 좋은 노래를 들려 주므로 국익도 그만큼 증진시키게 되는 것입니다. 국제가요제에서 우승하는 경우는 더욱 그러합니다. 처음에는 국익을 위한다는 생각이 전혀 없었지만 결과적으로는 국익을 크게 증진시키게 되는 것입니다. 의사지망생의 경우에도 마찬가지입니다. 열심히 사리를 추구하여 명의가 되면 개인적으로 유익함은 물론 병을 잘 고쳐서 다른 사람들에게도 많은 도움을 주게 되므로 국익도 증진시키게 되는 것입니다. 학자, 정치가, 종교인, 공무원, 기업가, 스포츠맨 등 모든 사람의 경우도 마찬가지입니다. 국민 모두가 처음부터 국가사회를 위하여 한다며 떠들어대면서 하는 것보다 자기의 맡은 바 일을 열심히 하여 그 분야의 유능한 전문가가 되면 결과적으로는 자신은 물론 국가에도 큰 도움을 주게 되는 것입니다.

매사를 처음부터 국가사회를 위하여 한다고 하는 사람들은 대부분 그들의 의도와는 반대로 국가사회에 별로 기여하지 못하거나 심지어 유해한 존재가 되기 쉽다는 것이 스미스의 주장입니다. 사실 대부분의 평범한 사람들은 자신의 이익이 걸려 있을 때 가장 능률적이고 합리적으로 일을 수행하려고 하는 것입니다. 그리고 '비겁한 자의 최후의 도피처는 애국'이라고 하듯이 자신의 일도 제대로 못할 때나 과도한 탐욕을 가장하기 위하여 애국심을 부르짖는 사람도 적지 않을 것으로 보입니다. 거창하게 애국, 애국하며 외쳐대는 사람보다는 맡은 바 일을 열심히 하면서 이웃에게도 필요한 도움을 주는 사람이 진정 국가사회에 유익한 사람이라고 할 수 있을 것입니다.

인적자본(人的資本, human capital)이론의 시조이고 노벨상수상 경제학자인 테오드르 슐츠도 인간의 본성은 사리추구이므로 인간을 잘 교육시켜 사심을 버리고 국익만을 위하여 일하는 사람으로 만들어 낼 수 있다고 생각하는 사람들이 있다면 이들이야말로 어리석은 사람들이라고 하였습니다. 민주주의경제이론의 대가인 안토니 다운즈도 경제인은 물론 정치가나 행정가를 막론하고 누구나 국익보다는 사리 중심으로 행동하기 마련이라고 하였습니다. 따라서 그는 정치가이든 행정가이든 어

느 누구를 막론하고 '사심은 없고 애국심만 있는 사람'으로 간주해서는
안 되고 오히려 '애국심보다 사심에 따라 사는 사람'으로 간주하여 경
제를 조직하고 운영하는 것이 보다 합리적이라고 하였읍니다.

교환은 남을 돕는 행위

우선 '남을 돕는 것'의 의미가 무엇이겠읍니까 ? 순수한 사랑의 동
기로 남에게 필요한 것을 주는 행위는 남을 돕는 것이며 순수한 사랑
의 동기가 아니더라도 남에게 유용한 책이나 물건을 빌려주는 것도 남
을 돕는 것임을 모르는 사람은 없을 것입니다. 그러나 교환행위가 남
을 돕는 것임을 깨닫고 있는 사람은 드뭅니다. 예를 들면 갑의 땅에서
는 토질상 곡물밖에 재배할 수 없고 반면에 을의 땅에서는 채소밖에 재
배할 수 없는 경우를 상상해 봅시다. 농사를 지어 생산물을 서로 교환
하지 않으면 갑은 채소를, 을은 곡식을 각각 먹을 수 없게 됩니다. 그
러나 교환을 하면 두 사람 모두가 이들을 다 먹을 수 있게 되니 서로
가 서로를 돕는 것입니다.

앞의 예를 약간 수정하여, 가령 갑의 땅에서는 채소도 재배할 수
있으나 토질상 곡물재배에 더 적합하고 반대로 을의 땅에서는 곡물도
재배할 수 있으나 채소재배에 더 적합하다고 합시다. 이럴 경우에는 갑
과 을이 곡물과 채소를 다같이 재배하기보다 갑은 곡물만을 그리고 을
은 채소만을 재배하여 서로 교환하는 것이 두 사람에게 모두 이득이 됨
을 알 수 있읍니다. 그렇게 하는 것은 생산을 증가시키므로 갑, 을 두
사람뿐만 아니라 국가에도 이득이 됩니다. 곧 갑은 곡물재배에, 을은
채소재배에 전문화(specialization) 또는 분업(division of labor)하여 각각을
생산한 후 교환하는 것이 사리도 더 잘 추구하고 국익도 더 증진하는
길이 되는 것입니다. 그런데 이 때 가령 갑은 열심히 일하여 생산을 많

이 하나 을은 그렇게 하지 않는다면 자기 일에 충실한 갑이 더 애국자가 되는 것임은 물론입니다.

이와 같이 제각기 각자의 토질에 적합한 농작물을 잘 찾아 전문화하여 재배하는 것이 '나와 나라'를 위하는 길이 되는 것처럼 사람의 경우에도 자신의 적성과 능력에 맞는 직업을 잘 선택하여 전문화하고 그에 따라 더 많은 것을 생산하여 교환하는 것이 자신과 나라를 위하는 길이 되는 것입니다. 무수한 직종이 있는 복잡한 현대 산업사회에서는 모든 사람들이 자신의 능력과 적성에 맞는 '자신의 일자리'를 잘 찾아 천직으로 생각하고 열심히 일하는 것이 곧 자신과 나라를 위하는 길이라는 것입니다.

보이지 않는 손의 원리가 잘 작용하기 위한 조건

아담 스미스는 생산자나 소비자가 비록 자신들의 이익 중심으로 경제행위를 한다고 하더라도 자유시장경제 내부에는 마치 '보이지 않는 손'과 같은 것이 있어서 결과적으로는 국익을 증진하게 된다는 사실을 밝혔읍니다. 그런데 스미스의 보이지 않는 손의 원리가 제대로 작용하기 위해서는 자유시장경제의 핵심인 시장제도가 스미스의 기대대로 기능을 해야 하는 것입니다.

그러나 현대의 복잡한 산업사회에서는 스미스가 기대한 대로 시장제도가 기능하지는 못하므로 앞에서 말한 근본경제문제의 해결을 시장기구에 전적으로 자유방임할 수만은 없는 것입니다. 시장기구의 결함이 크면 클수록 보이지 않는 손의 원리의 기능도 그만큼 제약되는 것입니다. 어떤 면에서 시장기구에 결함이 있고 또한 어떤 조건이 충족되어야 보이지 않는 손의 원리가 제대로 작용하겠읍니까?

경쟁의 촉진

경쟁은 앞서 말한 바와 같이 기업의 능률과 생산성을 향상시키고 기술의 혁신을 촉진하며 경쟁자들로 하여금 상호자율규제하도록 만드는 등의 막중한 기능을 하는 것입니다. 그런데 개인이나 기업의 사리추구가 국익으로 연결되기 위해서는 그것이 독점적 환경이 아니라 경쟁적 환경에서 이루어져야 된다는 것입니다. 가령 앞의 예에서, 한국의 가전업체가 하나밖에 없어서 그 기업이 시장을 독점할 수 있게 된다면 그 기업의 사리추구행위는 국민에게 도움은커녕 큰 피해를 줄 수도 있는 것입니다. 또한 앞의 예에서, 가수지망생이 노래를 못하는데도 인맥이나 혈연관계 덕분에 치열한 경쟁의 관문을 통과하지 않고서 국내 최우수가수로 '독점' 지명되고, 국민은 이 가수의 노래를 계속 들어야만 한다면 그 가수는 국익을 증진시키기는커녕 오히려 국민에게 큰 고통을 주게 될 것입니다.

생산자나 소비자의 이윤추구행위가 국익에 기여하는 정도는 경쟁이 경제학에서 말하는 '완전경쟁(完全競爭, perfect competition)'에 가까울수록 커지는 것입니다. 따라서 경제내부에 독과점요인이 증가하고 자유경쟁을 저해하는 풍토가 조성되면 개인의 사리추구는 공익의 증진과 거리가 멀어지게 됩니다. 뿐만 아니라 경제의 비능률은 증가하고 사회는 활력을 잃게 되는 것입니다. 정부에서 '독점규제 및 공정거래에 관한 법률'과 공정거래기구를 만들어 생산자와 소비자간의 공정거래나 경쟁을 촉진하려고 하는 것은 이러한 이유에서인 것입니다.

외부효과의 적절한 관리

보이지 않는 손의 원리는 시장에서 거래되는 상품의 생산과 소비활동만을 대상으로 합니다. 그러므로 인간의 복지에는 많은 영향을 주나 시장거래가 되지 않는 것은 그 대상으로 하지 않습니다. 시장거래의 대상이 아니지만 인간의 복지에 많은 영향을 주는 것으로는 국방, 다목적댐, 전염병예방접종, 일기예보 등과 관련된 서비스와 같은 정(正)의 공공재(公共財, public goods)와 소음, 대기오염, 수질오염물질 등의 부(負)의 공공재(public bads)가 있읍니다.

가령 빵의 경우에는 판매자가 구매자의 복지에 플러스의 효과를 주므로 판매자가 구매자로부터 그 대가를 받습니다. 그러나 대기오염의 경우에는 오염자가 피해자의 복지에 마이너스효과를 줌에도 불구하고 피해자에게 그 대가를 지불하지 않는 것입니다. 이와 같이 어떤 경제주체의 경제행위가 다른 경제주체의 복지에 플러스 또는 마이너스효과를 주나 그에 상응하는 대가를 받거나 지불하지 않을 때 그 효과는 시장거래 외적(外的)으로 발생하므로 외부효과(外部效果, external effects 또는 externalities)라고 합니다. 이런 예는 일상생활에서 얼마든지 찾아볼 수 있는 것입니다.

각종 공해물질을 배출하여 남에게 많은 피해를 주는데도 오염자가 피해를 보상하지 않는 경우나, 자신의 건강관리를 잘못하여 전염병에 걸린 사람이 남에게도 병을 전염시키는 경우, 일기예보를 잘못하는 경우 등은 남에게 해를 주는 것입니다. 이런 효과를 발생케 하는 사람들은 외부불경제(外部不經濟, external diseconomies)를 창출하는 것입니다. 반대로 유용한 제품의 생산기술을 발명한 사람이 남에게 많은 득을 보게 하는 경우나, 국가에서 다목적댐을 건설하여 많은 농민에게 큰 도움을 주는 경우 등은 남에게 이로운 외부효과를 발생시키는 경우인데, 이러한 외부효과를 발생케 하는 사람들은 다른 사람들에게 외부경제(外部經濟, external economies)를 창출하는 것입니다.

갑이란 사람이 어떤 발명을 하면 국가사회에 대하여는 가령 1,000

의 득을 주나 자신에게 돌아오는 득은 10 도 안 될 경우, 그 사람은 이런 발명을 하지 않으려고 할 것입니다. 이런 경우에는 국가가 이를 시장제도에 방임할 것이 아니라 발명가에게 연구비나 상금을 주는 등 적절한 보상을 해 주어 이와 같은 사람들이 사회에 유용한 발명을 계속하도록 장려해야 하는 것입니다. 또한 어떤 기업이 폐수처리비용을 절약하려고 오염된 물을 한강에 방류할 경우, 국가사회 전체에 주는 피해는 가령 1,000 이나 그 기업이 보는 득은 10 이 채 안 될 수도 있는 것입니다. 이 경우 역시 국가는 이런 기업의 오염행위를 통제하여 사회에 큰 손실이 발생하지 않도록 해야 하는 것입니다. 이와 같이 외부효과가 발생할 때는 스미스의 주장대로 시장제도에 방임할 것이 아니라 정부가 개입해야 되는 것입니다.

소득, 기회 및 재부의 윤리적인 최적분배

생산자와 소비자가 완전경쟁상태에서 합리적으로 경제행위를 한다고 하더라도 소득이나 재부(財富)가 이와 관련없이 자의적으로 분배된다거나 또는 과거부터 그렇게 되어온 경우에도 경제문제의 해결을 시장기구에 전적으로 자유방임할 수만은 없는 것입니다. 그리고 소득의 분배를 시장기구에 전적으로 자유방임할 때 경제적 강자는 소득을 많이 차지하고 재해자, 질환자, 상이군경, 고아, 부양가족이 없는 노인 등 경제적 약자는 소득을 적게 분배받게 되는 문제가 발생하기도 합니다. 극단적인 예를 든다면, 부자집 개는 호의호식을 하나 가난한 집 자식은 학교에도 다니지 못할 정도로 소득이 분배된다면 이런 소득분배 상태는 사회윤리적인 측면에서도 받아들일 수가 없는 것입니다. 따라서 소득, 재부 및 각종 기회가 사회윤리적인 관점에서 용납될 수 있을 정도로 잘 분배되어 있을 때에만 보이지 않는 손의 원리는 그 기능을 제대로 발휘할 수 있는 것입니다.

올바른 욕구를 반영하는 수요

인간은 불완전합니다. 윤리적으로는 물론 상품에 대한 정보나 지식에 있어서도 그러합니다. 이와 같이 불완전한 가치관, 정보 및 지식을 바탕으로 하는 인간의 수요 또한 불완전하게 될 수밖에 없는 것입니다. 따라서 시장에 나타나는 인간의 수요는 개인의 바람직하고 진정한 욕구를 제대로 반영하지 못하는 경우가 많은 것입니다. 과음하는 사람들의 술에 대한 수요나 장난감 등에 대한 어린이들의 과다한 수요 등은 더욱 그러한 것입니다. 국민의 수요가 개인의 건전하고 진정한 욕구를 반영하지 못하면 못할수록 보이지 않는 손의 기능도 그만큼 제약되는 것입니다.

지금까지 우리는 아담 스미스의 국부론을 통하여 자본주의경제의 근본원리와 국부론의 근본원리를 현대경제사회에 적용하는 데 따른 문제점들을 살펴보았습니다. 아담 스미스가 국부론에서 밝히고자 한 것은 개인은 사리중심으로 행동하게 되어 있으며, 사리추구를 행동원리로 하여 경제행위를 하더라도 경쟁을 통하여 할 때는 '보이지 않는 손'의 인도를 받으므로 결국 공익을 증진하게 된다는 것입니다. 그리고 개인이 그와 같이 행동하더라도 사회의 혼란이 야기되는 것이 아니라 오히려 사회경제질서가 창출된다고 하였읍니다. 시장경제 내부에는 인간의 경제행위를 질서정연하게 이루어지도록 하는 자동감시장치같은 것이 있고 또한 인간은 누구나 잘 살아 보려는 강렬한 욕망뿐만 아니라 거래와 교환의 본능이 있기 때문에 시장경제에서는 분업과 전문화가 촉진되고 자본이 축적되므로 개인과 국가의 부가 질서정연한 가운데 효율적으로 증가된다고 하였읍니다. 그리고 자본주의경제에서는 생산자들이 될수록 소비자들의 욕구에 맞는 제품을 최소의 비용으로 생산하려고 하므로 자본주의경제야말로 인간의 자유와 번영과 능률향상에 가장 합당한 경제체제라는 것입니다. 이러한 것이 국부론에서 스미스가 밝히고자 한 것입니다.

아담 스미스의 공헌은 다음과 같이 세 가지로 요약할 수 있읍니다.

첫째는 시장경제의 고유기능에 대한 정부의 간여는 오히려 유해한 결과를 초래한다는 사실을 체계적으로 증명한 것입니다.

둘째는 경제사회의 질서가 어떻게 생성되고 유지되어야 하는가를 밝힌 것이며,

세째는 경제체제가 운영되어야 할 근본원리를 과학적으로 분석한 것입니다.

스미스가 밝히려고 한 이 세 가지의 주제는 상호긴밀한 관계가 있음은 물론 상승작용도 하는 것입니다.

국부론은 이데올로기와 철학과 과학적 분석이 체계적으로 조화된 명저라고 할 수 있는 것입니다. 위대한 경제학자 죠셉 슘페터에 따르면 아담 스미스는 경제학자 중 가장 유명한 사람이며 국부론은 경제학에 관한 책 중 가장 성공적인 책이라고 합니다. 그리고 그에 따르면 국부론은 인류역사상 과학적인 분석을 시도한 책 중에서 다윈의 〈종의 기원〉은 예외일지 모르나 가장 성공적인 책이라고 하였읍니다. 사실 많은 경제학자들은 경제학을 국부론부터 배우나 일생동안 경제학을 배우더라도 경제학의 지식이 국부론 수준을 넘지 못하는 경우가 대부분입니다. 그리고 노벨경제학상 수상자 밀튼 프리드만에 따르면 아담 스미스의 국부론의 근본원리는 이를 중시하고 이에 따라 경제를 키워온 많은 나라들로 하여금 자유와 번영을 누리게 했다고 합니다. 반대로 칼 마르크스의 자본론의 근본원리는 이를 중시하고 이에 따라 경제를 키워온 국가들로 하여금 혁명과 통제와 전쟁준비 속에서 살도록 했다고 합니다.

자본론과 공산주의

　　자본주의의 기본경제원리가 아담 스미스의 〈국부론(國富論, 1776)〉
에 연유하듯이 공산주의의 그것은 칼 마르크스의 〈자본론(資本論, 1867)〉
에 연유합니다. 우리 나라는 자본주의원리에 따라 국부를 키워 나가고
국가사회를 발전시키고 있으므로 국민 모두가 그 기본경제원리를 잘 알
아야 함은 물론입니다. 아울러 우리와 대치하고 있는 북한이나 국경을
접하고 있는 중공 및 소련은 공산주의원리에 따라 경제를 운영하고 있
으므로 공산주의의 기본적인 경제원리도 잘 알지 않으면 안 되겠읍니
다. 따라서 공산주의의 근본경제원리를 제시한 마르크스의 〈자본론〉을
잘 이해할 필요가 있는 것입니다. 우선 〈자본론〉을 검토하기에 앞서 마
르크스의 특이한 생애를 간단히 보기로 하겠읍니다.

마르크스의 생애

마르크스는 원래 독일의 본과 베를린에서 법학을 공부하여 공무원이 되려고 하였으나 반정부 언동으로 그 길이 막혔읍니다. 그 뒤 대학교수가 되려고 철학을 공부하다가 도중에 무신론자가 되었기 때문에 그것도 불가능하게 되었읍니다. 그 당시 헤겔철학이 독일을 풍미했었는데 마르크스도 이에 탐닉하였읍니다. 그러나 정신이 모든 것을 지배한다는 철학을 편 헤겔과는 반대로 마르크스는 물질이 정신을 지배하며 인간의 역사는 사회계급간의 상반된 이해관계가 투쟁으로 해결되는 '계급투쟁의 역사'라는 유물사관(唯物史觀, historical materialism)을 펴기에 이르렀읍니다. 그는 어떤 정치나 사회활동을 막론하고 그 배후에는 반드시 경제적 이해관계, 이른바 '이권(利權)'이 개입되어 있기 마련이며 이것이 정치나 사회활동의 근본적인 지배요인이라고 했읍니다. 마르크스는 대학교수의 길이 막히게 되자 언론인의 길을 택했고 1842년에는 신문사 주간이 되기에 이르렀읍니다. 그러나 그의 급진주의적인 태도와 극단적인 주장 때문에 그의 신문이 심한 재정난에 부딪쳤을 뿐만 아니라 프로이센정부의 심한 검열을 받게 되자 그는 그 일을 더 이상 할 수 없게 되었읍니다.

그 뒤 독일을 떠나 프랑스 파리로 가게 되었는데 거기에서 그는 그의 사상에 막대한 영향을 미친 두 사람을 만나게 되었읍니다. 한 사람은 당시 사회주의 지도자인 삐에르 조셉 프루동이고 다른 사람은 프레드릭 엥겔스입니다. 프루동은 〈자산이란 무엇인가?〉라는 책에서 '자산이란 빼앗은 것,' 즉 자본가가 노동자의 몫을 빼앗은 것이라는 이론을 체계화한 사람인데, 그의 사상은 19세기 유럽 사회주의사상의 기본이 되었읍니다. 마르크스도 이에 커다란 영향을 받았음은 물론입니다. 그런데 프루동은 그 후 〈빈곤의 철학〉이라는 책을 써서 그 당시의 경제학을 체계적으로 비판하였읍니다. 그런데 그 내용을 아주 못마땅하게 생각한 마르크스는 〈철학의 빈곤〉이라는 이른바 '삐딱한 제목'을 부친 책을 통하여 프루동의 오해는 무지 곧 '철학의 빈곤'에서 비롯된다고 하며 프루동을 비판하였읍니다. 그러자 그는 그때부터 프루동으로부터 절교를 당했읍니다. 거칠고 싸움을 좋아하는 성품 때문에 마르크스는 그가 사귄 다른 많은 사람들과도 평생 이런 식으로 계속 관계를 끊게 되었다고 합니다. 그러나 부유한 독일 섬유업자의 아들로 태어난 엥겔스는 마르크스를 만난 뒤 그와 이른바 '평생동무'가 되었고 그의 가정을 35년간이나 재정적으로 뒷받침해 주었읍니다. 엥겔스의 경제적 도움 없이는 그가 자본론을 쓸 수 없었을 것임은 말할 필요도 없읍니다.

마르크스는 파리에서 계속 언론활동을 하였으나 독일의 프로이센정부를 비난하고 혁명을 촉구하는 그의 언동 때문에 프로이센정부의 강력한 요청에 따라 프랑스정부로부터 추방을 당하였읍니다. 파리를 떠나 영국 런던에 온 그는 한때 뉴욕 트리분의 특파원과 런던 타임즈의 기고가로 일하기도 하였읍니다. 그는 얼마 뒤 이 일을 그만두고 대부분의 시간을 대영제국박물관에서 그의 대작 자본론을 쓰는 데 보냈읍니다. 그때부터 그는 자본주의는 왜 곧 멸망할 수밖에 없는가를 입증하는 데 그의 시간의 대부분을 보냈던 것입니다.

자본론은 모두 3권인데 제1권은 1867년에 출판되었고, 제2권은 그의 사후 2년 뒤인 1885년에 엥겔스의 편집에 의하여 출판되었읍니다. 제3권은 그로부터 다시 9년 뒤인 1894년에야 비로소 출판되기에 이르렀읍니다.

그의 생전에 2, 3권이 출판되지 않았던 이유는 〈불확실성의 시대〉의 저자 갤브라이즈에 따르면 첫째는 가난 때문이고, 둘째는 그의 철저한 학문적 태도 때문이며, 세째는 가장 중요한 것으로서 그가 보기에 임박한 혁명을 성사시키기 위한 열성적인 활동 때문이라고 합니다. 그는 다음과 같은 말을 한 적이 있읍니다. "영국의 테임즈 강은 수많은 공장들이 오염된 물질을 남몰래 배출하는 곳이듯이 영국의 일간신문은 수많은 지성인들이 오염된 지식을 공공연히 내버리는 곳"이라고 하였읍니다. 즉, 그가 자본론 2, 3 권을 출판하지 않았던 이유는 잘 다듬어지지 않은 책을 출판함으로써 세상을 오염시킬 것을 두려워한 그의 학문적 태도 때문이라는 것입니다. 그런데 갤브라이즈에 따르면 그 때 세상 돌아가는 것이 그가 구상해 놓았던 것과 전혀 달랐으므로 그의 사상체계에 대하여 본인 스스로 크게 회의를 느꼈기 때문일 것이라고도 합니다. 예를 들면, 노동자들은 어느 나라에서나 자본가로부터 심한 착취를 당하고 있으므로 국적에 관계없이 서로 단결할 수 있을 것으로 그는 생각하였으나 1864 년 보불전쟁이 발생하자 독일과 프랑스의 프롤레타리아들은 국적에 관계없이 서로 단결하는 것이 아니라 각자의 조국을 위하여 서로 적대관계가 되어 치열한 전쟁을 하게 되었던 것입니다. 마르크스는 이를 보고 아주 불쾌하게 생각했고 또한 자신의 사상체계에 대해서도 크게 실망하였다고 합니다.

마르크스의 최후는 불행했읍니다. 그는 특히 맥주를 폭음하는 등 무절제한 식음과 흡연으로 건강이 몹시 악화되었으며 어떤 때는 의사와 비밀경찰이 동행하는 가운데 휴양지에 가서 요양하는 일도 많았읍니다. 질병과 극심한 가난 속에서 고락을 함께 한 그의 부인도 암에 걸려 병고에 시달리다가 1881 년 섣달에 사망했고, 몇 달 뒤 마르크스가 가장 귀여워하던 만딸도 그의 어머니를 따라 세상을 떠났읍니다. 그도 곧이어 '평생동무' 엥겔스가 지켜보는 가운데 1883 년 3 월 13 일 65 세를 일기로 그야말로 파란만장한 일생을 마치게 되었던 것입니다.

그가 심한 가난과 질병 속에서 생을 보낼 때도 독일 프로이센정부의 감시는 계속 되었읍니다. 프로이센의 비밀경찰 정보원이 1852 년 그의 가정에 침투하여 그의 생활상을 적어 본국에 보고한 보고서의 내용은 다음과 같습니다.

　　"마르크스는 비록 그 본성이 거칠고 불안하나 아버지와 가장
으로서는 아주 신사적이고 유순한 편이다. 그는 런던의 가장 나쁜,
다시 말하면 가장 싸구려 주택가에 살고 있다. 길쪽으로는 거실이
있고 뒤쪽에는 침실이 있는데, 아파트내 어디를 봐도 깨끗하고 단
단한 가구라고는 한 점도 안보인다. 모든 것이 부스러지고 너덜거
리며 찢겨진 상태이고 어느 것이나 먼지가 반 인치 가량 안쌓인 것
이 없다. 그렇게 너절하게 놓여 있을 수가 없다. 거실 한가운데에
는 큰 구식테이블이 있는데 이는 유포(油布)로 만든 낡은 테이블보
로 덮여있고 그 위에 원고, 책, 신문 등이 널려 있으며 어린이들의
장난감과 그의 부인의 바느질그릇도 놓여 있다. 그리고 언저리가
조금 깨진 컵 몇 개와 칼, 포크, 램프, 잉크병, 담배 파이프 및 담
배재 등도 널려 있다. 한마디로 모든 것이 뒤죽박죽이고 이 모두
는 중고품장수들도 꺼려 할 물건들이다. 마르크스의 방에 들어가
면 가득찬 담배연기와 독한 냄새 때문에 눈물이 마구 흘러 마치 동
굴 속을 헤매는 것과 같다. 그러나 자욱한 연기에 적응되면 방안
에 흩어져 있는 물체들이 점차 연기 속에서 윤곽들을 어렴풋이 드
러내게 된다. 모든 것이 더럽고 먼지에 쌓여 있으므로 앉는 것은
극히 위험할 정도이다"(갤브라이즈의 불확실성의 시대에서 인용).

자본론의 개요

　　마르크스의 기본철학은 앞서 말한 바와 같이 유물사관(唯物史觀)인
데 유물사관이란 어느 사회를 알자면 그 역사를 알아야 하고 그 역사
는 주로 물질, 곧 경제적 조건에 의하여 결정된다는 사관입니다. 이와
같이 마르크스는 경제적 요인을 중시하였으므로 그의 자본론을 이해하

려면 그의 경제이론을 잘 알아야 합니다.

이른바 '마르크스의 경제학'은 상품의 가치를 결정하는 것은 그 생산에 투하된 직·간접 노동력의 총량이라는 영국 경제학자 데이비드 리카도의 노동가치설에서 출발합니다. 노동만이 가치를 창조한다는 마르크스의 노동가치설에 따르면 상품의 시장가격은 노동의 가치와 일치하므로 상품의 판매수입은 노동자에게 전부 돌아가야 함에도 불구하고 자본주의경제에서는 그렇게 되지 않는데 그 이유는 자본가들이 그 일부를 착취(exploitation)하기 때문이라는 것입니다. 그런데 상품의 판매수입 중 노동자에게 돌아가지 않는 부분, 즉 자본가가 차지하는 부분을 마르크스는 잉여가치(surplus value)라고 하며 그 크기는 곧 자본가의 노동자에 대한 착취의 정도를 나타낸다고 합니다.

이와 같이 마르크스는 자본가의 이윤은 그 원천이 노동착취이므로 '불로소득(unearned income)'이라고도 합니다. 이를 부연하면 기계, 장비 등의 자본을 사용하지 않고 노동만에 의하여 생산된 상품을 자본가가 시장에 판매하여 얻은 수입을 가령 5라고 하고 노동자에게 지급한 것을 3이라 하면 잉여가치 또는 자본가의 이윤은 2가 됩니다. 따라서 착취율 또는 잉여가치율은 이윤의 임금에 대한 비율이므로 3분의 2가 됩니다. 잉여가치가 발생하는 이유는 노동자는 착취당하더라도 생존을 위하여 자본가에게 노동력을 팔지 않을 수 없고 또한 자본가는 그 속성상 자본을 계속 축적하려 하므로 노동자에게 그 몫을 다 지불하지 않기 때문이라는 것입니다.

마르크스는 이러한 노동가치론과 잉여가치론을 가지고 어떻게 자본주의가 멸망하고 그로부터 사회주의가 탄생하는가를 설명하려고 하였습니다. 그에 따르면 자본가의 속성은 이윤과 자본의 계속적인 축적이라는 것입니다. 축적의 목적은 후일의 소비가 아니라 부의 추구 또는 자본축적 그 자체라는 것입니다. 그런데 그는 자본가가 자본을 축적하면 할수록 그 이윤율은 떨어지게 마련이고 그렇게 될수록 자본가는 노동자를 더 착취하게 되므로 노동자계층의 궁핍화(immiserization)는 심화된다고 합니다. 즉, 노동자의 임금수준은 하락하여서 노동자는 스스로가 생산한 제품조차 구입할 수 없게 된다는 것입니다. 또 공장자동화 등에 사용되는 기계나 장비는 노동자들이 생산한 것임에도 불구하고 오히려 노동자들이 이의 지배를 받게 되며, 노동조건 또한 악화되어 소외감(alienation)이 증가한다고 합니다. 그리고 자본가가 자본을 축적함에 따라 노동보다 자본의 사용이 많아져서 실업이 증가하게 되므로 이른바 실업자들의 집단인 '산업예비군(reserve army of the unemployed)'이 늘어나게 된다고 합니다. 산업예비군의 증가는 노동자의 임금이 인간의 최저생계수준(minimum-subsistence level) 이상으로 증가하는 것을 막게 된다고 합니다.

그리고 자본의 이윤율이 계속 떨어지고 국내의 투자기회가 소진되면 자본가들은 정부와 결탁하여 해외에 진출하여 식민지를 만들고 이로부터 높은 이윤율을 획득하려고 하게 됩니다. 이에 따라 자본주의국가의 자본가와 정부는 침략주의자 또는 제국주의자(imperialists)가 되어서 해외식민지에서 잔인하게 잉여가치를 착취한다는 것입니다.

그런데 이러한 자본주의국가의 자본축적 과정에서 한편으로는 소득분배의 불균등이 심화되므로 '수탈'당하는 무산계급(無産階級), 즉 프롤레타리아(proletariate)계층이 점차 '계급의식'을 갖게 되며, 다른 한편으로는 자본축적이 고도화되고 대규모생산이 이루어짐에 따라 경쟁체제는 붕괴되고 자본의 집중과 집적을 통해 독점화현상이 발생하게 된다는 것입니다. 이른바 독점자본주의(monopoly capitalism) 현상이 발생한다는 것입니다. 그리고 생산은 증가하나 이를 소비할 노동자계층의 소득은 줄어들어 경제는 소비가 부족한 이른바 과소소비(underconsumption)상태가 되고 따라서 경기는 침체하게 되는데 이런 현상이 계속 될수록 경기침체는 심화되고 이른바 공황(depression)이 발생하게 되므로 경제는 위기(crisis)에 처하게 된다고 합니다. 이에 따라 '무산대중'은 더욱 고통을 받게 된다는 것입니다.

　독점자본주의의 최종단계에서 자본주의경제는 하나의 거대한 트러스트와 같이 되거나 독점기업화하게 되는데 이렇게 되면 불황과 궁핍화도 극에 달하게 됩니다. 따라서 프롤레타리아계급은 단결하여 격렬한 사회혁명을 통하여 자본주의체제를 무너뜨리고 사회주의국가를 건설하게 된다는 것입니다. 마르크스는 이와 같이 노동자계층의 혁명과 대공황을 수반하는 경기변동이 자본주의의 위기와 멸망의 원인이 된다고 하였읍니다. 이상이 마르크스의 경제이론, 즉 노동가치론과 잉여가치론 및 이에 따른 자본주의의 멸망과 사회주의국가 탄생의 전과정입니다.

자본론의 평가

　위에서와 같은 논리로 자본주의의 멸망과 사회주의의 도래를 설명하려고 한 마르크스의 자본론의 타당성을 검토하기 위해서는 먼저 그 시대적 배경을 이해할 필요가 있읍니다. 우선 경제학이 체계적으로 발달하기 시작한 것은 1776 년 아담 스미스의 국부론이 출판된 후부터인데 1867 년에 나온 마르크스의 자본론은 그 이후 100 년도 채 안 되는 사이에 발달된 경제이론을 토대로 했다는 사실에 주목할 필요가 있읍니다. 경제이론은 자본론 이후에도 많이 발전하였으며 최근에는 더욱 급속하게 발전하고 있읍니다. 예를 들면, 폴 사뮤엘슨 MIT대학 교수의 세계적으로 유명한 저서인 〈경제학〉 제 12 판(1985 년 출판)은 제 11 판(1980 년 출판)에 비하여 내용의 50%나 바뀌었다고 합니다. 신기술이 최근에 놀랍게 발전하듯이 경제학도 많이 발전하고 있는 것입니다.

　그런데 마르크스는 18 세기나 19 세기 초에 발달된 경제이론에 따라 자본론을 전개했으므로 이론 자체에도 상당한 문제점을 내포하고 있읍니다. 예를 들면, 상품의 시장가격은 수요와 공급에 의하여 결정된다는 것이 정설화(황금률과 수요·공급의 원리를 참고하기 바람)된 것은 1890년대인데, 1883년에 사망한 마르크스는 상품의 가치가 공급측 요인(노동의 가치)에 의하여 결정된다는 데이비드 리카도의 노동가치론을 그대로 따랐던 것입니다. 따라서 그의 자본론의 기초가 되는 상품의 시장가격 결정원리부터 잘못되었다는 것입니다. 그리고 그가 분석 대상으로 한 자본주의경제도 19세기의 자본주의경제이므로 오늘날 고도화된 20세기 선진 혼합자본주의경제와는 큰 차이가 있읍니다. 그의 사후, 세계 자본주의경제는 그의 전망과는 반대로 계속 발전을 거듭하였으며 그 과정에서 그가 예견하지 못했던 수많은 변화가 발생하기 시작했읍니다. 이에 따라 그의 전망도 적지 않게 틀린 것으로 나타났으며 그의 '분석의 틀 자체'의 결함 또한 점차 그 모습을 드러내기 시작했읍니다. 그의 자본론에 대한 경제학자들의 주 비평은 다음과 같습니다.

첫째, 자본론을 비판하는 사람들이 제일 먼저 내세우는 것은 서구 자본주의 국가들에 있어서 노동자의 임금은 계속 하락할 수밖에 없을 것이라고 한 마르크스의 전망과는 반대로 자본론이 나온 이후 꾸준히 상승해 왔다는 것입니다. 그리고 노동자들의 사회적 지위 또한 계속 향상되어 왔던 것입니다. 따라서 자본론의 대들보격인 전망, 즉 노임은 계속 하락할 수밖에 없다는 그의 전망은 무너진 셈입니다. 1883년에 사망한 그는 그 이후 발생한 다음과 같은 변화를 예견하지 못했던 것입니다.

1. 그가 곧 멸망할 것으로 예견하였던 서구 자본주의국가에서는 정치적 민주주의의 보급으로 노동자들에게 투표권이 부여되는 등 노동자들의 사회적 지위가 계속 향상되어 왔던 것입니다.

2. 노동조합의 발달과 노동자를 배경으로 하는 노동당 등의 출현으로 노동자의 권익이 보호되어 왔읍니다.

3. 사회보장제도의 발달로 노동자 등 경제적 약자에 대한 보호가 국가적 차원에서 계속 이루어져 왔읍니다.

4. 많은 서구 노동자들이 미국에로의 이민을 통하여 자신들은 물론 일반 노동자들의 복지향상에도 큰 공헌을 하였읍니다. 특히 미국에서는 실업자가 대대적으로 발생하여 산업예비군이 우글거리게 된다는 마르크스의 전망과는 반대로 노동자가 부족하여 유럽 여러 나라들로부터 오랫동안 이민을 받아들였읍니다. 유럽 국가에서도 노동자들이 미국에 이민을 많이 갔으므로 실업자가 많지 않았던 것입니다.

5. 경제성장이 지속되어 그 혜택이 꾸준히 노동자들에게 귀속되었읍니다.

둘째, 마르크스의 전망과는 달리 자본주의가 발달함에 따라 자본수익률 곧 이윤율도 하락하지 않았던 것입니다. 그 이유는 그 동안 기술이 계속 발전되어 왔기 때문입니다.

세째, 자본주의국가들은 심한 경기변동을 겪을 수밖에 없다는 마르크스의 주장은 1890년대나 1930년대에는 타당했을지 모르나 1936년 케인즈의 〈일반이론〉이 나온 이후부터는 그 타당성이 희박하게 되었읍니다. 그 이유는 일반이론으로 인하여 경제학과 경제정책수단이 크게 발전할 수 있었고 이에 따라 자본주의국가들은 심한 경기변동문제를 이전보다는 훨씬 잘 해결할 수 있게 되었기 때문입니다. 사실 1929년 대공황이 발생했을 때까지 경제학자들은 마르크스가 중시한 경기침체나 대대적인 실업 등 경제 전체수준에서 발생하는 문제에 대해서는 그 해결책을 잘 몰랐던 것입니다. 그 당시의 경제학자들은 소비자나 기업가 등 '개인'이 모두 능률적으로 경제활동을 하면 국가경제 '전체'도 잘 될 것이므로 대공황과 같은 '경제 전체수준'에서의 문제는 발생하지 않을 것으로 믿었던 것입니다. 그 때 세이라는 경제학자는 '공급은 수요를 창조하므로' 대대적인 수요 부족문제는 발생하지 않는다고 했는데 다른 경제학자들도 그와 같이 생각했던 것입니다.

그러나 1929년 대공황이 발생했을 때는 상황이 달라졌읍니다. 소비자나 기업가 등 개인의 합리적인 경제행위로서는 사회전체차원의 문제인 대공황을 해결할 수 없었던 것입니다. 대공황이나 대대적인 실업 등의 문제는 어느 개인이 애쓴다고 해결되는 것이 아니라 국가전체차원에서 해결되어야 할 문제로 판명되었던 것입니다. 따라서 개인만 잘하면 전체도 잘 되게 마련이라는 종래 경제학은 이런 문제해결에 효과적인 처방을 내릴 수가 없었던 것입니다. 그러므로 경제전체의 문제를 다룰 수 있는 경제이론이 필요하게 되었는데 이것이 전체경제학 또는 거시경제학(巨視經濟學)인 것입니다. 그런데 1936년에 케인즈의 일반이론이 출판되고 나서야 거시경제학은 크게 발전하기 시작했던 것입니다. 이에 반해 소비자나 기업가 개인을 대상으로 하는 경제학은 미시경제학(微視經濟學)이라고 불리우는데 마르크스의 생존시까지 발달된 경제학은 주로 이런 경제학이었던 것입니다. 그는 케인즈의 일반이론이 나올 것을 알 수도 없었고 또한 케인즈 이후 발달된 거시경제이론과 정책수단이 경제전체차원에서 발생하는 문제를 상당 정도 해결할 수 있으리라는 것도 알 수 없었던 것입니다.

네째, 서구 선진국의 산업예비군의 수도 마르크스의 전망과는 반대로 계속 감소하는 추세를 나타내었는데, 그것은 계속되는 공업화와 앞서 말한 바와 같이 미국에로의 이민 등에 연유한 것입니다.

다섯째, 그는 자본주의국가는 고도로 발달된 후 자멸하고 이로부터 사회주의국가가 탄생된다고 하였으나 1917년 볼셰비키혁명으로 탄생한 공산주의 종주국 소련이나 1949년에 공산화된 중공은 그렇지 않았읍니다. 이들 나라들에서 알 수 있듯이 공산주의는 마르크스의 주장과는 달리 자본주의를 발전시켜 본 경험이 전혀 없는 후진국에서 시작되었던 것입니다. 쿠바, 북한, 인도차이나도 마찬가지입니다. 마르크스는 공산국가는 자본주의경제의 발전경험을 토대로 이룩된다고 하였는데 현재 공산국가 중 자본주의경제를 경험해 본 나라는 하나도 없는 실정입니다. 따라서 공산국가들이 운영하고 있는 공산주의경제는 마르크스가 생각했던 것과는 다른 것이므로 그 운영이 그만큼 미숙하게 될 수밖에 없는 것입니다.

여섯째, 자본론은 공산주의의 기본경제원리를 제공한 것임에도 불구하고 공산주의의 경제조직이나 경제통제의 방법과 계획에 대해서는 하등의 언급이 없습니다. 이는 공산권 경제학자들이 자본론에 대하여 크게 실망하는 이유들 중의 하나입니다. 왜냐하면 자본론은 "자본주의경제는 왜 멸망할 수밖에 없는가?"에 분석의 초점을 두었으므로 공산주의경제에 관한 책이라고 할 수는 없기 때문입니다. 프린스톤대학의 윌리암 보몰과 알란 블라인더 교수가 자본론을 분석하여 얻은 주 결론들 중의 하나는 자본론이 공산국가에 별 도움이 안 된다는 것입니다.

이상의 여섯 가지가 경제전문가들이 공통적으로 지적하는 마르크스경제학의 주요 결함인데 다른 것들은 다음과 같습니다.

일곱째, 마르크스는 자본주의국가가 고도로 발전하게 되면 자체의 모순을 완화하기 위해 다른 나라들을 침략하게 된다고 하였는데 오히려 공산주의국가들이 더 그렇게 된다고 할 수 있습니다. 예를 들면, 공산주의의 종주국들인 소련과 중공이 빈번하게 영토분쟁을 한다든지 최근에 아프가니스탄을 침공한 국가는 공산권에서 제국주의국가라 부르는 미국이 아니라 공산주의종주국인 소련인 것입니다. 또한 소련공산권을 벗어나려는 헝가리, 체코 등 동구권국가들을 무력으로 탄압한 나라 또한 서구자본주의국가가 아니라 소련인 것에서도 이러한 사실을 알 수 있습니다.

이외에도 현재의 경제학 기준으로 볼 때 자본론이 불분명하게 논의한 것은 한두 가지가 아닙니다. 예를 들면, 마르크스는 산업예비군의 존재는 임금을 최저생계비수준으로 하락시킨다고 잘못 생각했던 것입니다. 왜냐하면 노동의 공급이 수요를 초과하면 노임은 노동의 수급

(需給)이 일치하는 수준까지만 하락한다는, 그의 사후에 체계화된 임금 결정이론을 그는 잘 몰랐기 때문입니다. 그리고 노동자의 궁핍화가 노동자 개개인의 실질임금의 감소인지 또는 노동자 전체의 분배몫의 감소인지도 분명치 않습니다. 또한 꼭 필요한 것이 과연 혁명(revolution)인가 아니면 현 체제의 개혁 또는 진화(evolution)인가 하는 문제도 마찬가지입니다.

그가 30세가 되던 1848년에 엥겔스의 도움을 받아 공산주의 노동자 혁명의 슬로건으로 발표한 〈공산당선언 (Communist Manifesto)〉은 자본주의의 전복을 목적으로 한 것이었으나 그 내용은 주로 누진세제, 철도와 체신시설의 공유, 토지관리의 개선, 의무교육제의 실시 등을 주장한 것으로 자본주의경제체제를 개혁해야 한다는 것이었습니다. 그는 한편으로는 자본주의는 대대적으로 개혁하면 된다고 주장하고, 다른 한편으로는 자본주의는 개혁에도 불구하고 멸망할 수밖에 없다는 등 엇갈리는 주장을 하였던 것입니다. 그를 심하게 비판하는 사람들은 세상 경험도 없는 30세의 젊은 학도가 자연과학도 아닌 사회과학분야에서 그것도 국가사회 전체의 발전방향을 공산당선언으로 발표한 것 그 자체가 말도 안 된다는 것입니다. 그리고 사회주의는 과연 종착역인가 또는 중간역인가 하는 점도 불분명합니다.

마지막으로 마르크스는 무신론자로서 유물사관에 입각하여 "종교는 노동자들의 고통을 일시적으로 잊게 하는 아편제"에 불과하다고 하여 공산국가들로 하여금 종교를 배척하도록 하였읍니다.

그런데 인간의 본능들 중 종교적 본능은 아주 강한 것입니다. 인류의 긴긴 역사를 보면 종교적인 기념물이 없었던 국가사회는 거의 없었고, 또한 종교 때문에 발생한 전쟁도 무수히 많았던 것입니다. 영국의 순례자(pilgrim)들이 1620년 메이플라워호로 영국을 떠나 미국으로 간 것도 종교적인 이유 때문이었던 것입니다. 영국의 위대한 경제학자 알

프레드 마샬은 인류의 역사에 가장 큰 영향을 준 것은 종교와 경제라고 하였습니다. 경제가 인간의 '풍요로운 삶'을 추구하는 것이라면 종교는 '성스러운 삶'을 추구하는 것인데 마르크스는 후자를 부정하고 전자를 중심으로 이론을 전개했던 것입니다. 따라서 특히 전세계 종교인들은 그의 자본론이 잘못되어도 크게 잘못되었다고 합니다.

우리 나라는 유사이래 외국으로부터 모두 900여 차례나 침략을 받아 왔는데 그 과정에서 자신의 일생은 물론 자녀나 온 집안을 희생시키면서까지 국가와 민족을 위하여 싸운 성스러운 사람들이 무수히 많았고, 지금도 우리 주위에는 이런 사람들이 많이 있읍니다. 그리고 현대 세계에서는 어느 나라에서나 부모와 자녀간의 사랑, 기업이나 정부 등 각종 조직체 구성원간의 수평적 또는 수직적 사랑 등 '정신적 요인'의 중요성이 날로 증가하여 가고 있읍니다. 일본이 이번 세기에 고도 성장을 이룩하여 선진국이 될 수 있었던 것도 '일본인의 정신' 또는 '일본혼(日本魂)' 때문이라고도 합니다. 그리고 서구 선진국들이 일본을 배울 때 중시하는 것도 바로 이러한 일본인의 가치관 또는 정신인 것입니다.

개인이나 가정, 기업이나 국가사회를 막론하고 그 발전에 있어서 궁극적으로 중요한 것은 물질이 아니라 건전한 가치관 또는 정신인데도 불구하고 정신을 무시하고 물질만을 앞세운 마르크스의 유물론은 잘못이라는 것입니다. 따라서 유물사관에 기초한 공산사회가 심지어 부모들의 비리를 자녀들로 하여금 고발케 하는 등 각종 인간관계나 가정 생활의 정신적인 면을 부정하는 것은 잘못되어도 크게 잘못되었다는 것입니다. 헨리 키신저에 따르면, 전체주의사회인 소련에서는 개인간의 인간관계를 부정하므로 소련인과 인간적으로 사귀고 친밀하게 관계를 유지하는 것은 불가능하다고 합니다. 이와 같이 유물론이 지배하는 사회에서는 인정이나 인간관계가 부정되는 것입니다.

미국에서의 자본론

세계 제일의 자본주의 강국인 미국에서 자본론은 출판 직후부터 금세기 초까지 사람들의 관심을 별로 끌지 못했읍니다. 저명한 경제사학자 마틴 부론펜부레너는 그 이유를 다음과 같이 밝히고 있읍니다.

첫째, 무엇보다 자본론의 서장(序章)이 너무 길고 설명이 조잡하며 난해하고 또한 논지가 불분명하여 독자들이 읽기를 꺼렸읍니다. 뿐만 아니라 1897년에 출판된 영어 번역판은 오역이 많아 더욱 그러했던 것입니다. 그런데 한 때 엥겔스가 마르크스에게 왜 서장을 그렇게 썼느냐고 물었더니 마르크스는 그의 책을 좀더 무게있게 보이게 하려고 그렇게 썼었다고 했었답니다.

둘째, 미국에 이민온 독일사람들의 상당 수는 이른바 무식한 '촌사람들'로서 말씨가 거칠고 어디에서나 시끄럽게 떠들어 대며 또한 더럽기도 하여 많은 미국사람들이 기피하는 인종이었다고 합니다. 보스톤 지방에서는 한 때 음식점들이 '개와 독일인은 사양함'이라는 표지판을 붙여 놓았을 정도였다고 합니다. 따라서 독일출신 마르크스가 쓴 자본론을 미국인들이 높게 평가할리가 없었던 것입니다.

세째, 독일, 프랑스, 이태리, 헝가리 등으로부터 미국에 이민온 각국의 노동자들은 문화와 생활습관은 물론 무엇보다 언어가 달라 서로 의사소통을 할 수가 없었으므로 마르크스가 말한 대로 국적에 관계없이 단결하여 노동계급으로서의 연합전선을 펴는 것이 불가능했읍니다.

네째, 마르크스주의는 투쟁, 혁명 등 격한 행동을 수반하는 것이므로, 특히 남북전쟁 이후 평화를 갈망하던 미국사람들은 서로 다른 계급으로 갈라져서 같은 국민들끼리 내전(內戰)을 해야 한다는 마르크스 주장에 흥미가 없었던 것입니다.

다섯째, 마르크스의 사후(死後)에 출판된 자본론 2권과 3권에 대해 오스트리아 경제학자 유진 뵘바뵈르크가 해설서를 썼는데 이 책은 〈칼 마르크스와 그의 체계의 종결〉이란 제목으로 미국에서 영어로 번역 출판되었읍니다. 그런데 이 책은 "마르크스는 가격이론가(價格理論家)로 평가를 받아야 하고 그의 가격이론에는 심각한 오류가 있다"는 식으로 미국 경제학도들을 오랫동안 오해하도록 만들었던 것입니다. 때문에 미국의 지성인들도 그렇게 믿고 대수롭지 않게 생각했던 것입니다.

여섯째, 미국에는 경기침체도 있기는 했으나 경제가 비교적 안정된 가운데 착실히 성장하여 공산주의가 뿌리내릴 기반이 약했읍니다.

일곱째, 금세기 초 미국에서 유행된 사회주의들 중 기독교사회주의와 점진적인(페이비언) 사회주의가 마르크스주의보다 더 인기를 끌었읍니다. 심지어 수정마르크스주의자들도 나중에는 이러한 사회주의자들과 보조를 같이 할 정도로 마르크스사상은 인기가 없었던 것입니다.

이상의 이유로, 자본론은 미국인들에게는 호기심으로나 읽어볼 정도의 책이지 사회운동을 일으킬 대작(大作)으로는 받아들여지지 않았던 것입니다.

결국 마르크스 당시의 시대적 배경과 제한된 경제이론의 바탕 위에 쓰여진 자본론을 그 이후 무수한 변화를 겪어온 현대의 고도화된 산업사회에 적용하는 것은 별 의미가 없다고 하겠읍니다. 특히 마르크스는 이웃에 대한 따뜻한 사랑이나 국가사회에 대한 헌신적인 봉사 등 인간의 '성스러운 면'을 무시하였읍니다. 그리고 자본주의에서의 인간은 남으로부터 철저하게 빼앗으려 한다는 마르크스의 견해와 빼앗겼을 때는 폭력으로라도 투쟁하여 잃은 것을 쟁취해야 된다는 그의 주장은 특히 이웃에 대한 사랑이나 평화를 중시하는 사람들에게는 설득력이 희박합니다. 마르크스가 이러한 사상을 담은 자본론을 펴냈을 때는 자신도 가난에 지나치게 찌들렸고 몸도 심히 병든 상태이었다고 합니다. 다니엘 퍼스펠드도 근저 〈경제학자의 시대, 제 5 판〉에서 20 세기의 논쟁들 중 가장 쓸모없게 된 것 중의 하나가 마르크스의 자본론의 타당성 여부에 관한 것이라고 하였읍니다. 한 때 젊은 작가 한 사람이 티 에스 엘리오트에게 "과거의 사상가들보다는 우리가 더 많이 알고 있는데 애써 그들을 연구하는 것은 무의미한 일이 아닙니까 ? " 하고 묻자, 그는 "아무렴, 그들이야 우리가 다 알고 있는 바와 마찬가지지"라고 대답했다고 합니다. 저명한 경제학자이고 마르크스주의자였던 로버트 하일브로너는 〈제로섬사회〉의 저자인 레스터 더로우와 함께 쓴 명저, 〈경제문제, 제 7 판〉에서 마르크스야말로 지금까지 인류를 사상적으로 혼동시키는 데 가장 성공한 사람일 것이라고 하였읍니다.

유사이래 체계적인 경제분석이 시작된 이후, 국가경제 전체의 흥망성쇠를 분석한 경제학의 대가들은 아담 스미스, 칼 마르크스 및 존 케인즈 등이라고 할 수 있는데 이들의 분석체계들은 모두 그 시대적 상황에 영향을 크게 받을 수밖에 없었던 것입니다. 1776 년에 국부론을 펴낸 아담 스미스는 초창기의 낙관주의적인 자본주의관을 폈고, 황량한 공업화 초기시대에 살면서 1867 년에 자본론을 쓴 마르크스는 그 당시의 자본주의국가들이 겪는 불안정 문제와 공업화과정에서 착취당하기 쉬운 노동자계층에 관심을 집중하였읍니다. 그리고 대공황 이후 1936 년에 일반이론을 쓴 케인즈는 어떻게 하면 경제전체를 대공황과 경기 침체의 늪으로부터 빠져 나올 수 있게 하느냐에 분석의 초점을 두었던 것입니다.

케인즈는 자본주의라는 거대한 기구는 본질적으로는 문제가 없으며 고장이 났을 때는 수리하면 된다고 하였읍니다. 그러나 마르크스는 자본주의는 발달할수록 그 속에 자본주의를 파멸시키는 씨를 키워가게 되므로 결국은 자멸하여 공산주의가 될 수밖에 없다고 하였읍니다. 케인즈를 자본주의경제의 수리를 주장하는 엔지니어라 한다면 마르크스는 자본주의경제는 스스로 자멸할 수밖에 없는 체제임을 예언하고 또한 이를 어떻게 해서든지 증명하는 데 정력을 다 바친 그릇된 '예언자' 라고 할 수 있읍니다.

　마르크스의 분석의 타당성 여부를 논외로 하더라도 마르크스가 준 교훈은 중요하다고 할 수 있읍니다. 무엇보다 자본주의경제는 끊임없이 변화하는 경제체제이며 따라서 경제안정의 문제가 중요하게 된다는 사실이라고 하겠읍니다. 그리고 자본주의사회의 건전한 발전을 위하여 중요한 점은 인간은 이웃이나 국가사회로부터 '빼앗는 인간'이 아니라 '주고 베푸는 인간'이 되어야 한다는 것입니다. 빼앗는 사람이 많은 사회일수록, 그리고 계속 빼앗기는 계층이 늘어가는 사회일수록 공산주의사상이 침투하기 쉽다고 하겠읍니다. 그리고 경제성장과정에서는 어느 계층도 소외되어서는 안될 뿐만 아니라 모든 계층이 사회구성원으로서의 품위와 동참의식을 가지고 적극적으로 국가사회의 발전에 참여할 수 있도록 유도해야 된다는 것입니다. (지금까지의 설명은 20세기 제일의 경제학자라는 폴 사뮤엘슨 MIT 대학의 교수, 마르크스주의 경제학자로서 이미 대학원생일 때 100만 부 이상이나 팔린 명작 〈세계적인 철학자들〉을 쓴 로버트 하일브로너 그리고 〈불확실성시대〉의 저자 존 갤브라이즈의 해설을 중심으로 한 것입니다. 원고를 읽고 많은 도움말씀을 주신 서울대학교 경제학과 조순 교수께 감사드립니다.)

자본주의와 공산주의의 비교

자본주의와 공산주의의 근본적 차이

재산의 사유와 공유

　　인간은 자신의 본성에 부합되게끔 경제행위를 하는 것이 좋겠읍니까? 아니면, 그 반대로 하는 것이 좋겠읍니까? 예를 들면 개나 고양이와 같은 동물은 서로 살코기와 뼈를 주고 받는 등의 교환(交換, exchange)행위를 하는 법이 없는데, 이들이 교환행위를 하며 살아가도록 키우는 것이 좋겠읍니까? 그리고 반대로 소유하고 교환하는 것이 본성인 인간에게 소유와 교환행위를 하지 못하게 하면서 삶을 영위하도록 하는 것이 좋겠읍니까?

　　경제행위와 관련된 인간의 본성들 중 중요한 하나는 강한 소유욕입니다. "여우도 굴이 있고 하늘의 새도 보금자리가 있듯이"(마태복음

8장 20절) 짐승들도 소유욕이 대단하여 어떤 것은 보금자리나 영토 등 자신의 소유가 침해당할 때는 목숨을 걸고 싸우기도 합니다. 인간은 소유욕이 특히 강합니다. 어린이가 장난감 때문에 싸우는 것이나 어른들이 재산이나 소득분배 때문에 다투는 것도 모두 소유욕 때문인 것입니다. 소유욕은 인간은 물론 동물의 생존 및 종(種)의 보존(保存)과도 직결됩니다.

자본주의는 소유본능이 있는 인간 개개인에게 재산을 소유할 권리, 즉 사유재산권(私有財産權)을 인정해 주는 '주의(主義)'인 것입니다. 따라서 자본주의는 사람들이 사유재산을 자유로이 활용하여 생산활동을 하고, 생산된 제품을 시장이라는 기구를 통하여 서로 자유로이 교환할 수 있도록 하는 것이 인간의 본성에도 부합될 뿐만 아니라 인간의 물질적인 행복도 더 증진시킬 수 있다고 주장하는 '주의'인 것입니다.

공산주의는 반대로 재산의 소유를 인정하면 가진 자와 못가진 자의 격차가 커질 뿐만 아니라 유산자인 자본가가 무산자인 '노동자'를 '착취'하게 되어 계급간의 갈등 및 투쟁 등의 문제가 발생하므로 사유재산권을 인정하면 안 된다는 '주의'인 것입니다. 따라서 모든 재산이나 생산수단(生産手段)을 국가가 소유하도록 함으로써, 즉 국민이 이를 다같이 소유하여 공산(共産)하도록 함으로써 소유의 차이로부터 발생하는 국민간의 격차를 원천적으로 제거해야 한다는 '주의'인 것입니다.

그런데 중요한 것은 공산국가에서는 개인의 노동력도 국가가 소유한다는, 곧 '노동력의 국유화'라는 사실입니다. 그러므로 공산국가에서는 사람들이 자신의 노동력을 자기가 좋아하는 대로 사용할 수가 없습니다. 즉, 자신이 좋아하는 대로 직업을 선택할 수 없고 국가통제기구의 명령에 따라 선택해야 하는 것입니다. 그러므로 공산국가에서는 직업이 개인의 적성, 취향 및 능력과 잘 부합된다는 보장이 없으므로 직업에 불만인 사람들이 많이 생기게 되는 것입니다.

시장기구와 통제기구

공산주의국가에서는 국가가 각종 생산물의 종류와 양, 생산방법, 생산에 사용되는 원료의 종류와 양 그리고 소비대상자와 소비량 등을 일일이 계획하여 생산하고 그 생산품들이 원활히 배급(配給)되도록 관련된 사람들이나 기구의 경제행위를 일일이 통제해야 합니다. 그러므로 공산국가에서는 통제기구 또는 계획기구(計劃機構)가 절대적인 역할을 하게 되는 것입니다. 통제기구는 제품의 생산에서부터 국민 개개인에 대한 배급에 이르기까지 모든 단계의 경제행위를 통제하는 것입니다.

자본주의국가에서는 국가가 단추, 음식, 의복, 가전제품 등 재화의 생산과 소비에 직접 간여하지 않습니다. 간여하지 않더라도 시장이라는 기구가 저절로 이들의 수급을 조절하는 것입니다. 이러한 '시장기구'가 공산국가의 '통제기구'에 비견되는 역할을 하는 것입니다.

양 주의의 근본적 차이는 이 두 가지, 즉 재산의 사유 또는 공유(共有) 여부와 경제문제의 해결을 위한 기구가 시장기구인가 또는 통제기구인가 하는 것입니다. 이 이외의 주요한 차이점은 다음과 같습니다.

경제의 주인은 누구인가

우리 나라 가전제품의 모양, 색깔, 크기, 모델, 판매량 및 소비량을 결정하는 것은 관(官)이 아니라 국민, 즉 민(民)인 것입니다. 외관상으로는 가전제품회사들이 이들을 결정하는듯이 보이지만 근본적으로는 국민들의 기호에 따라 이들을 결정하므로 사실상 국민들이 그 결정권을 갖는 것입니다. 따라서 자본주의경제는 원칙적으로 '민'이 '주'가 되는 경제, 즉 민주경제인 것입니다. 생산되는 가전제품의 종류와 양등의 결정권을 소비자가 갖는 것을 '소비자주권(消費者主權, consumer sovereignty)'이라고 합니다.

그러나 공산국가에서는 이런 것을 국가의 통제자가 결정하고 생산자와 소비자는 단지 통제기구의 지시에 따라 생산과 소비활동을 해야 하므로 공산국가에서의 실질적인 주인은 국가의 통제자인 것입니다. 이와 같이 통제자가 가전제품의 종류와 양 등의 결정권을 갖는 것을 '통제자주권(統制者主權)'이라고 합니다.

경제체제의 목표와 수단

어느 경제체제나 추구하는 근본목표는 높은 생활수준인데, 자본주의국가는 자유시장과 민주적인 수단을 통하여 이를 달성하려고 하는 반면에 공산주의국가는 통제기구와 통제수단을 통하여 그렇게 하려고 합니다. 어느 수단을 채택하든지 목표인 고도의 생활수준만 달성되면 된다고 주장하는 사람도 많습니다. 그러나 목표달성의 수단이 민주적이 아니라 통제적이며 그 기구도 자유로운 시장기구가 아니라 국가통제기구일 때는 국민의 복지증진이라는 기본목표의 달성이 어렵다는 것이 일반적인 정설인 것입니다.

자본주의국가에서는 독과점 대기업체들이 국민들을 착취한다고 공산권에서는 비난하고 있읍니다. 그러나 이에 대하여 자유진영에서는 공산주의국가에서는 정부관리 또는 통제자가 국민들을 착취한다고 반박하고 있는 것입니다.

자본주의와 공산주의의 경제적 비교

능   률

1. 소비자주권과 통제자주권.   우리 나라의 가전업체들은 이미

앞서 말한 바와 같이 소비자들의 기호에 맞지 않는 제품을 만들면 판매하지 못하므로 손해를 보게 되고, 기호에 맞는 제품이라도 과다하게 만들면 다 판매하지 못하므로 손해를 보며 그리고 과소하게 만들면 더 팔 수 있는데도 판매할 수 있는 제품의 수량이 부족하기 때문에 역시 손해를 봅니다. 따라서 가전업체들은 될수록 소비자들이 원하는 제품을 바라는 양만큼 만들려고 노력하게 됩니다. 이와 같이 자본주의경제에서는 가전제품들이 소비자주권에 의하여 생산되는 것입니다. 이를 다른 각도에서 보면 가전업체들은 제품이 과다하게 생산되어 창고에 쌓이는 등의 낭비를 줄이기 위하여 스스로 노력한다는 사실을 의미하는 것입니다.

공산국가에서는 중앙의 통제자가 각종 모델의 가전제품의 종류와 양을 결정하여 생산업체에 지시하므로 통제자주권에 의하여 가전제품들이 생산됩니다. 그런데 중앙의 지시를 받는 생산자들은 제품의 과다생산 또는 과소생산에 대하여 상관하지 않으며 중앙의 통제자도 적절한 생산량을 정확히 파악하는 것이 불가능합니다. 따라서 생산량이 모델에 따라서 과다 또는 과소하게 생산될 소지, 즉 비능률이 초래될 소지가 큰 것입니다.

어느 체제에서나 제품의 과다생산 또는 과소생산의 문제는 불가피하게 발생합니다. 중공에서는 〈모택동 어록〉이나 자본론 번역판이, 그리고 이북에서는 이른바 지도자동상이나 기념관이 생필품에 비하여 과다하게 생산되는 등이 그러한 예에 속하는 것입니다. 그리고 자본주의국가에서도 일부 소비자들만이 선호하는 향락관련제품이나 저질의 예술, 문학작품 등이 생산됩니다. 이와 같이 양 체제에는 나름대로의 결함들이 있으나 결국 국민이 사용할 제품의 종류와 양은 국민이 결정하도록 하는 자본주의방식이 국민이 필요로 하지 않는 제품을 덜 생산하고, 낭비도 줄이는 등 능률면에서 앞선다고 하겠읍니다.

2. 성공지표.   공산국가에서는 생산자들의 성공여부를 판단하는 지표, 즉 성공지표(成功指標, success indicator)가 질(質)보다는 양(量)으로 표시됩니다. 즉, 생산자가 생산활동에서 성공하느냐 못하느냐는 지시된 생산목표량을 얼마나 초과달성하는가에 달려 있는데 공산국가의 문제는 바로 이 점에 있다고 하겠읍니다. 예를 들면, 못의 생산목표를 수량으로 정하면 생산자는 한정된 원료로 가급적 작은 못, 즉 바늘만한 못을 대량으로 만들어 양을 초과달성하려고 합니다. 반대로 무게로 정하면 소수의 전봇대만한 못을 만들어 무게로 초과달성하려고 할 것입니다. 사용자의 입장에서 보면 이와 같이 별 용도가 없는 못들을 어디에 다 사용하겠읍니까? 공산국가에서는 생산자들이 목표량을 초과달성하려 하므로 필요없는 것들이 과다하게 생산되어 창고에 쌓이게 됩니다. 이는 귀중한 국가자원이 필요없는 못의 생산이나 못의 보관에 낭비됨을 의미합니다.

그리고 공산국가의 생산자들은 생산여건이 변화되더라도 지시된 것 이외의 정보를 중앙에 잘 보고하려 들지 않으며 또한 생산목표량을 적게 할당받으려고 가급적 중앙에 거짓정보를 제공하게 됩니다. 그러므로 중앙에서는 거짓정보를 토대로 생산계획을 세우게 되고 따라서 목표량설정 그 자체가 부정확하게 되기 쉬운 것입니다. 이와 같이 공산국가의 비능률의 근본원인의 하나는 거짓정보라고 합니다.

이에 반하여 자본주의국가에서는 생산자 곧 기업의 성공지표는 이윤인 것입니다. 앞의 경쟁적인 가전제품업체의 예를 보면 소비자가 좋아하는 제품을 만들기는 하나 다른 경쟁업체보다 원가절감이나 신제품 개발 등의 면에서 앞서지 못하는 기업은 이윤을 실현하지 못하는 것입니다. 따라서 자유경쟁 속에서 발생하는 '참 이윤'은 능률향상이나 신제품개발의 정도를 나타내므로 이윤을 많이 실현하는 기업일수록 성공적인 기업이라고 하겠읍니다. 이윤의 각종 개념이나 기능에 대해서는 제 14 장 '이윤은 성공의 지표'를 참고하기 바랍니다.

3. 자원의 참 가치의 판단문제.   공산국가에서는 제품생산에 사용되는 인적·물적자원의 시장가격이 없으므로 생산자는 자기가 사용하는 어떤 기술자나 기계장비의 참 가치를 잘 알 수 없읍니다. 가령 그 자원이 다른 제품의 생산에 사용되면 가치를 얼마나 크게´또는 작게 창조할 수 있는가를 잘 모릅니다. 공산국가에서는 자원의 '참 가치'를 잘 모르는 상태에서 생산활동을 해야 하므로 제품의 사회적 비용을 모르게 되며 따라서 공산국가에서는 비용을 최소화한다는 것 자체가 어렵게 되어 있는 것입니다. 자본주의경제에서는 자원의 가치가 경쟁시장가격에 의하여 결정되며 경쟁이 완전경쟁에 가까울수록 시장가격에 의하여 나타나는 상품의 가치는 참 가치에 가깝게 되는 것입니다. 그런데 자본주의경제에서도 경쟁이 불완전하므로 시장가격에 의하여 나타나는 많은 제품의 가치가 참 가치와 일치한다는 보장은 없읍니다. 그러나 시장가격이 없는 공산주의경제에 비해서는 자원의 참 가치를 더 잘 파악할 수 있음은 물론입니다.

4. 혁신.   공산국가의 생산자들의 주 관심은 중앙에서 정해주는 목표를 초과달성하여 포상이나 보너스를 받는 것입니다. 따라서 그들은 어떻게 하면 중앙과의 관계를 잘 유지하여 생산목표를 될수록 적게 할당받을까 하는 것에 온 신경을 집중시키게 됩니다. 이른바 '중앙과의 관계'를 원만히 유지하지 못하면 생산목표를 과다하게 할당받으므로 목표달성을 못하게 됨은 물론 처벌을 받게 됩니다. 또한 당년에 목표를 너무 높게 할당받으면 다음 해의 목표달성이 당장 문제가 됩니다. 반면에 중앙과의 관계를 원만히 유지하여 목표를 낮추어 할당받게 되면 몇 년간이라도 생산목표량을 쉽게 초과달성할 수 있음은 말할 필요도 없는 것입니다. 따라서 생산자들은 목표량을 적게 할당받는 데 전력을 경주하게 되는 것입니다. 그러므로 위험이 수반되는 기술혁신은 하려고 하지도 않을 뿐만 아니라 오히려 가급적 피하려고 하는 것입니다.

그리고 공산국가에서는 기술개발기구나 이를 이용하여 제품을 생산하는 기구가 모두 정부산하의 기구이고, 또한 별개의 기구이므로 양 기구간의 협조가 어렵습니다. 한 기업체 안에 이들 양 기능이 통합되어 있는 자본주의 자유경쟁기업과는 비교가 안 될 정도로 양 기구간의 협조가 경직적인 것입니다.

5. 생산활동의 경직성.   공산국가의 생산자는 생산활동과 관련된 거의 모든 것을 원칙적으로 상부의 지시에 따라 해야 합니다. 가령 길 건너편에 있는 생산공장과 협조하면 생산비를 크게 줄일 수 있는 경우에도 그렇게 하기 위해서는 중앙에 보고하여 허락을 얻어야 합니다. 또한 길 건너편에 있는 공장 역시 그렇게 해야 되니 서로 번거롭기 때문에 하지 않으려고 합니다. 제품의 질적 향상, 신제품의 개발 등도 모두 보고를 하고 허락을 받아야 하므로 특히 수많은 상부 및 관련기관이 개입된 경우에 생산자들은 이러한 노력을 가급적 하지 않으려고 할 것입니다.

이러한 요인들 때문에 발생하는 비능률이 바로 '공산주의경제의 근본문제'인 것입니다. 이의 시정을 위한 방안이 중공의 경제개혁이나 소련의 시장경제원리의 도입을 위한 개방정책, 즉 '그라스노스트'의 기본내용인 것입니다. 소련의 저명한 경제학자 이 리버만은 오래 전부터 공산경제의 이러한 문제를 해결하기 위하여 자본주의경제의 이윤동기도입, 하향식 경제계획방식에서 상향식 경제계획방식으로의 전환, 생산자의 자율성증대 그리고 소비자의 기호에 연계된 생산방식도입 등의 경제개혁을 단행해야 된다고 주장하고 있습니다. 소련은 그의 이러한 주장을 1986년부터 본격적으로 받아들이기 시작한 것입니다.

경제성장

1. 성장전략의 차이.   공산국가는 자유진영국가와는 달리 국민 개개인의 복지보다는 국가 전체의 '힘'을 중시하므로 경제성장도 국방

및 안보능력의 제고란 차원에서 이루어집니다. 따라서 경제성장도 탱크, 전투기, 원자탄, 미사일 등 전쟁재중심의 성장이 되는 것입니다. 민생재중심의 자유진영국가의 성장과는 큰 차이가 있는 것입니다. 이 점에 관해서는 이 글 뒷부분의 공산진영의 최근 변화를 참고하기 바랍니다. 그리고 경제성장도 경제적인 요인보다는 정치적인 차원에서 결정되므로 자본주의의 경우보다 비능률문제가 발생할 소지가 더 크다고 하겠읍니다.

　　2. 미국과 소련의 경제성장비교.　　우선 자유세계 제 1 의 부국(富國) 미국과 공산권 제 1 의 강국 소련의 경제성장을 비교하여 보기로 하겠읍니다. 소련은 1917 년 볼셰비키혁명 이후의 고도성장으로 반봉건국가에서 벗어나 지금은 공산권 제 1 의 강국이 되었읍니다. 그런데 소련의 10 여년 전까지의 고도성장은 주로 노동력과 자본의 양적 증가에 기인한 것이었으며 생산성증가는 자유진영 수준을 넘지 못했읍니다. 그러나 10 여년 전부터 소련의 경제성장률은 크게 하락하여 미국의 경제성장률을 밑돌기 시작했으며 앞으로 예상되는 성장률도 마찬가지가 될 것이라는 것이 양 진영 경제전문가들의 지배적인 견해입니다. 공산권 전체의 경제성장률도 최근까지는 세계 평균성장률보다 높았으나 최근에는 거의 같은 수준으로 되었고 앞으로는 밑돌 것이라는 것이 양 진영 경제전문가들의 일치된 견해입니다. 그 이유는 무엇이겠읍니까?

　　3. 공산주의경제의 침체 이유.　　소련 등 공산권국가의 경제성장률이 크게 하락하는 이유는 주로 다음의 세 가지입니다.

　　첫째, 인적 및 물적자원이 국방부문에 너무 집중되어 있읍니다.

　　둘째, 현대 경제성장의 가장 중요한 요인인 기술혁신이 자본주의국가에 비해 크게 떨어지고 있다는 사실입니다. 이는 기술혁신을 위한 '상벌'이나 '유인(誘因)제도'가 자본주의국가에 비하여 크게 낙후되어 있기 때문입니다. 또한 기술혁신에는 국민의 자유, 창의 및 신속한 정보의 전파가 필수적이나 공산국가에서는 이들이 모두 심하게 통제되어 있는 것도 중요한 이유들 중의 하나입니다.

세째, 이미 앞서 말한 바와 같은 공산주의식 경제계획 자체의 문제 때문에 경제내부에 비능률이 쌓이게 되는 것입니다.

이러한 요인의 개선을 위한 노력이 현재 공산권에서 시도되고 있읍니다. 그러나 자본주의방식의 도입에는 현 공산주의체제나 이데올로기수정문제가 따르므로 이에 대한 지도자들의 반발이 큽니다. 또한 이러한 개선방법들의 도입과 적용에 긴요한 관료체제의 융통성이 결여되어 있다는 점도 큰 문제가 되고 있는 것입니다. 폴 사뮤엘슨 교수에 따르면 현재 소련의 GNP는 미국 GNP의 53% 정도이고 국민의 생활수준에 있어서는 미국의 약 43%가 된다고 합니다. 앞으로도 이 수준을 넘어서기는 어려울 것이라고 합니다

형 평

공산국가가 재산을 국유로 하는 것은 이른바 가진 자와 못 가진 자간의 격차를 해소하기 위해서입니다. 자본주의에 대한 마르크스의 주된 비판들 중의 하나도 자본가들이 자본의 소유 덕택에 불로소득(不勞所得, unearned income)을 차지한다는 것이었으므로 공산국가들은 자본을 국유화하기만 하면 이런 문제는 해소될 것으로 보았읍니다.

소련에서는 한 때 '만인(萬人)의 완전한 평등'을 부르짖어 모든 노동자들에게 동일한 임금을 지급한 적이 있었읍니다. 그랬더니 모두가 일을 하지 않게 되어 생산공장의 가동이 완전 중지된 일도 있었다고 합니다. 그래서 소련은 생산성향상을 위하여 차별임금제를 실시하지 않을 수 없었고 또한 '국가의 엘리트'에게는 각종 특혜를 많이 부여하지 않을 수 없었으므로 노동자간의 격차가 크게 벌어졌던 것입니다. 따라서 금세기 제1의 경제학자인 폴 사뮤엘슨은 공산권이나 자유진영의 소득분배의 불평등 정도는 놀라울 정도로 같다고 하였읍니다.

안　　정

　　얼마 전까지 한국 기업가가 중공에 가서 상담을 하게 되면 그 상
대자는 모두 정부관리라고 하는 말에서 알 수 있듯이 공산국가에는 우
리 나라에서와 같은 기업이나 기업가가 없읍니다. 생산활동은 모두 정
부관리에 의하여 국가통제하에서 이루어집니다. 이와 같이 모든 것이
통제되어 있으므로 경기변동, 인플레 등의 경제문제도 어느 정도 통제
가 가능한 것입니다. 공산국가에서도 통제에 따라 암시장이 발생하고,
암시장가격이 통제가격의 몇 배가 되는 등 물가불안정문제는 일반적으
로 발생하나 안정문제는 자본주의 자유기업경제보다는 덜 심하다고 할
수 있읍니다.

통제와 참여의 문제

통제의 기술적 문제

　　지금까지의 설명을 통하여 여러분들은 자본주의와 공산주의의 일
반적 차이점을 알 수 있었을 것으로 보입니다. 양 주의(主義)의 근본적
인 차이점이 재산의 사유와 공유여부, 그리고 시장기구와 계획기구의
채택여부인 것은 잘 아는 사실인데, 이를 우리 나라의 중요한 재산의
하나인 토지와 관련하여 다시 한 번 살펴보기로 하겠읍니다. 이를 통
하여 여러분은 양 체제의 본질적인 차이점을 다시 잘 검토해 보기 바
랍니다.

　　우리 나라의 각종 토지를 어떻게 하면 가장 생산적으로 사용할 수
있겠읍니까? 가령 여러분이 모든 토지의 각종 용도, 즉 서울에 있는
토지나 강원도 및 제주도에 있는 토지, 농촌에 있는 토지나 도시에 있

는 토지, 공업용지나 빌딩 및 상가용지, 곡물이나 채소나 과수 또는 특용작물의 재배용지, 도로나 공원 및 학교·병원 등의 부지, 도로에 인접한 토지나 멀리 떨어진 토지 등 특성이 다른 무수한 토지의 용도를 결정하는 위치에 있다고 합시다. 이 많은 땅을 보다 능률적으로 사용하기 위하여 여러분은 어떻게 하여야 되겠읍니까?

우선 혼자서 이 많은 토지의 특성을 다 파악하여 용도를 옳게 결정하는 것이 불가능하므로 여러분은 자신을 도울 사람을 필요로 할 것입니다. 가령 잘 아는 아주 유능한 사람 백 명을 고용하여 서울에서 이 일을 함께 시작하게 되었다고 합시다. 그럼 이들이 전국 방방곡곡에 흩어져 있는 무수한 필지(筆地)의 땅의 특성과 용도를 다 잘 파악할 수 있겠읍니까? 물론 그 인원으로는 도저히 불가능할 것입니다. 그럼 가령 만 명을 고용하여 이 일을 한다고 하면 어떠하겠읍니까? 우리 나라에는 현재 약 3천만이 넘는 지목(地目)별 용지가 있는데, 이를 만 명이 1년에 한 번씩만 파악한다 하더라도 1 명당 3 천 필지 이상을 파악해야 된다는 계산이 나옵니다. 이는 한 사람이 전국에 흩어져 있는 토지를 휴일도 없이 매일 8 필지 이상 파악해도 다 파악하는 데는 1년이 걸린다는 사실을 의미합니다.

그런데 전국 방방곡곡에 흩어져 있는 토지 8 필지를 매일 서울에서 출장을 다니면서 다 정확히 파악할 수 있겠읍니까? 설령 그렇게 할 수 있다고 하더라도 각 토지의 용도를 1년에 한 번만 파악해서 되겠읍니까? 그리고 신이 아닌 이상 단 한 번만에 토지의 용도나 특성을 정확하게 파악한다는 것은 거의 불가능하지 않겠읍니까? 우리 나라의 경제성장속도는 매우 빠르므로 토지의 상대적인 가치도 매우 급속하게 변하는 지역이 많습니다. 예를 들면, 서울의 강남 특히 영동지역은 개발이 시작된 후 농지에서 도시지역으로 토지의 용도가 크게 변했고 지금도 그러한 지역이 많습니다. 그런데 이와 같이 토지의 용도가 급속도로 바뀌는데 이 땅에는 가령 2층건물, 저 땅에는 5층건물을 지어야 하

고 또 그 건물의 1층은 식당이나 금융기관, 2층은 사무실이나 다방 등
으로 사용되어야 한다고 정확히 결정할 수 있겠읍니까? 여러분이 고
용한 만 명의 인원으로 이를 모두 잘 파악한다는 것은 불가능할 것입
니다. 또한 금년에 가령 배추를 심어 손해를 본 땅에 내년에는 어떤 농
작물을 심어야 될 것인가를 어떻게 잘 알 수 있겠읍니까? 또한 어떤
땅에 가전제품의 대리점을 세우며 또 어떤 땅에 구두방을 지을 것인가
를 어떻게 결정하겠읍니까?

　이와 같이 모든 땅을 그 특성에 적합하도록 용도를 정하는 문제는
생각할수록 여간 복잡하고 어려운 문제가 아닐 수 없읍니다. 그럼 어
떻게 하는 것이 가장 좋겠읍니까? 우선 여러분이 고용할 수 있는 인
원의 수를 만 명에서 십만 명, 백만 명, 천만 명 등으로 늘려 나가면
더 잘 파악할 수 있겠지요? 사실 그렇다고 할 수 있읍니다. 여러분을
도와주는 사람이 많을수록 각종 땅의 특성을 더 잘 파악할 수 있게 되
니 땅을 더 효율적으로 사용할 수 있게 될 것입니다. 가장 바람직하기
로는 국민 모두가 이 일에 참여하는 것이라고 하겠읍니다. 사실 국민
이 모두 참여할 수 있도록 하는 것, 즉 토지사용에 있어서 국민이 모
두 주인으로 참여할 수 있도록 하는 것이 민주경제 또는 자본주의경제
체제의 핵심인 것입니다.

　그런데 여러분이 고용하는 사람이 백 명, 만 명, 백만 명 등으로
늘어간다면 이들에게 줄 출장비나 보수는 어떻게 조달하겠읍니까? 또
한 퇴직금이나 이들이 일할 사무실을 지을 자금 등은 어떻게 마련하겠
읍니까? 그리고 이들에게 봉급을 아무리 많이 준다고 하더라도 이들
이 모두 자기 일처럼 열심히 토지의 특성을 파악하여 용도를 잘 결정
하려고 노력한다는 보장이 있읍니까? 또한 고용한 사람들이 오이나 인
삼 심기에 적당한 땅과 구두방이나 은행지점설립에 적합한 땅을 정확
하게 가려낼 수 있는 능력이 있다는 보장이 있읍니까? 그리고 남이 가
진 땅을 여러분이 이렇게 또는 저렇게 사용하라고 명령할 수 있다고 생

각합니까? 반대로 다른 사람들이 여러분에게 그렇게 할 수 있다고 생각합니까? 이렇게 하는 데는 인권이나 재산권침해와 같은 문제가 따르게 됩니다. 그리고 여러분이 소유한 땅의 용도를 정해주는 사람이 여러분보다 우수하다는 보장은 있으며, 여러분이 남의 땅의 용도를 정해준다면 여러분이 남보다 더 우수하다는 보장이 있읍니까? 땅의 용도를 정하는 사람이 땅의 소유자보다 능력면에서 뒤떨어진다면 어떻게 되겠읍니까?

소유와 참여

이러한 문제는 생각할수록 복잡한 것입니다. 지금까지 인간이 생각해 낸 이러한 문제의 대표적인 해결방법에는 자본주의와 공산주의의 두 가지 방식밖에 없읍니다.

자본주의방식은

첫째, 개인은 자기의 이해와 직결될 때 가장 신속하고 열성적으로 행동하므로 모든 토지가 가장 효율적으로 사용될 수 있도록 하기 위해서는 국민들이 이를 직접 소유하고 관리할 수 있도록 해야 된다는 것입니다. 국민 모두가 소유한 토지를 잘 활용하려고 노력한다면 결과적으로 국토 전체도 효율적으로 활용되는 것입니다. 즉, 국토를 능률적으로 사용하는 길은 토지의 사유(私有)를 인정하고 소유자가 자유의사에 따라 토지를 가장 능률적으로 활용할 수 있도록 하는 자본주의방식인 것입니다.

둘째, 전국에 산재한 토지는 국민의 귀중한 재산이므로 이를 국민의 일부, 즉 국가통제기구에서 일하는 몇 사람의 공무원이 아니라 국민 전체가 참여하여 활용하는 것이 가장 소망스러운 방법이라는 것입니다. 이는 토지의 효율적 활용면에서는 물론 국민이 토지의 주인이 될수 있다는 점에서도 소망스럽다는 것입니다. 소수가 전국의 무수한 토지의 사용을 통제하는 방식이 공산주의식 방식이고 국민 모두가 참여하여 토지의 용도를 결정하는 것이 자본주의식 방식인 것입니다.

세째, 국민 모두가 토지를 소유하고 토지의 용도결정에 다같이 참여하는 방식으로 토지를 활용하면 '국가통제기구'도 필요없게 되므로 그 기구의 설립과 운영에 관련된 예산도 절약할 수 있다는 것입니다. 공산국가가 토지를 자유진영국가만큼 잘 활용한다면 자본주의경제에 비하여 최소한 통제기구운영과 관련된 예산만큼은 덜 낭비하게 된다고 하겠읍니다.

통제자와 관련된 문제

여러분 우선 우리 나라의 수많은 가전제품의 생산량, 수출량 및 소비량 그리고 이와 관련된 투자규모의 결정, 기술의 자체개발이나 해외로부터의 도입, 국민의 기호변화에 맞는 제품의 개발 그리고 수출대상국별 수출량의 결정 등의 수많은 문제를 정부통제기구의 몇 사람이 일일이 통제하는 것이 좋겠읍니까? 아니면 현재대로 가전제품회사들이 알아서 하도록 하는 것이 바람직하겠읍니까? 바꾸어 말한다면 정부가 일일이 통제할 때 가전제품의 기술혁신이 촉진되고 질도 향상되며 수출도 보다 많이 되겠읍니까? 물론 현재대로 가전업체들이 자유경쟁을 하도록 내버려 둘 때 더 그렇게 될 것입니다. 경제통제자와 관련된 일반적인 문제는 다음과 같습니다.

첫째, 통제자가 가전업체의 전문가보다 가전제품과 관련된 기술, 시장, 원료 등을 더 잘 안다는 보장이 없읍니다. 특히 생명공학, 반도체, 레이저, 컴퓨터 등 하루가 다르게 기술이 변하는 첨단산업제품의 경우에는 더욱 그러합니다. 따라서 통제자 몇 명이 가전업체를 통제하는 것은 경우에 따라서는 게임의 룰을 운동선수보다 모르면서 선수를 지도하는 것이나 마찬가지가 되는 것입니다.

둘째, 통제자가 가전업체의 전문가보다 더 많이 안다고 하더라도 자기 일처럼 백퍼센트 성실하게 통제한다는 보장이 없습니다. 통제자가 만약 성실하지 못하다면 우리 나라의 모든 가전업체와 소비자들은 그야말로 막대한 피해를 받게 됩니다.

세째, 여러분은 스스로 남을 통제할 권리가 있다고 생각합니까? 그리고 자신보다 우수한 사람을 통제할 수 있고 여러분보다 능력이 못할 수도 있는 사람의 통제를 받으면서 살아갈 수 있다고 믿습니까? 이와 같이 통제에는 인권침해나 능력차이에 따른 비능률문제가 발생하기 마련입니다.

네째, 국가의 중앙통제기구는 단일 조직체로서, 경제기능 면에서는 '독점'과 비슷하므로 '독점의 횡포'가 법의 비호 아래 심화될 수 있읍니다.

폴 사뮤엘슨 교수는 이상과 같은 이유로 인하여 통제경제식 운영방법은 일반적으로 자유시장경제식 운영방법에 뒤진다고 합니다.

공산진영과 자유진영의 최근 변화

공산진영의 최근 변화

공산주의종주국 소련과 공산권 제 2 의 대국 중공, 그리고 공산진영의 최후진국 베트남은 모두 최근 체제를 크게 개혁하고, 자본주의의 자유기업과 기업이윤제도를 채택한다는 국가정책을 발표한 바 있읍니다. 자본주의체제는 이윤과 자유기업 때문에 멸망하고 그 결과 사회주의국가가 탄생한다고 주장하던 공산국가들이 정책을 바꾸어 이윤과 자유기업제도를 채택한다고 하는 것은 '사회주의의 길'을 갔다가 잘못되었음을 깨닫고 다시 '자본주의의 길'을 가려고 되돌아 서고 있는 셈입니다. 이들 공산국가들로 볼 때는 국가 기본노선의 근본적인 전환이 아닐 수 없는데, 이들이 이렇게 대대적으로 노선을 전환하는 이유는 무엇이겠읍니까? 그 이유는 다음과 같습니다.

첫째는 이미 앞서 말한 바와 같은 통제경제의 비능률성입니다.

둘째는 통제사회는 국가전체, 국민전체 등 '전체'가 우선되는 사회이므로 국민 개개인은 소홀히 되기 쉽습니다. 따라서 국민은 국가통제기구의 지시가 옳든 그르든 그에 따라서 기계처럼 경제행위를 해야 하므로 개인의 창의가 무시되고 기술혁신이 잘 이루어지지 않는 것입니다.

세째는 공산주의국가의 대자본주의관(對資本主義觀)의 변화인 것입니다. 옛날의 공산국가들의 대자본주의관은 다음과 같았읍니다. 즉, 자본주의국가들은 자본주의체제의 속성상 제국주의국가가 되고 전쟁을 일으키지 않을 수 없다고'하였읍니다. 그 이유는 자본주의경제의 근본문제는 자본가들이 생산은 많이 하나 소득이 적은 노동자들이 이를 다 소비하지 못하므로 수요가 크게 부족하게 되고 따라서 공황이 발생하게 된다는 것이었읍니다. 자본주의국가들은 이와 같은 국내수요부족문제를 해결하기 위하여 두 가지 방법을 취하게 된다고 하는데, 그 하나는 해외식민지를 개척하여 수탈하는 것이고, 다른 하나는 무기생산을 증가시켜 수요부족문제를 타결하는 길이라는 것입니다. 따라서 자본주의국가들은 체제의 속성상 외국을 침략하고 외국과 전쟁을 하지 않을 수 없게 된다고 공산국가들은 생각하였던 것입니다.

이러한 대자본주의관을 정립한 공산국가들은 자본주의 '제국주의자'들의 침략이 시간문제인 것으로 판단하였던 것입니다. 따라서 그들도 이에 대비하기 위하여 군비를 강화하지 않을 수 없었으며 바로 이러한 군비강화가 모든 공산국가들의 기본국가정책이었던 것입니다. 그러므로 공산국가들의 기본적인 산업발전전략은 무기를 만드는 산업이 최우선이고 그 다음으로 무기제조를 위해 중화학공업을 발전시켜야 하며,

그 다음으로 중화학공업 발전에 필요한 노동력확보를 위해 소비재공업을 일으켜야 된다는 것입니다. 즉, 국방산업, 중화학공업, 소비재산업의 순으로 산업개발정책의 우선순위가 정해지는 것입니다. 공산국가에서는 소비재가 몹시 부족하다는 것도 이러한 소비재의 낮은 우선순위에 기인하는 것입니다. 무엇보다 군비강화가 중요하므로 국가의 자원을 모두 국방력강화에 동원해야 하며 국민의 생활은 기본욕구만 충족되기만 하면 된다는 것이 사실 공산국가의 민생(民生)정책의 핵심인 것입니다.

그러나 이러한 대자본주의관이 틀렸다는 것을 최근에는 모든 공산국가들이 인정하기 시작했읍니다. 우선 자본주의국가들은 체제의 속성상 무기를 만들어 외국과 전쟁을 하지 않으면 성장·발전할 수 없다고 하였으나 전후 최대의 성장을 한 자본주의국가들을 보면 그 국가들은 세계열강으로부터 무기를 만들지 못하도록 이른바 '훼방'을 받았던 일본과 서독이라는 사실로부터 그들의 대자본주의관이 잘못되었다는 것을 알 수 있는 것입니다. 그리고 세계적으로 높은 경제성장을 한 싱가폴과 홍콩도 무기생산과는 상관없는 나라인 것입니다.

그리고 경제학도 특히 1936년 케인즈의 일반이론이 나온 이후 많이 발전하여 자본주의경제의 수요부족문제를 상당한 정도로 해결할 수 있게 된 것입니다.

사실 전세계에서 제국주의적인 침략을 감행하는 나라는 자본주의국가라고 하기보다는 공산주의국가라고 할 수 있읍니다. 즉, 아프가니스탄을 침공하고 자국의 영향권을 벗어나려는 동구권 나라를 무력으로 진압하며 중공과 영토분쟁을 하는 나라는 바로 공산주의국가들의 종주국인 소련인 것입니다.

이러한 이유로 중공도 최근에 그릇된 대자본주의관, 즉 자본주의국가는 반드시 제국주의국가가 될 수밖에 없다고 한 그들의 견해를 수정한다고 공식발표하였던 것입니다. 소련도 이러한 자본주의관을 수정하여 자본주의진영과의 문호개방을 시도하는 이른바 '그라스노스트'정책을 채택하고 있는 것입니다.

공산국가들의 또 하나의 그릇된 자본주의관은 자본주의체제는 속성상 '스태그네이션(침체)'과 '인플레이션(물가상승)'의 합병증인 '스태그플레이션'이라는 자본주의병을 앓게 되어 있다는 견해입니다. 그러나 이것도 세계적인 '3 저현상'이 발생한 1985 년 말부터 잘못된 것으로 판단되고 있는 것입니다. 한국의 예를 들면, 많은 경제전문가들은 한국도 자본주의체제를 지향하고 있는 이상 고도성장과 물가안정은 도저히 동시에 달성될 수 없는 2 대 경제목표라고 하였읍니다. 그러나 1986 년에는 이 두 가지 목표가 모두 다 달성되었고, 뿐만 아니라 국제수지흑자의 목표도 실현되었던 것입니다. 이른바 '고도성장, 물가안정 및 국제수지흑자'의 3 대 경제목표도 잘 달성할 수 있었던 것입니다. 이른바 '세 마리 토끼'를 다 잡을 수 있었던 것입니다. 주요 선진국들도 최근 물가안정 속에 경제성장을 지속하고 있읍니다. 이에 따라 자본주의국가는 그 체제의 결함으로 반드시 스태그플레이션이라는 병을 앓게 되어 있다는 공산국가들의 자본주의관도 잘못된 것으로 판명된 것입니다.

위에서와 같은 이유 때문에 최근 공산진영의 국가들은 자본주의관을 바로 잡고 이윤동기, 자유기업제도 등 자본주의방식을 최근 도입하게 된 것입니다. 공산진영에서는 사회주의체제를 뜯어 고치고 자본주의방식을 도입하여 침체된 경제를 활성화하기 위한 돌파구로 삼고 있으며 자본주의진영에서는 경제내부에 있는 사회주의적인 통제요인을 줄이고 자본주의체제를 더욱 강화하는 작업을 하고 있는 것입니다.

자유진영의 최근 변화

자유진영국가들은 최근 '자본주의병'인 스태그플레이션을 고쳤고,

이제 자본주의체제에는 최소한 그 속성과 관련된 병은 없는 것으로 판명되었읍니다. 자본주의의 사회주의체제에 대한 상대적인 이점은 프랑스의 정책에서도 드러난 바 있읍니다. 자본주의는 그 체제에 큰 결함이 있다고 판단하여 사회주의방식의 경제개혁을 시도하였던 프랑스 미테랑 대통령 정부는 최근 그 개혁의 실패를 자인하고 다시 자본주의방식을 강화하고 있는 것입니다.

현재 자유진영에서는 선·후진국들의 상당 수가 경제내부에 있는 사회주의의 통제적인 요인을 제거하고 자본주의의 자유시장경제원리를 보강하는 작업을 하고 있는 것입니다. 현재 자본주의는 순수자본주의가 아니라 자유시장기능에 정부의 통제요인을 혼합한 혼합경제(混合經濟, mixed economy)인데, 수많은 나라들이 혼합경제의 혼합비율에서 '통제기능'을 줄이고 자유시장기능을 보강하고 있는 것입니다. 한국도 전매청의 공기업화나 공기업의 민영화 등을 통하여 그렇게 하고 있읍니다. 즉, 현재 정부에서 하고 있는 일들 중에서 민간기업들이 할 수 있는 것은 민간기업들에게 일임하여 하도록 하고 있으며 일본, 영국, 알젠틴, 나이지리아 등 수많은 나라들도 현재 그러한 노력을 하고 있는 것입니다.

이러한 경제적 변화와 더불어 중요한 것은 세계적인 공산주의 기피현상이라고 하겠읍니다.

중공은 공산정권수립 이후 40년이라는 장구한 세월동안 공산주의 노선을 걸으며, 심한 통제 속에서 경제를 발전시켜 왔지만 1인당 GNP는 아직도 300달러에 불과한 최후진국 상태에 머물러 있읍니다. 이러한 중공의 예에서와 같이 공산주의체제로서는 원만한 경제발전이 어려운 것이 아닌가 합니다. 소련의 GNP는 미국의 53%이고 1인당 GNP는 미국의 43%수준(폴 사뮤엘슨 MIT 대학 교수 계산)인데, 경제성장률에 있어서 1970년대 초까지는 미국을 앞섰으나 10년 전부터는 미국에 뒤떨어지기 시작했읍니다. 그리고 소련을 상징하는 주 제품은 원자탄, 수소탄, 전투기 등 거의 모두 '전쟁'을 상징하는 것이고 '평화'를 상징하는 것은 거의 없다는 것입니다. 그러므로 세계 '무역시장'에 소련 등의 공산권 영향은 별로 없읍니다. 그들은 주로 세계 '무기시장'에서나 영향을 미칠 정도인 것입니다.

소련은 얼마 전 세계시장에 수출하여 외화를 벌어 들일 수 있으려면 '소련을 상징하는 제품'을 개발해야 된다고 하는 국가정책을 수립한 바 있읍니다. 이에 따른 국책사업의 일환으로 승용차를 개발하여 '라다'로 명명(命名)하고 미국시장에 본격적으로 진출하려는 계획을 수립하였던 것입니다. 미국시장에 진출하기 전에 캐나다에 먼저 진출하여 1년 간 시장테스트를 받게 되었는데 우연히 같은 해 한국산 승용차와 더불어 '시장테스트'를 받게 되었던 것입니다. 그런데 1년간 시장테스트를 받은 결과 소련산 승용차는 한국산 승용차에게 참패를 당하게 되었던 것입니다. 한국산 승용차는 다음 해 계획대로 미국시장에 본격적으로 진출하여 대성공을 거두었으나 캐나다에서 참패한 소련산 승용차의 미국진출의 꿈은 이로써 무산되었던 것입니다. 소련에서 국책사업으로 '국가가 동원'되어 개발한 승용차가 한국의 일개 '기업그룹'이 개발한 승용차에 참패를 당했던 것입니다. 그 이유는 무엇이겠읍니까? 고르바초프 소련수상에 따르면 '기업활동'의 중요성을 무시하고 '기업이윤의 경제적 기능'을 부인하는 통제경제의 비능률이 그 이유라고 합니다.

공산권은 '전쟁재(戰爭財)중심'의 성장을 하므로 '민생재(民生財)'부족이 심하고 '인민'의 생활은 최저수준에 머물게 되는 것이 보통입니다. 비밀경찰과 시베리아 형무소 등으로 유지할 수밖에 없는 소련의 통제체제, 공산주의정부를 세우기 위하여 수백만 명을 학살한 캄보디아의 폴 포트 정권 등은 자유와 번영을 지향하는 자유진영사람들에게는 기피의 대상이 되고 있읍니다. 그리고 공산주의정권 수립 후 목숨을 걸고 조국을 탈출하는 베트남의 수많은 '보트 피플'도 자유진영국가들이 공산주의를 기피하도록 하는 것입니다.

헨리 키신저 전 하바드대학 교수에 따르면 이와 같은 전세계적인 공산주의 기피현상과 사회주의사상의 퇴조로 인하여 앞으로 십년 이내에 공산체제는 자본주의방식을 도입하는 방향으로 기본정책을 대폭 수정할 것이므로 동·서양 진영간의 데탕트(détente)에는 큰 변화가 올 것이라고 하였읍니다. 그리고 〈메가트랜드〉라는 세계적 베스트 셀러의 저자인 존 나이스빗트도 사회주의체제는 1990년대에 거의 소멸될 것이라고 하였읍니다.

경제사회를 활성화
하는 길

The kiss of Christian love (1 P 5.14)

자본주의정신과 신유교윤리

청교도윤리와 서구선진국

전세계의 선진국은 19개국인데 이 중 일본을 제외한 18개국은 모두 서구의 국가들입니다. 세계에는 189개나 되는 많은 나라들이 있고 이 중 대부분의 나라들은 아직 후진국 상태 그대로 머물러 있는데 왜 19개국만이 선진국이 될 수 있었겠읍니까? 그 이유로 막스 웨버는 명저 〈종교사회학(The Sociology of Religion, 1920년)〉에서 '청교도윤리(Protestant Ethic)'를 들었읍니다. 웨버는 가난한 나라가 발전을 하여 부국이 되기 위해서는 국민들의 경제행위를 올바로 인도하는 합당한 윤리, 즉 경제윤리가 필수적이라고 주장하였읍니다. 그런데 청교도윤리가 곧 이들 자본주의 선진국가들의 경제윤리로서 경제성장의 정신적 기반, 즉 '자본주의정신'이 되었다는 것입니다. 따라서 청교도윤리를 그 정신적 기초로 한 이들 국가들은 200년이나 되는 장구한 세월동안 계속 성장하여 지금은 모두 선진국이 되었고, 물질적으로도 풍요로운 삶을 누릴 수 있었던 것입니다.

사실 한 개인이나 어떤 국가에 있어서 건전한 가치관이나 사상체계가 없더라도 몇 년 정도의 고도성장은 할 수 있을지도 모릅니다. 그러나 서구 선진국들처럼 200 년간이나 되는 장구한 세월동안 지속적인 성장을 하자면, 건전한 경제윤리가 필수적인 것입니다. 일본의 경우에도 1868 년 명치유신 이후 지금까지 100 년이 넘는 오랜 세월동안 계속 성장할 수 있었던 것은 '겸손, 검소, 근면' 으로 대변되는 일본인들의 가치관이 그만큼 건전하였기 때문인 것입니다.

영국의 위대한 경제학자 알프레드 마샬은 인류의 오랜 역사를 놓고 볼 때 인류의 생존과 발전에 가장 중요한 영향을 미쳐온 두 요인은 종교와 경제라고 하였읍니다. 그러므로 종교윤리와 경제원리가 잘 조화된 경우에는 국가경제도 잘 발전하였고 그렇지 못한 경우에는 국가경제도 침체하지 않을 수 없었던 것입니다. 그런데 막스 웨버에 따르면 청교도윤리는 종교윤리와 경제원리를 잘 조화시켰고, 따라서 이를 받아들인 서구국가들은 모두 선진국으로 발전할 수 있었다는 것입니다. 경제활동과 관련하여 볼 때 청교도윤리는 다음과 같은 특성이 있읍니다.

첫째는 생활관인데, 청교도윤리는 인간은 누구나 검소, 근면 및 염직(청렴과 정직)을 생활신조로 할 것을 강조합니다.

둘째는 직업관으로, 청교도윤리에 따르면 직업에는 귀천이나 우열이 있을 수 없으므로 인간은 누구나 맡은 바 일을 크건 작건간에 하나님께서 정해주신 직업, 즉 천직(天職)이라는 생각을 가지고 신명(身命)을 다바쳐 해야 된다고 합니다. 그렇게 할 때만이 인간은 신의 구원을 받을 수 있다는 것입니다.

그러므로 옛날 조선시대처럼 젊은이는 누구나 과거시험에 합격하여 출세를 하고 권력을 휘둘러야 된다는 식의 '관리지향형'의 편중된 직업관이나 사농공상(士農工商), 문무(文武) 등의 순으로 우열을 정하는 직업관은 잘못이라는 것입니다. 현대 산업사회는 모든 직업이 골고루 발달되어야 균형있게 발전할 수 있는 사회이므로, 모든 직업이 하나님 앞에서는 다같이 소중하다는 청교도윤리의 직업관은 현대 산업사회의 발전에 필수불가결한 직업관이 되어 왔던 것입니다. 따라서 이러한 청교도윤리의 직업관은 그 이전에는 종교적으로 죄악시되었던 돈벌이나 물질적 번영과 관련된 수많은 직업의 발달을 촉진하였던 것입니다.

그리고 청교도윤리의 생활관에 따라 사람들이 올바른 일을 열심히 하는 가운데 근검절약하여 모은 재물 곧 청부(淸富)는 좋은 것이며 또한 이를 늘려가는 것은 하나님께서도 바라시는 것으로 여겼던 것입니다. 이 점에서 청교도윤리는 청빈(淸貧)을 강조하는 동양의 전통적인 유교윤리와 큰 차이가 있는 것입니다.

그런데 청교도윤리가 강조하는 재물은 올바른 일을 열심히 하는 가운데 근검절약하여 모은 재물이지, 재물 그 자체가 목적이 되어 수단 방법을 가리지 않고 축적한 재물이 좋다는 것은 물론 아닌 것입니다. 그리고 모은 돈을 쓰고 즐기는 행위보다 근검절약하는 행위에 더 많은 가치를 부여하는 청교도윤리는 저축을 증가시키고 투자를 촉진하는 일대 전기를 마련하였던 것입니다. 이와 같이 인간은 무엇보다 맡은 바 직업을 천직으로 생각하고 신명을 다바쳐 열심히 일해야 된다는 청교도윤리는, 인간관계를 중시하고 경조사(慶弔事)에 많은 시간과 재물을 써야 된다고 하는 전통적인 유교윤리와 큰 차이가 있다고 하겠읍니다. 지금도 우리 나라에서는 밀어닥치는 다른 사람들의 경조사 때문에 시간을 너무 빼앗겨 보다 중요한 다른 일을 할 수 없을 정도라고 한탄하는 사람들도 적지 않은 것입니다. 국회의원이 되려고 하면 무엇보다 선거구민의 경조사에 열심히 다녀야 된다고 하는 사람들이 있는 것도 이런 전통적 윤리에 따른 관습이 아닌가 합니다.

동아시아 중심의 세계경제와 신유교윤리

그런데 금세기의 후반기, 특히 80 년대에 접어들고부터는 동아시아 5 개국(한국, 일본, 자유중국, 홍콩 및 싱가폴)이 세계적인 고도성장국가들로 부상하고 있는데 그 이유는 또한 무엇이겠읍니까? 일본은 이미 60 년대에 들어와서 선진국이 되었고, 싱가폴과 홍콩은 80 년대에 접어들면서 1 인당 소득이 7 천불을 넘었으며 한국과 자유중국도 최근 고도의 성장을 지속하고 있읍니다.

현재 일본의 경제규모는 미국과 소련 다음으로 세계 제 3 위이나 1990 년 경에는 소련을 앞지르고 서기 2000 년 경에는 미국도 앞지르게 될 것이라고 합니다. 금세기 세계 제 1 의 경제학자 폴 사뮤엘슨 MIT대학 교수에 따르면 21 세기는 일본의 세기가 될 것이라고 합니다. 미국의 세계적인 장기문명연구소인 허드슨연구소의 허만 칸 소장은 다음 세기는 동아시아의 세기가 될 것이라고 하였읍니다. 그리고 일본경제기획청에 따르면 일본 이외의 동아시아국가들, 즉 한국, 대만, 중공, 홍콩과 ASEAN 5 개국(싱가폴, 말레이지아, 필리핀, 인도네시아, 태국)들의 총경제규모는 현재 일본경제규모의 약 절반 정도가 된다고 합니다. 그러나 이들 나라들의 성장률은 매우 높기 때문에 총경제규모는 서기 2 천년 경에 일본의 경제규모와 거의 같게 될 것이라고 합니다.

이는 세계 제 1 또는 제 2 의 경제대국이 될 일본의 경제규모와 같은 엄청난 규모의 경제가 동아시아지역에 또 하나 형성됨을 의미합니다. 말하자면 앞으로 한국 주위에 세계 제 1 또는 제 2 의 거대한 규모의 경제가 두 개나 형성된다는 것입니다. 세계경제의 중심이 앞으로 유

럽에서 동아시아로 옮겨진다는 것도 바로 이들 국가들의 높은 경제성
장률 때문인 것입니다. 그런데 이들 중 특히 동아시아 5개국의 경제성
장속도는 세계적으로도 빠른데 그 이유는 무엇이겠읍니까?

동양철학, 특히 유교사상의 세계적 권위자인 하바드대학의 투 웨
이밍 교수는 '신유교윤리(New Confucian Ethic)'가 바로 그 이유라고 하였
읍니다. 그는 신유교윤리를 '동양전래의 유교윤리와 서양의 청교도윤리
를 결합한 것'으로 정의하고 있는데, 이것이 동아시아 국가들의 자본주
의정신이 되고 있으며 바로 막스 웨버가 말하는 서구선진국의 자본주
의정신인 청교도윤리에 버금가는 '동아시아의 자본주의정신'이라고 하
였읍니다.

현대 산업사회의 발전과 자본주의정신

막스 웨버는 자본주의정신이 필요한 이유를 체계적으로 설명하려
고 노력하였읍니다. 이를 투 웨이밍 교수의 설명에 따라 살펴보기로 하
겠읍니다.

막스 웨버는 다음과 같은 이유로 인하여 현대 산업사회의 발전에
는 자본주의정신이 필수적이라고 하였읍니다.

첫째, 현대 산업사회는 그 구성원들의 이해가 다양해지고 경쟁이
치열해지며 전문화와 관료화의 정도 또한 몹시 심화되는 특성이 있읍
니다.

둘째, 고도의 전문화와 경쟁을 특성으로 하는 현대 사회에서 생존
하기 위하여서는 누구나 자기의 맡은 바 일에 전력투구하여야 하며, 많
은 경우에 그야말로 사력을 다하여 일하지 않으면 안 된다는 것입니다.
그렇지 않으면 생존 그 자체가 위협받게 될 수도 있는 것입니다. 특히
국내외적으로 경쟁이 치열해 가는 현대 산업사회에서는 누구나 자신의

일을 '적당히' 그리고 호기심을 채울 정도로 하거나 '아마츄어의 자세'로 해서는 안 되며 이른바 '프로근성'을 발휘하여 사력을 다하여 해야 된다는 것입니다.

세째, 위의 두 가지를 결합시켜 주는 가치관이 필요한데 막스 웨버에 따르면 서구에서는 그것이 곧 청교도윤리라는 것입니다. 즉, 경쟁이 치열하고 고도로 전문화된 현대 산업사회에서 생존하기 위해서는 누구나 천직사상, 소명의식, 장인근성(匠人根性) 등을 가지고 자기의 일에 전력투구하지 않으면 안 되는데, 서구 선진국에서는 청교도윤리가 그 사상적 배경을 제공하였다는 것입니다.

서양인들이 지적한 자본주의정신으로서의 유교윤리의 결함

막스 웨버는 전통적인 유교윤리가 다음과 같은 결함을 갖고 있으므로, '자본주의정신'이 되기에는 부적합하다고 하였읍니다. 투 웨이밍 교수는 웨버의 이러한 주장은 그 타당성이 희박하다고 합니다만 '서구인'인 막스 웨버의 주장은 유교사상의 결함과 관련하여 동양인인 한국인에게 시사하는 바 크므로 우선 그의 견해를 살펴보도록 하겠읍니다.

첫째, 유교사상에 젖은 이른바 '선량한 유교신사'는 주어진 환경에 순응과 적응은 잘 하나 이를 '변환'하는 것은 잘 하지 못하며 따라서 죠셉 슘페터가 자본주의경제발전에 핵심이 된다고 하는 '혁신(innovation)'을 잘 하지 못한다는 것입니다.

둘째, 유교사상은 사람의 전문능력보다는 '원만한 인격자'로서의 '인간의 됨됨이'를 강조합니다. 전형적인 유교신사는 교육을 통하여 그림도 그리고, 시도 쓰며, 노래도 부르고, 운동도 하며, 선비의 기풍도 구비하고, 관료로서의 자질도 갖추는 등 이른바 각종 자질을 골고루 갖춘 원만한 인격자 또는 '팔방미인형' 인간을 강조한다는 것입니다. 그러므로 고도로 전문화된 특수직업이나 기술에 정력을 쏟아 이를 발전시킬 수 있는 고도의 전문직업인으로서의 마음가짐이 되어 있지 못하다는 것입니다.

유교신사들이 중시하는 '세속적 성공'은 옛날 조선시대에서 볼 수 있었던 바와 같이 어떻게 해서든지 과거시험에 합격하여 관리로서 출세하고 권력을 휘둘러야 된다는 '관리편향적'인 것입니다. 지금도 어떻게 하든 명문대학에 들어가 고시에 합격한 후 부자집에 장가드는 것을 최고로 생각하는 학생들이 적지 않을 것으로 보입니다. 웨버에 따르면 이런 것들이 자본주의정신으로 되는 데 있어서 전통적인 유교윤리의 결함들이라는 것입니다.

그런데 막스 웨버를 포함한 많은 서양 철학자들이 지적하는 유교사상의 일반적 결함들은 투 웨이밍 교수에 따르면 다음의 세 가지라고 합니다. 이를 통하여 유교사상의 영향을 많이 받은 한국인들의 사고방식은 어떠하며, 어떤 면에서 고쳐지고 다듬어져야 될 것인가를 검토해 보기 바랍니다.

첫째, 개인주의사상의 결핍과 집단지향성입니다. 유교사상에 젖은 사람들은 자신을 독립적 또는 자주적인 존재로서 생각하기보다는 특정 집단이나 조직체의 일원으로서 생각하며 또한 그렇게 행동하려고 합니다. 따라서 자기 자신보다는, 지나칠 정도로 소속된 조직체나 집단 중심으로, 심지어는 국가전체 중심으로 생각하고 행동하기 쉽습니다. 따라서 유교사상이 지배하는 국가에서는 애국심이나 국가관 또는 국가적 차원에서의 리더쉽이 지나치게 강조되고 이에 따라 경제는 정치나 정부의 간여를 많이 받게 되는 것입니다. 그러므로 자본주의경제발전에 긴요한 경제의 자율화나 시장경제제도의 발달이 어려운 것입니다. 유교사상에 젖은 사람들은 경제행위를 할 때 자신의 욕구나 여건보다는 남이 어떻게 생각하고 후세 사람들이 어떻게 평할 것인가를 더 중시하는 경향이 있을 뿐만 아니라 개성이 약하므로 유행이나 전시효과에도 민감하다고 합니다.

둘째, 유교사상은 인간의 능력보다는 '사람 됨됨이'를 중시하고 한두 가지의 전문능력을 갖춘 전문인보다는 여러 가지의 능력을 두루 갖춘 원만한 인간이 되는 것을 강조합니다. 원만한 인간이 되어야 각종 인간관계나 조직체와의 관계도 원만하게 할 수 있다는 것입니다. 즉, 유교사상은 자연을 정복하고 환경을 변혁하며 특수전문기술을 세계수준으로 향상시킬 수 있는 개성있는 인간이나, 인력과 자원을 조직하고 혁신의 주체가 되는 성공적인 기업가를 잘 만들어내지 못한다는 것입니다.

전통적 유교신사는 붓글씨에도 능하고, 시도 잘 지으며, 묵화도 잘 그리고, 선비의 기풍이나 관리로서의 자질도 구비하는 등 다방면의 능력을 골고루 갖추어야 된다고 생각하였읍니다. 지금도 많은 부모들이 자녀들을 피아노도 치게 하고, 태권도도 배우게 하며, 미술학원이나 수영강습회 등에도 두루 다니도록 하여 '팔방미인형' 인간으로 만들어야 된다고 생각하는 것도 유교사상의 영향 때문이 아닌가 합니다.

유교사상에 젖은 사람들은 기업가를 평함에 있어서도 기업의 경영관리나 혁신능력보다는 인덕, 의리 및 도덕관을 더 중시하는 것입니다. 심지어 기능인, 기술자, 예술인, 체육인 등을 평할 때도 전문능력보다는 의리나 인간성을 더 중시하는 것입니다. 이러한 '팔방미인형' 인간 중시사상은 고도의 전문화와 분업을 특징으로 하는 현대 산업사회에서 다종다양한 전문인력의 양성을 저해하는 것입니다. 동양의 유교문화권 후진국에는 각계각층에 세계수준의 프로급 전문가는 거의 없고, '아마추어급 전문가'들만 있다고 하는 사람들도 적지 않습니다.

세째, 유교사상은 전통적인 의미에서의 이른바 '지혜'의 전수에 큰 비중을 둡니다. 우선 지혜의 의미를 과학과 예술에 비유하여 보기로 하겠습니다. 과학의 경우에 물리학을 공부하는 사람들은 아인쉬타인의 상대성원리와 같은 고차원적인 이론을 습득한 터전 위에서, 즉 과거의 대가들이 축적해 놓은 지식의 토대 위에서 출발합니다. 그러나 예술의 경우에는 가령 현재 조각을 배우는 사람들이 평생 노력을 하더라도 미켈란젤로의 수준을 넘지 못할 수도 있는 것입니다. 따라서 과학의 경우와는 달리 예술의 경우에는 과거의 대가들이 축적해 놓은 지식의 토대 위에서 출발하는 것이 불가능합니다.

유교사상에서 강조하는 지혜는 과학보다는 예술에 더 가까우므로 그 전수에 어려움이 있습니다. 예를 들면, 부모가 평생 노력하여 쌓은 과학적인 지식은 자녀에게 체계적인 교육을 통하여 전수될 수 있으나 평생 수양하여 다듬은 인품이나 사람 됨됨이는 그렇게 할 수 없는 것입니다. 따라서 아무리 인격적으로 훌륭한 부모를 가진 자녀들이라 할지라도 그들의 인격수양은 부모들이 과거에 축적한 지혜의 토대 위에서가 아니라 처음부터 새로 시작해야 되는 것입니다. 따라서 유교사상이 강조하는 지혜의 전수에는 시간이 걸리고 그 축적에도 어려움이 있습니다.

유교사상에는 이러한 여러 가지 결함이 있다고 하는 서양철학자들의 주장은, 투 웨이밍 교수에 따르면, 급속한 경제성장을 하고 있는 '현대'의 동아시아국가들에 대해서는 그 타당성이 희박하다고 합니다. 그 이유는 이들 국가들은 이미 전통적인 유교국가가 아니라 '신유교국가'가 되었기 때문이라는 것입니다.

세계적으로 유명한 정치가인 로더릭 맥파쿠하르는 영국에서 발행되는 세계적인 주간경제지 〈이코노미스트〉지(誌)에 실린 〈앞으로의 유교적 도전〉이라는 논문에서 다음과 같은 견해를 표명한 바 있습니다. 즉, "1990년대나 21세기의 서구에 대한 진정한 도전은 소련이나 중동으로부터의 도전이 아닙니다. 소련으로부터의 도전은 군사적인 것이고, 중동으로부터의 도전은 경제적인 것에 국한된 것입니다. 그러나 동아시아로부터의 도전은 이와는 달리 여러 면에서의 도전인 것입니다. 즉, 경제발전의 스타일로부터 인간의 기본가치에 이르기까지 '포괄적인 도전'인 것입니다."

투 웨이밍이 지적한 전통적인 유교사상의 결함

투 웨이밍 교수는 전통적인 유교사상의 일반적인 결함을 다음과 같이 지적하고 있습니다. 독자들은 이를 보고 우리 나라의 전통사상의 폐해가 무엇인지 검토해 보고 또한 그것을 극복하기 위한 방안도 아울러 모색해 보기 바랍니다.

첫째, 전통적인 유교사상에 젖은 사람들은 '독재성향(獨裁性向)'이 강하므로 가정에서나 직장에서나 혹은 어떤 조직체에서든지 이른바 '장(長)'이 되면 강한 독재력을 행사하려고 합니다. '나만 옳다' 또는 '나만 잘 낫다'고 생각하므로 다른 사람들의 의견을 들으려 하지 않습니다. 심지어 남의 일인데도 남과 상의하는 것을 싫어하고 독단적으로 만사를 결정하려고 합니다. 따라서 유교사상에 젖은 사람들 상호간에는 토의를 통한 건전한 비판이나 타협 또는 의견의 수렴이 어려운 것입니다. 한국사람은 '토론(debate)'을 제대로 못한다고 지적하는 외국인도 적지 않습니다. 또한 한 번 결정한 것은 그것이 불합리하다고 하더라도 변경하거나 개선하려고 하지 않습니다. 따라서 이런 사람들이 이끄는 조직체에는 정책의 시행착오가 빈번해지고 경제적 낭비도 심하게 되는 법입니다. 조직체 구성원간의 화합도 제대로 이루어지지 않으므로 숙덕공론이 많아지고 심할 때는 유언비어가 난무하기도 하는 것입니다.

둘째, 윗사람에게는 맹종하므로 지나치게 유약하게 되나 아랫사람에 대하여는 맹종을 강요하는 등 지나치게 강하게 됩니다. 그러므로 이런 사람들로 구성되는 조직체에서는 상의하달(上意下達)은 잘 되어도 하의상달(下意上達)은 잘 안 되므로 조직체는 지나치게 중앙집권형(中央集權型)이 되는 것입니다. 따라서 조직체의 장(長) 주위에는 인(人)의 장막이 형성되고, 조직체의 구성원으로부터의 정보전달이 어려우므로 조직체의 힘이 분열되기 쉬운 것입니다.

　　셋째, 지나친 남성우위식의 사고에 젖어 여성을 천대합니다.

　　네째, 집단위주의 사고방식으로 개인의 자유로운 행동이 어렵게 되는 등 비민주적인 성향이 강합니다.

　　다섯째, 사고방식이 비전문적이고 비과학적입니다.

신유교윤리의 특성

　　신유교윤리는, 투 웨이밍 교수에 따르면, 동양전래의 유교윤리에 서양의 자본주의정신이 가미된 것으로 다음과 같은 특성이 있다고 합니다.

　　1. 신유교윤리는 개인을 독립된 존재로서가 아니라 각종 인간관계 및 사회관계의 중심으로서 강조합니다. 청교도윤리가 개인주의를 강조하는 데 반하여 신유교윤리는 집단주의를 강조하는 것입니다. 따라서 신유교윤리는 가정, 기업체 등의 조직체나 국가사회에 대한 관계를 중시하며 의무, 책임감, 헌신 등을 강조합니다. 즉, 청교도윤리가 '개인의 권리'를 중시하는 데 반하여 신유교윤리는 조직체에 대한 '개인의 의무'를 강조한다는 것입니다.

　　2. 신유교윤리는 '조직체 구성원으로서의 개인'을 중시하므로 인간관계에 있어서도 구성원간의 '조화'를 강조합니다. 따라서 '경쟁'을 강조하는 청교도윤리와 대조가 됩니다.

3. 신유교윤리는 개개인의 수양과 기강 (특히 정신적 및 심리적)을 강조합니다.

4. 신유교윤리는 변화를 초래함에 있어서, 강압이 아니라 구성원 모두의 참여에 의한 합의나 조직체의 '화합(和合, consensus formation)' 또는 협동정신을 강조합니다.

5. 신유교윤리는 교육에 높은 가치를 부여합니다. 따라서 유교문화권 국가에서는 교육을 통한 인적자본(人的資本, human capital)의 형성이 용이한 것입니다.

6. 신유교윤리는 정부의 리더쉽을 중시합니다. 국가에 대한 개인의 의무를 강조하므로 국민들은 정부의 리더쉽을 잘 받아들이려고 합니다. 그리고 정부관리의 인격이나 의리 및 도덕성과 정부의 활력있고 창조적인 리더쉽을 강조합니다.

7. 신유교윤리는 역사, 문화 및 전통을 중시합니다.

8. 신유교윤리는 경험에 의한 지혜의 습득과 전수를 강조합니다.

투 웨이밍 교수에 따르면 동양의 신유교윤리가 이러한 특성을 가지고 있다 하더라도 서양의 청교도윤리가 중시하는 개인의 권리, 개인의 존엄성, 개인의 독립성, 그리고 건전하고 활력있는 개인간의 경쟁을 부정하는 것은 물론 아니라고 합니다.

신유교윤리가 자본주의정신이 되기 위한 조건

투 웨이밍 교수는 동아시아국가들의 급속한 자본주의적 경제발전을 가능하게 하는 새로운 자본주의정신으로서 신유교윤리를 들고 있읍니다. 그러나 그는 신유교윤리가 새로운 자본주의정신이 되기 위해서 다음과 같은 면에서의 보강이 필요하다고 했읍니다.

첫째, 국민들의 가치관이 무엇보다 '실생활의 향상'과 '능률 및 생

산성의 향상'을 중시하는 방향으로 전환되어야 한다는 것입니다. 전통
적인 유교사상에 젖은 많은 사람들은 아직도 이른바 청빈사상(淸貧思想)
에 젖어, 물질적인 풍요나 재부(財富)의 증식에 대하여 반감이나 편견
을 가지고 있는데 무엇보다 이런 사상이 불식되어야 합니다. 그리고 하
는 일이 크건 작건간에 그 일의 능률과 생산성을 향상시키고 일상생활
을 개선하는 방향으로 국민들의 가치관이 변화해야 되는 것입니다. 옛
날 조선시대의 양반들처럼 죽은 사람을 위하여 '2년상 또는 3년상'을
치루어야 된다며 노론, 소론으로 편을 갈라 목숨을 걸고 싸울 것이 아
니라 어떻게 하면 살아있는 사람들을 더 잘 살 수 있게 할 것인가 하
는 데에 우선순위가 주어져야 한다는 것입니다.

조선시대 '유교신사'들은 될수록 실생활과 유리된 일을 하는 것이
좋다고 생각한 것이 아닌가 합니다. 선비들은 부인들이 뙤약볕에서 김
을 매느라 손발이 다 부르트는데도 호미나 삽 등 농기구를 개량할 생
각을 하지 못했고, 안방에서는 자식들이 병들어 죽어가는데도 문풍지
나 문이나 방을 고칠 생각은 전혀 하지 않았던 것 같습니다. 사랑방에
앉아 그저 글하는 친구들과 어울려 뜬구름과 산천초목이 아름답다는 시
나 읊으려고 했던 것이 아닌가 합니다. 임진왜란 때 조선에 쳐들어온
일본 장수 한 사람은 조선사람은 '넘어져도 시, 자빠져도 시'라고 할 정
도로 시를 좋아한다고 하였읍니다. 한국에서는 과학도 처음 발달할 때
일상생활과 거리가 먼 것부터 발달되었다고 합니다. 요는 국민들이 바
라는 것이 '잘 사는 것'으로 전환되어야 한다는 것입니다.

둘째, 국민들은 '국내무대'에서보다 '국제무대'에서 경쟁하여 이겨
야 된다는 의식을 갖도록 해야 합니다. 즉, 국민 모두는 세계수준의 전
문인력이 될 수 있도록 자신의 능력을 계발하여야 하고, 기업은 국제
수준의 경쟁력을 확보하기 위하여 노력해야 한다는 것입니다.

세째, 국민들로 하여금 올바른 '국제관'이나 국제주의를 갖도록 해

야 하며 아울러 다양성과 복수주의 등을 중시하도록 해야 합니다. 또한 그 과정에서는 사회 각계각층의 '화합'이 존중되도록 하여야 합니다.

네째, 국민들은 그들의 사고를 추상적인 이데올로기보다는 구체적인 '경제적 복지' 향상에 초점을 두도록 해야 합니다. 아울러 문화적인 발전도 기할 수 있어야 됩니다.

후진국일수록 그 국민들 가운데는 세계적인 대가들이 이미 오래 전에 실현성이 없는 것으로 판단한 '이상향'이나 '이상적인 사회상'을 나름대로 정립하여 이를 실현해야 된다고 주장하는 추상적인 이데올로기 중시자들이 많은 법입니다. 뿐만 아니라 경제성장이 더딘 나라일수록 국내기업이 국제경쟁에서 고전을 면치 못하고 첨단기술산업의 발전이 선진국의 견제로 어렵게 되는 등 여러 가지 어려운 현실적인 문제가 빈발하고 있는데도 불구하고 이를 아랑곳하지 않고, 추상적이고 현실과는 유리된 공허한 문제의 구명에 정력을 소모하는 사람들도 많아지게 되는 것입니다. 영국경제가 침체를 거듭하고 있는 것도 능률이나 생산성을 중시하는 사람보다는 이상적인 사회주의사상을 주장하는 이데올로기 중시자들의 수가 많기 때문이라고도 합니다.

요컨대 신유교윤리가 자본주의정신으로 되는 데 있어서 경제적인 측면의 중요성을 부각시키며 또한 국내가 아니라 국제적 차원을 중시하고 있는 투 웨이밍 교수의 견해는 수출지향적 경제성장을 하고 있는 우리 나라에도 시사하는 바 크다고 하겠읍니다. (이 글을 읽고 귀중한 도움말씀을 주신 서울대학교 철학과 김여수 교수께 감사드립니다.)

기업우위형 사회가 선진국 지름길

자본주의의 정도(正道)

자본주의경제는 흔히 '자유기업경제'라고 합니다. 이것은 기업활동이 자유로와야 경제의 운영이 잘 이루어진다는 점을 뜻하는 말입니다. 현대 자본주의는 기업과 더불어 탄생했고, 기업과 더불어 성장발전하고 있읍니다. 그러므로 기업활동이 자유롭게 번창한 나라일수록 부강한 나라가 되었음은 물론입니다. 세계제일의 부국인 미국, 1인당 소득이 금년에 미국을 넘어선 경제대국 일본, 1965년 독립이후 세계제일의 고도성장으로 1인당 소득이 이미 7천 달러를 넘어선 싱가폴 등이 대표적인 예에 속합니다. 그리고 인구와 국토가 한국의 반도 채 안 되나 경제성장면에선 한국보다 앞선 대만의 경우도 마찬가지라고 할 수 있읍니다. 이들은 모두 기업우위형(企業優位型) 국가로 '자본주의의 정도(正道)'를 따르고 있읍니다. 기업가와 경영인의 천국(天國)이라고 하는 일본은 앞으로도 계속 세계경제를 주도할 것이며, 반대로 자유기업이

란 하나도 없고 국민 모두가 거의 군인이라고 하는 '군사사회(軍事社會)'
북한은 경제가 더욱 파탄지경에 빠져들 것이라고 합니다. 공산주의의
종주국인 소련과 중공도 이제는 자유기업의 중요성과 기업우위형 사회
의 장점을 깨닫고 자본주의 경제체제를 수용하기 시작했읍니다.

국민의 직업관과 국가의 장래

개인의 장래는 그가 어떤 직업을 선택하느냐에 따라 좌우되듯, 국
가사회의 장래도 국민들이 어떤 직업을 우위에 두느냐에 따라 좌우됩
니다. 옛날 조선시대처럼 기업가나 경영인이 천시되고, 사회의 엘리트
들이 어떻게 하든 과거시험에 합격하고 출세를 하여 권력을 휘두를 수
있는 직업을 원하는 사회는 침체할 수밖에 없읍니다. 관리나 노동자,
무인(武人) 등이 지배하는 사회도 마찬가지입니다. 현재 일본은 흑자가
커지는 등 경제가 지속적으로 발전하고 있으나 미국은 적자가 커지는
등 경제가 침체하고 있읍니다. 그 이유를 여러 측면에서 설명할 수 있
지만, 투 웨이밍 하바드대학 교수는 미국에는 엔지니어 1인당 변호사
가 7인이고, 일본에는 변호사 1인당 엔지니어가 7인이기 때문이라고
하였읍니다. 미국기업의 영웅 리 아이아코카도 미국은 일본보다 변호
사를 15배나 더 양성하는 것이 문제라고 지적한 바 있읍니다. 요컨대
미국같은 대국(大國)도 기업경영인 이외의 직업이 우위에 놓이게 되면
경제사회의 여러 분야가 침체를 면하지 못한다는 것입니다.

바람직한 기업가 상(像)

자본주의사회에서 우대받는 기업가는 근로자착취, 탈세, 권력결탁,
문어발식의 기업확장 등으로 돈만 긁어 모으는 형은 결코 아닙니다. 창

조정신이 충만하여 제품이나 기업을 끊임없이 혁신(革新)하고, 유능한
인재들이 능력껏 일할 수 있는 직장을 늘려가며, 기업이나 사회에 끊
임없이 새바람과 활력을 불어 넣고, 국제무대에서도 경쟁하여 이길 수
있는 그러한 기업가인 것입니다. 이들이 우대를 받고 사회의 '경제적 지
도자'가 되어야 하는 것입니다.

대기업은 세계적 기업으로, 중소기업은 대기업으로

한국은 수출주도형 성장전략의 일환으로 기업활동을 크게 촉진시
켜 왔으나 아직도 많이 미흡합니다. 우선 최근 산업센서스에 나타난 제
조업체의 수를 보면, 한국은 3 만 9 천 개인데, 그 해 일본은 79 만 개
로 나타나 있읍니다. 일본의 인구는 한국의 3 배이나 기업체의 수는 20
배나 됩니다. 규모에 있어서도 비교가 안 될 정도입니다. 최근 일본의
제일 큰 자동차회사 하나의 이윤규모가 우리 나라의 3 백 개가 넘는 상
장기업(上場企業)들의 이윤총액을 훨씬 능가하고 있으며, 근착 〈뱅커〉지
를 보면, 일본제일의 은행자산이 한국의 9 대 은행자산총액의 2 배가 넘
고 있음을 확인할 수 있읍니다.

'회사사회(會社社會)'라고도 하는 일본에는 세계적인 기업이 수없이
많고 지금도 계속 성장하고 있읍니다. 그러나 한국에는 중소기업과의
격차가 커진다는 여론 때문에 대기업들의 성장이 최근 크게 둔화된 적
이 있었읍니다. 이와 같은 대기업성장 억제정책은 국내 대기업과 중소
기업과의 격차를 다소 줄여 놓았을지 모릅니다. 그러나 최근 외국 대
기업과의 격차가 더 커졌고, 국내에 실업자들이 늘어날 수밖에 없었던
것은 이러한 정책의 당연한 결과라고 하겠읍니다.

일본에는 수많은 세계적인 대기업들이 서로 치열한 경쟁 속에서 패
배하지 않으려고 사력을 다하기 때문에 일본경제는 고도의 경제성장을

하지 않을래야 안할 수 없다는 것입니다. 이 점에서도 일본경제는 그 근본이 튼튼하다고 할 수 있습니다. 한국의 대기업은 역사가 일천(日淺) 하며 세계적인 외국기업에 비하면 허약하기 짝이 없읍니다. 예를 들어 1985년과 같은 경기침체가 한 해만 더 계속 되었더라도 대기업들이 적지 않게 도산했을 것으로 보입니다. 한국의 기업은 앞으로 수도 많아 져야 할 뿐만 아니라 대기업은 세계적인 기업으로, 그리고 중소기업은 대기업으로 각각 계속 커 가야 합니다. 그 과정에서 발생하는 격차나 분배문제는 다른 차원에서 해결되어져야 함은 물론입니다.

우리 주위에는 가난하게 살아가는 체육인, 예술가, 문인, 학자, 퇴직공무원, 군인들이 많은데, 이들을 돕는 길은 국부를 키우는 길밖에 없고 그러기 위해서는 기업과 경영인을 우위에 두어야 합니다. 건전한 기업활동이 활성화되면 사회의 활력과 능률과 생산성이 올라가고 기술도입도 촉진되며 인간의 이른바 '동물근성(動物根性, animal spirit)'도 줄어들어 남에게서 빼앗으려고만 하는 사람의 수도 줄어들 것입니다.

세계경제 전쟁에서 싸울 장수는 기업경영인

앞으로 다가오는 세계경제 전쟁에서 싸울 장수는 '산업의 장수(將帥)' 곧 기업경영인입니다. 영국의 세계적인 경제주간지인 〈이코노미스트〉지가 밝힌 것처럼 캐나다에서 소련산(產) 승용차 '라다'를 참패시켜 KAL기 참사를 소련에 설욕한 것은 한국기업이 생산한 자동차이며, 발전소, 비료공장, 공항 등을 건설하여 한국을 중공, 인도와 더불어 네팔의 3대 주요 교역국으로 만든 것도 한국의 기업입니다. 일본의 종합상사 직원은 지구촌(地球村) 구석구석 안 가 있는 곳이 없어서 세계 곳곳의 각종 정보를 파악하는 데 세계제일이라고 하는데, 이런 면에서도 기업의 역할이 막중함을 알 수 있습니다.

이제 우리 경제는 3저의 호황이나 88올림픽 등 유리한 경제환경
을 바탕으로 기업활동을 대폭 활성화하여 다시 한번 크게 도약하는 계
기로 삼아야 할 것입니다. 기업창설에 복잡한 허가절차를 대폭 줄여 누
구나 쉽게 창업(創業)할 수 있게 하고 국민이나 기업가에게 경영과 능
률과 생산성의 중요성을 잘 인식시키며, 기업공개, 주식분산 등으로 형
평의 문제도 개선해 나가지 않으면 안 됩니다. 아울러 공무원의 수도
대폭 줄이고 대우도 크게 개선하여 공공부문의 능률도 대폭 향상시켜
야 합니다. 조선시대의 부패한 벼슬아치들이나 일제시대의 일본관헌 등
관(官)의 피해를 많이 받아온 국민에게는 국민화합이나 사회정의의 실
현면에서도 이 점이 극히 중요한 것 같습니다.

'기업 인큐베이터'를

존 마이어 하바드대학 교수는 청계천이나 영등포 등에 이른바 '기
업 인큐베이터'를 만들어 창업영세미숙기업들이 정상기업으로 자랄 때
까지 잘 보호해 주는 지역을 설정하여 기업을 많이 탄생시켜야 된다고
지적한 바 있습니다. 〈이코노미스트〉지는 한국인이 일본인보다 기업수
완이 좋다고 보도한 바 있으며, 라이샤워 하바드대학 교수는 일본을 따
라잡을 수 있는 국가는 한국이라고 말한 적이 있습니다.

올림픽경기에서 우승하면 메달과 명예와 약간의 상금이 돌아오지
만 세계 우수기업과의 '경제게임'에서 한국기업이 메달리스트가 될 경
우에 돌아오는 대가는 이와 비교도 안 될 정도로 큰 것입니다. 운동선
수양성에도 많은 공(功)을 들이는 데 기업경영인 육성에는 더 많은 공
을 들여야 할 것입니다. (이 글은 1986년도 조선일보 아침논단에 실린 것
을 수정한 것입니다. 이 글을 읽고 문장을 바로 잡아주신 서울대 국문학과 권
영민 교수께 감사드립니다.)

정치를 위한 경제인가, 경제를 위한 정치인가

금세기 제일의 경제학자 폴 사뮤엘슨에 따르면 정치가 단기적으로는 경제를 지배할 수 있으나 장기적으로는 역시 경제가 정치를 좌우하게 된다고 합니다. 또한 그에 따르면 미국의 전 대통령 카터가 인권문제에 치중하다가 경제정책에 실패하여 실업자를 많이 내었기 때문에 대통령직에서 물러나게 되었듯이 선진국의 정권교체는 대개의 경우 경제정책의 실패 때문이라고 합니다. 얼마 전 〈타임〉지는 특집 "레이건 대통령은 왜 그렇게 인기가 좋은가?"에서 그 가장 큰 이유가 강력한 경제건설에 초점을 두고 미국경제를 43개월이나 회복국면으로 이끈 그의 경제정책의 성공 때문이라고 하였읍니다. 중공은 물론, 최근에는 정치가 경제를 철저하게 통제하는 소련까지도 경제문제 때문에 정치체제까지 바꾸고 있는 것은 장기적으로 볼 때 중요한 것은 역시 경제임을 입증하는 것입니다.

단기적으로는 정치가 경제를 억누르고 장기적으로는 외채, 인플레 등 경제문제가 정치를 뒤흔들어 심한 사회적 혼란 속에서 발전을 하지 못하는 나라도 적지 않습니다. 남미국가들이 그 대표적인 예인데 그 중 알젠틴은 이미 금세기 초에 세계 십대강국이 될 정도로 발전하였으나 그 이후는 줄곧 침체를 면하지 못하고 있습니다. 오히려 1987년에는 한국의 1인당 소득수준이 알젠틴을 능가하였읍니다.

반대로 단기적으로는 정치가 경제를, 장기적으로는 경제가 정치를 도운 나라로서 일본을 들 수 있을 것입니다. 전후의 경제기적을 창조한 일본은 패전의 초토에서 경제대국의 건설에 온 국력을 집중하였던 것입니다. 특히 60년대의 국민소득배증(國民所得倍增)계획이 시작되고부터는 더욱 그러하였읍니다. 일본에서는 정치가가 경제인에게 보다는, 경제인이 정치가에게 더 큰 영향을 미친다고 하며 일본주식회사라는 말이 대변하듯이 일본의 정치는 '경제를 위한 정치'라고 합니다.

당쟁이 극심하고 민생은 그야말로 도탄에 빠졌던 옛날의 우리 나라를 경제는 거의 없고 정치만 있었던 나라라고 한다면, 경제활동에는 정부나 정치의 간여가 있어서는 안 된다는 '자유방임'의 시장경제원리에 따라 성장한 홍콩은 반대로 정치는 거의 없고 경제만 있어 온 나라라고 말할 수 있을 것입니다. 그런데 홍콩은 '자유방임'이란 말의 어감이 좋지 않다고 하여 최근에는 이를 '적극적 불간섭정책'으로 바꾸어 부르고 있는데 이는 불간섭을 적극적으로 한다는 것이니 그 핵심은 역시 자유방임인 것입니다.

홍콩의 소득수준은 이미 3년 전에 6천 달러를 넘어섰는데, 나라 같지도 않은 홍콩이 그렇게 빨리 성장할 수 있었던 것은 정치적 간여가 거의 없는 상태에서 자본주의 경제원리를 철저히 신봉하였기 때문입니다. 홍콩의 경우를 보면 가장 작은 정부나 가장 적게 다스리는 정치가 가장 이상적이라는 말이 맞는 것 같습니다. 국부론의 핵심 중의 하나도 기업활동에 대한 국가의 간여를 극소화해야 된다는 것입니다. 규제의 명수 프랑스의 콜베르 재무상이 한때 기업가들을 불러 놓고 그들에게 "국가가 무엇을 해 주었으면 좋겠는가?"라고 물었을 때 기업가들의 대답은 한결같이 "우리를 제발 그냥 내버려 두어달라"는 것이었다고 합니다. 어느 나라에서나 정치가의 다스림을 많이 받기를 원하는 기업가는 없는 것입니다. 될수록 경제활동이 자유로와야 경제가 꽃을 피우게 된다는 것이 자본주의경제의 기본원리들 중 하나인 것입니다.

후진국일수록 경제에 대한 정치간여가 심한 법입니다. 뿐만 아니라 옛날 조선시대처럼 경제가 정치에 완전히 예속된 나라들도 적지 않은 것입니다. 〈제로섬사회〉의 저자 레스터 더로우 MIT대학 교수는 현대 경제발전의 제1조건이 경제가 정치의 지배로부터 벗어나는 것이라고 하였읍니다.

경제 전체는 물론 크고 작은 경제문제에 대해서도 정치적 간여가 많을수록 그 해결이 어렵게 되는 법입니다. 예를 들면 소값은 경제원리에 의해서 결정되는 것이지, 특정 정치인의 역량이나 소망에 의하여 결정되는 것은 결코 아닙니다. 소, 돼지, 마늘, 고추 등의 농산물파동은 어느 나라에서나 발생하는 것인데 정치의 간여가 심할수록 그 파동과 후유증도 심화되는 법입니다. 그래서 파동의 원인은 정치라고 하는, '경기의 정치파동설'까지 생기게 된 것입니다. 한국경제의 홍보가 도를 지나치게 되고 1970년대 후반 무리한 해운업육성이나 중동건설수출 및 중화학공업정책 등으로 큰 손해를 본 것도 정치와 관련이 크다고 하겠읍니다. 세계적인 에너지 전문가인 모리스 아델만 MIT대학 교수는 1978년경, 에너지파동이 임박했으니 무리한 해운업육성은 하지 않는 것이 좋겠다고 정치인들에게 말했으나 그들은 들으려 하지 않더라고 말한 바 있읍니다. 외채, 분배, 최저임금, 수입개방 등의 문제도 경제원리에 따라 해결되어야지 정치문제를 풀어가듯 해결하려고 해서는 안 되는 것입니다. 경제에 대한 정치간여가 극소화될수록 경제는 잘 되는 것입니다. 그래서 노벨상수상 경제학자 하이예크는 이를 '최소간섭의 원칙(doctrine of least interference)'이라 부르는 것입니다.

처어칠은 1925년 영국을 금본위제로 복귀시킨 큰 잘못을 저질렀는데, 폴 사뮤엘슨 MIT대학 교수는 오늘날까지도 영국경제가 이 때문에 침체를 면하지 못하고 있다고 하였읍니다. 사실 경제문제는 누구에게나 쉽게 보이고 해결책도 금방 나올 것 같은 특성들이 있어서 많은 정치가들이 실책을 범하게 되는 것입니다. 위대한 정치가인 처어칠도 경제문제에 관하여는 자신을 숲속에서 길을 잃고 헤매는 아이에 비유했다고 합니다. 미테랑 프랑스 대통령도 최근 시장경제원리에 역행하는 산업국유화라는 대실책을 범하여 국력을 크게 약화시켰던 것입니다.

앞으로 각종 선거에서는 경제문제가 정치에 이용되는 일이 없었으면 합니다. 그리고 국내신문의 이름을 아예 경제신문처럼 정치신문으로 바꿔야 된다고 할 정도로 신문이 정치기사로 가득찰 때가 많은데, 바람직한 방향은 각계각층에서 될수록 정치활동은 줄이고 경제활동은 활성화시켜 나가는 것이 아닌가 합니다. 정치 때문에 사회가 혼란하게 될 때는 국민 모두가 '정치 덜 하기 운동'이라도 했으면 하는 생각이 듭니다.

어떤 사람의 현재 행위를 보면 그 사람의 과거를 알 수 있다고 합니다. 가령 현재 못사는 사람들이 경조사 때문에 잔치를 하는 것을 보면 먹고 마시는 것이 그 위주가 되어 있음을 알 수 있는데, 이는 그들이 과거에 몹시 궁핍한 생활을 했기 때문이라고 할 수 있읍니다. 못사는 사람들은 잔치 집에 가서 많이 얻어 먹고 올수록 그 잔치는 잘 되었다고 평가하는 것입니다. 즉, 돼지를 얼마나 큰 것으로 잡고 술은 얼마나 풍족했는가가 그런 사람들의 '잔치평가'의 기준이 되는 것입니다. 이런 사람들은 생일이나 회갑이든 기회있을 때마다 잔치를 벌여 배부르도록 먹어야 된다고 생각하는 것입니다. 또한 술을 먹고 취하면 닥치는 대로 두들겨 부수려 하는 등의 행패를 부리는 사람들은 과거에 심한 열등의식이 있었거나 엄격한 규율 속에서 생활했던 사람들이라고 합니다. 열등의식이 강하면서 엄격한 규율 속에서 생활한 옛날 일부 미국 해병대 출신들의 행동이 특히 그러했다고 합니다. 현재 남을 지배하고 다스리기를 몹시 좋아하는 국민들도 따지고 보면 옛날 식민지시대나 식민지시대는 아니더라도 오랜 세월 탐관오리들의 학정에 시달리면서 생활해온 사람들이라고 합니다. 과거에 정치가들의 학정에 시달린 사람일수록 기회가 오면 어떻게 해서든 스스로 남을 지배하고 다스려야 된다고 생각한다는 것입니다. 과거에 하지 못했던 것을 현재 함으로써 과거의 손해를 보상받으려는 이러한 심리를 '보상심리'라고 합니다. 이 논리에 따르면 한국인은 조선시대의 탐관오리나 일제 때 일본관헌들로부터 오랜 기간 가혹한 다스림을 받아 왔기 때문에 기회가 오면 사람들이 다투어 남을 다스려 보아야 하겠다고 생각한다는 것입니다.

한국경제가 1986년에는 세계제일의 고도성장을 할 정도로 최근에는 급속한 성장을 하고 있으므로 이럴 때일수록 경제가 정치를 많이 도울 수 있을 것으로 보입니다. 국민들의 피땀어린 노력의 결과 경제는 고도성장궤도에 들어섰는데 정치가들이 이를 정치문제해결의 호기로 이용하지 못한다면 마치 귀신을 부를 줄은 아나 불러놓고 부리거나 돌려보낼 줄을 몰라 낭패를 보는 것이나 마찬가지라고 하겠습니다. 정치는 무엇보다 그 목표가 국민을 잘 살게 하는 것이므로 단순하고, 조용하고, 적은 정치일수록, 특히 전환기를 맞고 있는 한국경제의 발전에는 절대적인 것으로 보입니다. (이 글은 1986년도 조선일보 아침논단에 실린 것을 수정한 것입니다. 이 글을 읽고 많은 도움말씀을 주신 서울대학교 정치학과 이홍구 교수께 감사드립니다.)

10

황금률과 수요·공급의 법칙

우선 다음 부부의 이야기부터 보기로 하겠읍니다. 가령 남편은 연속되는 직장의 격무로 몸이 지칠대로 지쳐 하루는 저녁식사를 간단히 한 다음 잠자리에 일찍 들어 푹 쉬고 싶은 심정에서 서둘러 집에 돌아왔다고 합시다. 그런데 그 날 따라 그 사람의 부인은 자기가 오래 전부터 열심히 배운 요리솜씨를 남편에게 꼭 과시하여야 되겠다고 결심을 하고 진수성찬을 차리기 시작했다고 합시다. 피로에 지친 남편은 쉬는 것이 급하니 간단한 식사라도 빨리 차려 줄 것을 부인에게 몇 차례나 요청해 보았지만, 부인은 나름대로 마음 먹은 것이 있는 터이라 남편에게 계속 조금만 더 기다려 달라고 하였읍니다.

드디어 시간이 상당히 지난 다음 부인이 진수성찬을 차려 내왔읍니다. 그러나 지친 남편은 짜증스런 표정으로 음식을 먹는둥 마는둥 상을 물렸읍니다. 이를 본 부인이 몹시 불쾌하게 생각했음은 물론입니다. 음식맛도 모르고 자기의 노력과 성의와 솜씨를 이해해 주지 않는 남편이야말로 옹졸한 사람이라고 원망하며 남편에게 짜증을 내기 시작했읍니다.

드디어 부부싸움이 시작되었읍니다. 그러나 남편이 지친 상태여서 싸움은 곧 끝났지만 부인은 화가 풀리지 않아서 자기의 억울함을 밤 늦도록 친정식구와 친지들에게 전화를 하며 호소했읍니다. 남편은 식사를 기다리느라, 싸우느라, 부인의 짜증스런 전화소리를 늦게까지 듣느라 더욱 지치기만 하였읍니다.

여러분, 여기에서 무엇이 잘못되었읍니까? 우선 남편이 좋아하든 싫어하든 아랑곳하지 않고 부인이 자기 좋아하는 대로 밥상을 차려내 온 것이라고 할 수 있겠지요? 세상에는 이런 사람들이 너무나 많은 것 같습니다. 손님의 식성을 도외시하고 자신의 음식솜씨가 제일이라고 믿으며 자기가 좋아하는 대로 음식을 차려 내는 식당주인도 마찬가지입니다. 이런 식당주인은 그렇게 하다가 만약 찾아 오는 손님들이 발길을 끊게 되면 혼자서, "요즘 손님들은 무식하여 내가 만드는 맛있는 음식의 맛도 모른다"고 중얼거리며 손님들을 원망하겠지요? 물론 잘못한 사람은 손님이 아니라 손님의 식성을 무시한 식당주인이 아니겠읍니까? 정치가 중에도 이런 사람들이 적지 않은 것 같습니다. 이런 정치가들은 자신이 잘났고 제일이라 믿으므로 '국민이 원하는 것'에는 아랑곳하지 않읍니다. 국민이 싫어하든 좋아하든 상관하지 않고 자기의 명성만을 떨쳐보려고 하다가 국민으로부터 버림을 받게 되면, "아직 우리 나라 국민은 수준이 낮아 내가 하는 격조 높은 정치를 이해하지 못한다"는 등으로 국민을 책망하며 그의 잘못을 국민에게 전가시키려고 할 것입니다.

이런 사람들은 모두 경제학적으로 보면 수요는 모르고 공급만 아는 사람들, 즉 '반쪽만 아는 사람들'인 것입니다. 후진국일수록 이런 사람들이 많은 법입니다. 남편의 바람을 무시하고 음식을 차려 주는 부인, 손님의 식성을 도외시하고 자기 좋아하는 대로 음식을 만들어 파는 식당주인, 자기 좋아하는 대로 정책을 펴거나 법을 만들어 남을 얽어매는 사람, 국민이 원하는 것은 아랑곳하지 않고 자기의 명성만 떨쳐 보려는 정치가 등은 모두 이런 반쪽만 아는 사람들인 것입니다. 가장 가치있는 일은 다음의 성서(마태복음 7장 12절)의 말씀처럼 하는 것입니다. "너희는 남에게서 바라는 대로 남에게 해 주어라. 이것이 율법과 예언서의 정신이다." 성서는 이를 '황금률'이라고도 합니다. 남이, 즉 수요자가 바라는 대로 공급자가 공급해 주는 것이 곧 황금처럼 귀중한 계율인 것입니다.

가치는 어느 것이나 공급자나 수요자 일방에 의하여 결정되는 것이 아닙니다. 이해관계가 있는 수요자와 공급자가 다같이 결정해야 되는 것입니다. 수요·공급의 원리는 경제학에서 가장 중요한 법칙이며 가치결정의 기본원리인 것입니다. 일견, 별 것 아닌 것처럼 보이는 수요·공급과 가치결정의 기본원리를 잘 터득하는 것은 전문가들에게도 극히 어려운 일로 보입니다. 경제학자들이 이 원리를 바로 이해하기 시작한 것도 1890년대부터입니다. 그 이전에 자본론을 써서 공산주의경제의 근본원리를 제시한 칼 마르크스도 이를 혼동하였던 것입니다. 그는 가치는 공급측 요인(그중에서도 노동)에 의하여 주로 결정된다고 잘못 알았던 것입니다. 마르크스의 그릇된 가치결정론을 토대로 한 자본론은 수많은 사람들을 혼동시켰읍니다. 유명한 경제학자인 로버트 하일브로너와 레스터 더로우는 명저 〈경제문제, 제7판〉에서 마르크스야말로 세상사람들을 사상적으로 혼동시키는 데 아마도 가장 성공한 사람일 것이라고 하였읍니다.

수요의 원리와 변화를 잘 이해하는 기업가는 대성하고 국민이 원하는 것을 잘 아는 정치가는 국민을 행복하게 해줄 줄 아는 명 정치가가 되는 것입니다. 그리고 자본주의 경제원리의 심장부에도 비견되는 수요·공급의 기본 경제원리가 통하고 또한 이를 아는 사람이 많은 사회일수록 살기 좋고 부강한 사회가 되는 법입니다. 중앙통제방식으로 경제가 운영되는 공산주의사회에서는 상품의 가치가 공급자, 즉 중앙통제자에 의하여 국가 전체의 관점에서 거의 일방적으로 결정됩니다. 그러나 자본주의 시장경제에서는 가치가 수요자와 공급자 쌍방에 의하여서 그리고 국민 개개인의 이해나 경제여건을 반영하여 결정되도록 되어 있읍니다. 공산주의 전체사회에서는 개체인 국민 개개인의 바람이 무시된다는 것도 이러한 이유에서입니다. 자본주의경제는 가치가 황금률, 즉 수요·공급의 원리에 맞게 결정되도록 하려는 것이 그 기본사상인 것입니다. 다음의 질문을 보면서 수요·공급의 원리를 더 검토해 보기 바랍니다.

　1. 현재 하고 있는 일은 그것을 대상으로 하는 사람들이 필요로 하는 것입니까?

　2. 현재 하는 일과 관련된 세상의 수요가 앞으로 가령 5년 또는 10년 뒤에는 어떻게 변할 것인가를 알려고 하며, 안다면 그 변화에 대처하려고 노력하고 있읍니까?

　3. 남의 사정을 무시한 채 일방적으로 자신의 생각을 강요하거나, 현재 자신이 하고 있는 일의 가치를 인정해 달라고 남에게 강요하지는 않읍니까?

　4. 상대방이 좋아하든 싫어하든 상관없이 자신이 좋아하는 대로 언동을 하지는 않읍니까? 가령 식당이나 유원지 등 사람들이 많이 모인 장소에서 남이 싫어하든 좋아하든 아랑곳하지 않은 채 떠들어 대거나 행동하는 일은 없읍니까?

　5. 그 이외에도 이웃의 사정을 고려하지 않고 자신이 좋아하는 대로 무슨 일이든 해놓고 보는 경우는 없읍니까?

생산적인 삶과 비생산적인 삶

여러분은 '생산적인 삶'과 '비생산적인 삶' 중 어떤 삶을 살고 있다고 생각합니까? 우선 다음 학생들의 이야기를 보면서 생각해 보기 바랍니다.

고교평준화 이전 어느 지방 명문고교 선생님 한 분은 그 학교의 공부 잘 하는 학생들의 포부에 대해 다음과 같이 말한 적이 있었읍니다. 즉, 그 학생들의 상당 수는 어떻게 하든 일류대학에 진학하여 고등고시에 합격한 후 집을 한 채 사올 수 있는 부자집 규수에게 장가를 들고, 나름대로 '엘리트'가 되어 자기의 능력과 지혜를 과시하면서 사는 것을 생의 포부로 삼고 있다는 것이었읍니다. 이런 학생들은 그들의 인생의 목표가 달성되면 다른 사람들보다 뛰어난 자신의 능력을 평생동안 과시하면서 살아갈 것이 분명하다고 하며, 그 선생님은 크게 우려를 표시한 바 있었읍니다.

이와 대조되는 학생의 경우를 보도록 합시다. 즉, 자기의 능력과

적성 및 사회적 수요에 맞는 학과를 선택하여 충실히 공부를 하고, 가령 사회적으로 필요한 주택을 많이 짓거나 사용하기에 편리한 물건을 많이 만들어 남들로 하여금 편안한 생활을 즐길 수 있도록 함은 물론 그 과정에서 자기도 많은 돈을 벌어 보겠다는 포부를 가진 학생이 있다고 합시다. 그리고 졸업 후 열심히 노력하여 그가 포부를 실현하였다고 합시다. 실제로 수천 채의 좋은 집을 지어서 남에게 공급하거나, 사람들이 귀중하게 여기는 물건을 많이 만들어서 해외에 수출하거나 국내에 판매하여 돈을 크게 버는 사람들은 우리 사회에도 얼마든지 있지 않습니까?

그럼 처음의 학생과 이번 학생의 차이는 무엇이겠읍니까? 먼저 학생은 남이 지은 집을 한 채 거저 차지하는 셈이고 나중 학생은 수많은 집이나 값진 물건을 자기가 짓거나 만들어 남에게 공급하는 것입니다. 국가경제의 관점에서 볼 때 두 학생의 사고방식에는 근본적인 차이가 있는 것입니다. 첫 번째 학생의 사고는 근본적으로 비생산적인 것이고, 다음 번 학생의 경우는 반대로 생산적인 것입니다.

우리 나라의 과거를 돌이켜 보면, 조선시대의 젊은 엘리트들 대부분의 포부가 어떻게 하면 과거시험에 빨리 합격하여 출세를 하고 권력을 휘둘러 볼 수 있을까 하는 것이 아니었읍니까? 국가의 엘리트들의 포부가 그렇게 되었을 때 그 나라의 운명은 어떠하였읍니까? 이런 비생산적인 인간이 많은 사회일수록 침체일로를 걸을 수밖에 없는 것입니다. 때문에 조선사회도 그렇게 긴 세월 침체상태로만 머물러 있다가 일본에 합방된 것이 아니었겠읍니까?

지금도 수많은 사람들은 어떠한 방법으로든지 출세를 하고 권력을 휘둘러야 인생에 성공하는 것이라고 잘못 생각하고 있읍니다. 이런 사람들의 생각들은 어떻게 하면 남에게서 그저 쉽게 더 빼앗을 수 있을까 하는 것입니다. 이들은 그야말로 국가경제를 좀먹을 소지가 큰 사람들이라고 할 수 있읍니다. 후진국일수록 이런 사람들이 많은 법입니다. 앞으로 우리 나라가 선진국이 되려면 계속 비생산적인 사람의 수는 줄어들고 생산지향적인 길을 걷는 사람의 수는 많아져야 합니다. 즉, 어떻게 해서든지 더 좋은 기술을 계속 개발하거나 도입하여 사회를 위해서 더 좋고 더 새로운 물건을 많이 만드는 것을 인생의 포부로 여기는 사람들이 많아져야 한다는 것입니다. 그렇게 하여야 개인도 잘 되고 국가사회도 부강하게 되는 것입니다. 생산지향적인 인간이야말로 국가경제를 튼튼하게 하는 애국자인 것입니다. 반면에 비생산적이고 소비지향적인 인간은 남을 해치고 국가경제를 약화시키는 사람들입니다. 여러분은 이외에도 어떻게 하는 것이 비생산적인 길이 되고 또 어떻게 하는 것이 생산적인 길이 되는가를 잘 살펴보기 바랍니다.

극대화와 극소화의 경제원리

소비자는 어떻게 해서든지 생활비를 한 푼이라도 줄여 보려고 안간힘을 다하는 알뜰주부의 경우에서와 같이 지출을 '극소화'하려 하고, 생산자는 어떻게 해서든지 경쟁기업에게 고객과 시장을 빼앗기지 않으려고 갖은 노력을 다하는 기업의 경우에서와 같이 이윤을 '극대화'하려고 합니다. 이러한 극소화와 극대화의 근본경제원리는 인간사회의 법칙일 뿐만 아니라 대자연의 법칙이라고도 할 수 있습니다. 예를 들면, 사슴을 쫓는 사자는 쫓아가는 거리를 극소화하려고 하고, 두 점을 지나는 빛이나 나무에서 떨어지는 사과 등도 모두 최단거리로 통과 혹은 낙하하게 됩니다.

이러한 극대화와 극소화의 경제원리는 우리 주위에서도 얼마든지 찾아볼 수 있습니다. 예를 들면, 목적지가 정해진 택시운전사는 운행시간을 극소화하려고 하며 링 위에 올라간 권투선수도 헛손질이나 불필요한 동작을 극소화하려고 합니다. 예술은 원숙해질수록 단순해지듯이, 사람도 원숙해질수록 단순해지는 것입니다. 현명한 사람일수록 복잡한 문제를 단순화하고, 필요없는 언동(言動)을 극소화하는 법입니다. 그야말로 "경험이 쌓일수록 말 수가 적어지고 슬기를 깨칠수록 감정을 억제하는 것입니다"(잠언 17장 27절). 그리고 건강의 비결을 아는 사람일수록 불필요한 음식물의 섭취를 극소화합니다. 국가사회도 발전할수록 사람의 외관이나 거리나 생활환경이 깨끗해지듯이 사회의 불결함이 극소화되어 가는 것입니다.

유명한 물리학자 어네스트 마하는 과학자들이 추구하는 것은 자연을 가장 경제적으로(단순하게) 표현하는 것이라고 하였읍니다. 금세기 제1의 경제학자라고 불리우는 폴 사뮤엘슨 MIT대학 교수도 좋은 표현이란 가장 단순하며 이해하기 쉽고 또한 그러면서도 될수록 많은 것을 나타낼 수 있는 것이라고 하였읍니다.

이와 같이 극대화와 극소화의 경제원리는 합리성을 추구하는 인간의 기본 행동원리이기도 합니다. 세계 최강의 미 육군이 "The simplest way is the best way." 즉, "가장 단순한 방법이 최선의 방법"이라는 사고를 강조하는 것이나, 세계 제2의 부국 일본의 2대 문화적 특징이 '와비(조용함)'와 '사비(우아하게 단순화함)'라는 것도 모두 이러한 극대화와 극소화의 경제원리와 일치하는 것으로 볼 수 있읍니다.

요는 군조직이든, 사회문화이든, 운동이든, 일상생활이든 경제원리에 맞을 때에는 능률도 그만큼 향상된다는 것입니다. 라그너 프리쉬는 제1회 노벨경제학상 수상기념 논문에서 "세상에는 쉬운 일을 애써 어렵게 만들려고 하는 사람들이 많은 것이 문제"라고 한 바 있읍니다. 즉, 단순한 일을 애써 복잡하게 만들려고 하는 '복잡한 사람들'이 많은 것이 문제라는 것입니다.

성서에서도 "하나님은 사람을 단순하게 만드셨는데 사람들은 공연히 문제를 복잡하게 만든다"(전도서 7장 29절)고 하듯이 단순성을 강조

하고 있읍니다. 하나님의 속성 중의 하나도 단순성이고 대자연의 이치
도 단순성이라고 합니다. 성서에서는 대답도 "그저 '예'할 것은 '예'하
고 '아니오'할 것은 '아니오'라고만 단순하게 하라"(마태복음 5 장 37 절)
고 하였읍니다. 요는 세상이 잘 되려면 무엇보다 복잡한 사람들의 수
가 적어져야 하는 것입니다. 그리고 극대화와 극소화의 경제원리를 잘
알고 또한 이를 실천하는 사람의 수가 많아지는 사회일수록 살기좋고
부강하게 된다는 것입니다.

13

자본주의경제와 가격의 기능

가격의 세 가지 기능

만약 우리 나라에서도 석유가 무진장 생산되어 정부의 수입이 풍족하게 되면 국민들에게 장거리 전화요금이나 수도요금 등을 정부가 무료로 해 주어야 한다고 생각하십니까? 많은 사람들은 그렇게 하는 것이 옳다고 할지 모르나 그것은 틀린 생각입니다. 어떤 중동 산유국은 한때 정부의 석유수입이 급증하여 국민이 장거리전화를 무료로 사용할 수 있도록 해 준 적이 있었읍니다. 그랬더니 전화를 안해도 될 사람이 하게 되었고, 짧게 해도 될 사람은 길게 하게 되었으며 심지어 전화를 끊지 않고 그냥 두었다가 식사 후나 다음 날 계속 통화하는 사람도 적지 않게 되었읍니다. 그 결과 어떤 일이 발생했겠읍니까? 장거리전화는 항상 통화중인 상태가 되었으므로 급한 용무로 꼭 사용해야 될 사람마저도 통화하는 것이 불가능하게 되었던 것입니다. 결국 국민도 더

불편하게 되고 정부도 수입이 줄어드는 등 모두 손해를 보았던 것입니다.

　수도요금의 경우에도 마찬가지입니다. 국민들이 수도물을 무료로 쓸 수 있도록 하면 조금 쓸 사람은 많이 쓰게 되고 심지어 수도꼭지를 잠그지 않고 내버려 두는 사람도 있게 될 것입니다. 그 결과 수도물은 바닥이 나게 될 것이므로 모두가 꼭 써야 될 양의 물마저도 못쓰게 되는 일이 발생하게 됩니다. 그리고 정부는 수도물을 계속 공급하기 위하여 그 시설을 지속적으로 늘려가지 않으면 안 될 것입니다. 그런데 사람들이 물을 낭비하기 때문에 꼭 써야 될 사람조차 못쓰게 되는 것은 고사하고라도 학교나 공장을 더 짓는 데 쓸 수도 있는 국가의 귀중한 자원을 국민이 낭비하는 수도물의 공급량을 늘리는 데 써야 된다는 것은 더 큰 문제라고 하겠습니다.

　전화나 수도의 요금을 적절하게 징수하면 누구나 이들을 아껴 쓰게 되므로 급한 사람이 전화를 못하게 되거나 꼭 필요한 사람이 물을 못쓰게 되는 일은 발생하지 않을 것입니다. 물이나 전화를 국민에게 무료로 제공하려고 한다면 누구나 꼭 필요로 하는 양, 즉 '기본량' 만큼은 무료로 사용할 수 있게 하고 그 초과분에 대해서는 적절한 요금을 내도록 하는 것이 낭비를 막는 길입니다. 그리고 물, 전화 등의 공공서비스는 그 생산에 항상 국가의 귀중한 자원이 소요되므로 적은 금액이라도 그 요금을 징수하는 것이 옳습니다. 이는 공공서비스의 '기본요금' 결정과 관련되는 문제인 것입니다. 이들 요금은 모두 공공서비스에 대한 가격인데 적절한 요금을 징수하면 무엇보다 사람들이 자원을 아껴 쓰고 필요없이 낭비하지 않게 됩니다. 이와 같이 가격은 경제적으로 중요한 기능을 하는 것입니다.

　예를 하나 더 보기로 하겠습니다. 우리 나라의 산들은 얼마 전까지는 민둥산이 대부분이었읍니다. 그 이유는 잘 알다시피 사람들이 땔

감으로 나무를 자꾸 베어갔기 때문입니다. 그러나 값싼 연탄이 나오게 되자, 즉 하루의 품삯으로 며칠간 땔 수 있는 연탄을 살 정도로 연탄의 가격이 저렴하게 되자 산에 나무하러 가는 사람이 크게 줄었읍니다. 그 결과 산은 푸르게 된 것입니다. 이와 같이 싸게 된 연탄의 '가격'이라는 것이 결과적으로 우리 나라의 산을 푸르게, 즉 산림녹화를 이룩하게 한 요인이 되었던 것입니다. 다른 예를 하나 더 보도록 하겠읍니다. 가령 은행에 저금을 하면 10% 남짓한 이자를 받을 수 있으나 부동산을 사두면 매년 20% 정도의 수익을 얻을 수 있다고 합시다. 그렇다면 돈은 은행으로 들어가지 않고 부동산으로 몰리게 될 것입니다. 이와 같이 연탄값과 품값, 그리고 이자율과 땅값 등은 모두 가격이며 서로 어떻게 변하는가가 경제에 많은 영향을 주게 됩니다. 가격이란 것은 자유시장경제 또는 자본주의경제에서 이와 같은 중요한 기능을 하는데 구체적으로 말한다면 다음과 같은 세 가지의 기능을 합니다.

첫째는 신호의 기능입니다. 빨간불은 정지, 파란불은 통과의 신호인 것처럼, 가령 건설비는 동일하다고 하더라도 국민이 단독주택을 더 선호하기 때문에 아파트에 비하여 단독주택의 가격이 보다 빨리 오른다는 사실 또는 이와 반대되는 현상이 발생한다는 사실은 국민이 선호하는 단독주택이나 아파트가 더 많이 건설되어야 한다는 신호로 볼 수 있읍니다.

둘째는 적절한 배급의 기능입니다. 앞서 말한 것과 같이 전화나 수도물의 사용이 무료인 경우에는 전화 서비스나 물이 아무에게나 마구잡이로 배급되는 것과 마찬가지입니다. 그러나 요금이 적절히 부과되면 필요한 사람들에게만 배급되므로 불필요한 사람들에게 배급되어 낭비되는 것을 막을 수 있읍니다. 그리고 시장에서 소비자와 생산자가 합의하여 어떤 물건을 사고 팔 때의 가격은 그 상품이 그 가격에서 공급자로부터 원하는 수요자에게 배급되는 것을 나타내는 것입니다.

셋째는 유인의 기능입니다. 예를 들면, 국민이 가령 무공해식품을 더욱 선호하게 되면 그 가격이 상승하게 되는데, 이 때의 높은 가격은 생산자들에게 이를 더 많이 생산하도록 유인하는 기능을 합니다. 반대로 어떤 상품을 국민이 싫어하여 그 가격이 계속 떨어진다는 사실은 생산자들로 하여금 그 상품을 덜 생산하도록 유인하는 것입니다.

참 가치의 결정

우선 어떤 상품이나 서비스의 '참 가치'가 어떻게 결정되는가를 보기로 하겠습니다. 사과에는 홍옥, 부사 등 여러 종류가 있는데, 그 중 가령 홍옥 한 개의 가치는 어떻게 결정되겠읍니까? 그 가치를 누가 어떻게 결정하는 것이 좋겠읍니까? 그리고 홍옥 한 개의 값은 왜 현재 그 수준이 되어 있겠읍니까? '황금률과 수요·공급의 법칙'에서는 가치의 결정을 윤리와 관련시켜 추상적으로 설명하였으나 여기서는 보다 경제적인 측면에서 구체적으로 살펴볼까 합니다.

어떤 사람들은 돈은 있으나 홍옥을 먹고 싶은 마음이 없어서 사먹지 않고, 또 어떤 사람은 이를 사먹고 싶으나 돈이 없어서 사먹지 못합니다. 또 어떤 사람은 부사나 사과 이외의 과일값이 상대적으로 싸게 되어 홍옥을 덜 사먹게도 됩니다. 그리고 홍옥을 좋아하는 사람들이 지역에 따라서 많을 수도 있고 적을 수도 있읍니다. 이와 같이 (1) 기호, (2) 소득, (3) 관련재화의 가격 및 (4) 소비자의 수 등은 가격결정에 있어 사는 사람들측의 사정인데 이를 '수요측 요인'이라고 합니다.

반대로 파는 사람들 입장에서 보면, 사과재배에는 인력, 농기계, 농약 등 생산요소를 사용해야 하므로 생산비 곧 요소비용이 중요하게 됩니다. 그리고 홍옥재배기술이 좋을 때는 많이 생산할 수도 있으나 그렇지 못할 때는 수확이 적어질 수도 있읍니다. 또한 홍옥보다 다른 사과의 값이 올라가게 되면 홍옥재배를 덜 할 수도 있는 것입니다. 그리고 홍옥생산자의 수가 많아지면 홍옥생산량도 증가함은 물론입니다. 이 와 같이 (5) 생산요소의 가격, (6) 생산기술 및 (7) 관련재화의 가격, (8) 생산자의 수 등은 홍옥을 생산하는 사람들측의 사정인데, 이를 가격결 정에 있어서의 '공급측 요인'이라고 합니다.

그런데 홍옥의 시장가격은 이와 같은 수요측 요인과 공급측 요인 이 모두 반영되어 결정되는 것입니다. 즉, 사는 사람들측의 모든 사정 이 반영되고 생산하여 파는 사람들측의 사정이 모두 반영되어 양자(兩 者)가 일치하는 선에서 가격이 결정되는 것입니다.

그런데 한국인들의 기호, 소득, 생산요소, 가격, 생산기술, 생산 자나 소비자의 수 등 홍옥의 수요·공급자와 관련된 모든 여건들이 완 전하게 반영되는 완전경쟁시장에서 홍옥의 가격이 결정될 때, 이 가격 은 홍옥의 '참 가격'이 되는 것입니다. 그러나 현실적으로 시장에서 결 정되는 홍옥의 가격이 '참 가격'과 다소 차이가 있을 수 있음은 물론입 니다.

홍옥의 시장가격이 이와 같이 결정되고 부사나 다른 과일의 시장 가격도 같은 방식으로 결정된다면 홍옥이나 부사의 참 가치를 알 수 있 는 것입니다. 연탄의 가격이나 하루 동안의 노동에 대한 가격인 하루 품삯의 결정도 마찬가지인 것입니다.

가격은 이와 같이 중요한 기능을 하므로 자본주의경제에서는 시장 에서 거래되는 상품의 가격이 자율적으로 잘 결정되도록 하는 것이 무 엇보다 중요합니다. 지금까지는 전화요금, 수도요금, 품값, 연탄값, 이 자율, 땅값 등 가격을 따로 또는 한두 가지씩 연결지어 살펴보았읍니 다. 그런데 사실은 수많은 상품의 가격들은 서로 긴밀하게 연결되어 있 는 경우가 대부분입니다. 예를 들면, 휘발유값이 오르면 연료비가 비 싸지므로 자동차값이 내립니다. 또한 자동차 생산과 관련된 수많은 근 로자들의 임금도 영향을 받게 됩니다. 그리고 기름값이 오르면 모든 석유화학제품의 생산비가 높아지고 주택의 난방비도 올라가므로 생활비도 더 들게 됩니다. 소득이 증가하지 않은 상태에서 난방비가 더 들면 소비자는 다른 상품의 구매를 줄여야 하므로 다른 상품의 가격도 영향을 받습니다. 이와 같이 수많은 상품의 가격들은 마치 그물처럼 연결되어, 서로 긴밀한 영향을 주고 받는 하나의 '가격망(price network)'을 형성하고 있는 것입니다. 이 가격망에 있는 어느 하나의 가격의 변동은 다른 가격에 영향을 미치며 이에 따라 수많은 상품의 수요와 공급이 영향을 받습니다. 상품 수급의 변동은 다시 그와 관련된 토지와 노동 등 생산원료의 수급에도 영향을 미칩니다.

이와 같이 자본주의경제에서는 수많은 상품과 생산요소의 가격들로 구성된 하나의 가격망이 자원을 배분하는 기능을 합니다. 그런데 이러한 기능을 하는 가격망은 사실상 하나의 제도나 기구의 기능을 하는 것이므로 '가격제도(price system)' 또는 '가격기구(price mechanism)'라고 할 수도 있습니다. 그런데 가격은 시장경제에서는 환자의 체온과 같은 것으로 그 원인에 대한 올바른 처방을 하지 않은 채 통제하면 어느 경우이든지 부작용이 커지므로 세심한 주의를 필요로 합니다.

14

이윤은 성공의 지표

사회주의적 이윤관의 수정

많은 사람들은 이윤(利潤, profit)에 대하여 심한 편견을 가지고 있
읍니다. 심지어 심한 적개심을 품고 있는 사람도 적지 않은데, 공산주
의이론의 창시자인 칼 마르크스의 추종자들이 특히 그러합니다. 그들
은 이윤이란 자본가가 노동자에게 주어야 할 노동의 대가를 다 주지 않
고 일부를 착복한 것, 곧 불로소득(不勞所得, unearned income)이라고 합
니다. 마르크스의 추종자는 아니라고 할지라도 이윤은 모두 기업가들
이 제품의 가격을 조작하거나 이중장부를 만들어 탈세하거나 소비자들
을 속여서 번 돈이라고 하는 등 이윤에 대하여 심한 편견을 갖고 있는
사람들이 많이 있읍니다. 따라서 어떤 기업이 이윤을 많이 내어 재무
제표를 통하여 이를 사회에 발표하면 소비자들은 그 기업을 폭리기업
으로, 세무당국은 탈세기업으로, 근로자들은 노동자착취기업으로 그리

고 일반인들은 심지어 '반사회적 기업'으로까지 몰아붙이려고 하는 것입니다. 그러나 이런 생각은 대부분 잘못된 것입니다.

기업경영인은 국가의 귀중한 인적 및 물적 자원을 동원·조직하여 생산적인 목적에 사용되도록 하고, 국민이 필요로 하는 물자를 생산할 뿐만 아니라 생산한 제품을 해외에 수출하는 경우에는 귀중한 외화를 벌어들이기도 합니다. 또한 생산성을 높이고 새로운 아이디어를 개발하며 기술을 혁신하여 국산품의 국제경쟁력을 제고하는 등 많은 경제적 기능을 하는 것입니다. 그런데 기업경영인이 이런 활동을 하는 것은 바로 이윤 때문입니다. 그럼에도 불구하고 이윤에 대하여 심한 편견을 갖고 있는 사람들은 이윤으로 말미암은 기업경영인의 이러한 기능을 제대로 모르기 때문인 것입니다. 후진국의 국민들은 이와 같은 이윤의 기능을 제대로 모르기 때문에 후진국에서는 기업의 투자활동이 위축되고 정부의 기업정책이 잘못되어 경제사회가 침체되는 경우가 비일비재한 것입니다. 물론 여기에서는 모든 형태의 이윤이 다 좋다고 하는 것이 아니라 능률향상과 혁신과 위험부담의 대가로서의 '참 이윤'이 중요하다는 것입니다. 그리고 여기에서의 기업경영인은 탈세, 권력결탁형 또는 문어발식 기업확장으로 돈만 긁어모으는 유형의 기업경영인은 결코 아닌 것입니다. 죠셉 슘페터가 말하듯이 생산성을 향상하고 창조정신이 충만하며 기술혁신을 주도하는 '엔터프레누어(entrepreneur)'로서의 기업경영인인 것입니다.

이윤의 경제적 기능을 인정하는 사람들도 그 규모에 대하여는 크게 오해하고 있는 경우가 보통입니다. 미국 여론연구소 조사에 따르면 미국인들은 대부분 기업의 세후(稅後)이윤이 매출액의 37%나 될 정도로 많을 것으로 생각한다는 것입니다. 그런데 실제수준은 3.8%에 불과하다고 합니다. 그리고 미국인들에게 기업의 이윤율이 얼마로 되는 것이 가장 적당하다고 생각하느냐고 물었더니 매출액의 26%, 즉 실제이윤율보다 6배나 많아야 된다고 대답하였다는 것입니다.

이윤은 능률과 혁신의 성공지표(成功指標, success indicator)가 된다
는 사실을 알아야 하는데 선·후진국을 막론하고 경제전문가들을 제외
하면 이를 제대로 아는 사람들은 거의 없다고 해도 과언이 아닐 것입
니다. 경제학의 개념 중 일반인들이 가장 이해하기 어려운 것도 바로
이윤(利潤, profit)이라고 하겠습니다.

공산국가의 성공지표

자본주의국가에서는 어떤 기업이 성공했느냐, 못했느냐는 그 기업
의 이윤이 얼마인가 또는 이윤이 재투자된 결과 생산되는 제품의 매출
액이 얼마이며 또한 얼마나 증가하고 있는가 등을 보면 알 수 있읍니
다. 그런데 공산국가에서는 어떠하겠읍니까? 공산경제는 통제경제이
므로 공산국가에서는 어떤 '사업소'라도 마음대로 생산물의 종류와 양
을 결정할 수 없으며 모두 국가의 통제를 받아서 생산활동을 해야 합
니다. 통제기관이 정해주는 대로 생산을 해야 하므로 통제기구가 정해
주는 생산량이 곧 목표가 되는 것입니다. 따라서 이 목표를 얼마나 초
과달성하느냐가 성공의 정도를 판단하는 지표가 되는 것입니다. 즉, 목
표량을 5% 초과달성하는 것보다 10% 초과달성하면 그만큼 더 성공한
것이 되는 것입니다.

그런데 문제는 초과달성량을 성공의 지표로 간주하는 데에 있다는
것입니다. 예를 들면, 못을 생산하는 공장에게 못의 생산목표를 개수
로 정해주면 못공장에서는 될 수 있는 한 바늘처럼 가는 못을 많이 만
들어 개수로 초과달성하려고 합니다. 반대로 생산목표를 무게로 정해
주면 그야말로 전봇대만한 못을 한두 개 만들어 무게로 초과달성하려
고 합니다. 사업소는 못의 생산지시를 받을 때 사용가능한 원료의 양
까지 지시를 받으므로 주어진 원료로 가급적 목표를 초과하여 생산하

면 생산임무는 끝나는 것입니다. 그러나 문제는 바늘만한 못이나 전봇대만한 못이 생산된 후 어디에 필요한가 하는 것입니다. 생산자는 생산만 하면 되므로 이런 못의 수요를 걱정할 필요가 전혀 없는 것입니다. 따라서 수요를 감안하지 않고 생산된 이러한 못의 수요자가 있으리라는 보장이 없는 것입니다. 이와 같이 생산목표의 초과달성량으로 표시되는 성공지표는 생산자로 볼 때는 성공의 정도를 나타낸다고 하더라도 수요자로 볼 때는 정반대일 수도 있는 것입니다. 따라서 경제전체로 볼 때는 성공보다는 오히려 낭비를 나타내는 지표가 될 수도 있는 것입니다. 이런 사실을 공산국가에서도 최근에는 인정하기 시작하였습니다.

최근에는 공산주의종주국 소련이나 공산권 제 2 의 대국 중공도 공산주의식 성공지표나 그들의 이윤관(利潤觀)은 잘못된 것으로 공식인정하였습니다. 이에 따라 자본주의식 성공지표인 이윤을 그들도 성공지표로 받아들여야 된다는 것을 발표한 바 있습니다. 즉, 생산자들이 못을 국가의 지시대로만 생산하도록 할 것이 아니라 생산된 것을 수요자에게 판매할 수 있도록, 즉 수요자의 수요에 맞게 생산하도록 하고 그 과정에서 생산자들이 이윤을 얻게 된다면 이를 당연하게 인정해 주어야 된다는 것입니다. 그리고 이윤은 일부만 국가가 차지하고 나머지는 생산자들이 보너스로 나누어 가질 수 있도록 해야 된다는 것입니다. 이와 같이 이 두 나라는 이윤은 불로소득이 아니라 막중한 경제적 기능을 하는 것이므로 이윤을 추구하는 자유기업의 생산활동을 허용해야 된다고 하여 이윤을 죄악시하던 종래의 국가정책을 버리기 시작하였습니다. 최근에는 베트남도 이윤의 기능을 중시하는 국가정책을 채택한다고 발표한 바 있습니다. 문제는 아직도 자본주의국가의 국민들의 상당수가 공산국가들도 포기하고 있는 왜곡된 이윤관에 집착하고 있다는 사실입니다. 지금부터 이러한 이윤관이 잘못된 이유와 이윤의 뜻 및 경제적 기능이 무엇인가를 보기로 하겠습니다.

이윤의 기본개념

우선 이윤의 기본개념을 보면, 이윤의 가장 단순한 정의는 총수입에서 총비용을 뺀 것입니다. 그러므로 기업이 이를 늘리는 길은 총비용을 줄이거나, 총수입을 늘리거나, 양자를 다같이 하는 것입니다. 그런데 치열한 경쟁을 하는 기업의 경우에는 경쟁기업 때문에 자사제품의 판매가격이나 시장 점유율을 쉽게 올릴 수가 없게 됩니다. 따라서 단기적으로는 제품의 판매가격에 판매량을 곱한 금액인 총수입을 쉽게 증가시킬 수가 없으므로 이윤을 증가시키려면 총비용을 절감하는 수밖에 없습니다.

가령 A, B 두 기업 중 A는 부단히 능률향상을 위한 노력을 한 결과 생산비를 감소시켜 이윤을 많이 보고, B는 반대로 그러한 노력을 게을리 하여 손해를 보았다고 합시다. 이 경우에 어떤 기업이 능률적인 기업이겠읍니까? 물론 A인 것입니다. 그런데도 가령 국민들이 B를 '어려운 여건에서 손해를 감수하면서까지 사업을 계속하는 애국적인 기업'으로 칭찬하고, A는 '폭리를 취하는 반사회적 기업'으로 매도한다면 어떻게 되겠읍니까?

국민들이 기업을 이와 같이 평가하는 사회풍토에서는 기업들이 열심히 노력하여 생산성이나 능률을 향상시키려고 하지 않게 될 것이 분명합니다. 설령, 열심히 노력하여 이윤을 많이 실현하다 하더라도 그것을 감추거나 뒤로 빼돌려서 될 수 있는 한 적게 발표하여 사회의 동정을 받으려고 할 것입니다. 사실 이윤을 줄이는 데는 수많은 방법이 있을 수 있는 것입니다. 가령 필요없이 사무실의 면적을 늘리거나 중역이나 중역들의 비서의 수를 늘리거나 광고를 더 하거나 심지어는 승용차의 수를 늘리는 것 등이 그 예인 것입니다. 사실 이윤을 줄이는 것보다 더 쉬운 일도 없다고 하겠읍니다. 이렇게 이윤을 줄여야 국민들이 그 기업을 동정한다면 얼마나 모순된 일이겠읍니까?

그런데 기업들이 이윤을 줄이거나 돈을 빼돌리면 어떻게 되겠읍니까? 우선 그 기업은 이윤을 적게 보고하여 그만큼 세금을 적게 내게 되니 정부도 조세수입이 줄어드는 만큼 손해를 볼 것입니다. 그리고 뒤로 빼돌린 돈은 이른바 돈의 생리에 따라 '사채놀이'나 '부동산투기' 등의 '음성자금'이 되어 통계적으로 잘 파악도 되지 않는 상태에서 경제의 흐름에 많은 구김살을 주게 될 것입니다.

이렇게 생각해 볼 때 반사회적인 기업들은 과연 어느 것이겠읍니까? 물론 A가 아니라 B인 것입니다. 그리고 이윤의 뜻과 기능을 제대로 몰라 기업들이 이윤을 줄이거나 뒤로 빼돌리도록 풍토를 조성한 일반 국민들도 '반사회적' 국민들이라고 한다면 지나친 표현이라고 하겠읍니까?

이윤과 비용

이윤을 잘 이해하려면 무엇보다 이윤의 각종 개념 및 이윤과 비용과의 관계를 잘 알아야 되는 것입니다. 지금부터 예를 들어 이를 살펴보기로 하겠읍니다.

가령 갑이라는 사람이 어떤 직장에 취직하여 월 50만 원을 받을 수 있는데도 그렇게 하지 않고 자본금 3천만 원으로 아파트단지내에서 가게를 세내어 옷장사를 하였다고 합시다. 1년 뒤에 결산을 해보니 각종 비용이 다음과 같이 되었다고 합시다.

자본금	3,000 만 원
총수입	5,000 만 원

총비용   4,650만 원

A. 각종 물품과 서비스구입비용

2,500만 원

B. 종업원 인건비   400만 원

C. 집 세   500만 원

D. 제세공과금   200만 원

E. 갑의 귀속노임(취직했을 때 받을 수 있는 임금)

600만 원

F. 자본과 위험부담에 대한 귀속비용

450만 원

위의 비용 중 A, B, C, D는 다른 사람들에게 지급되어야 할 분명한 비용으로 명시적 비용(明示的 費用, explicit cost)이라고 합니다. 반면에 E와 F는 갑 자신에게 지급되어야 할, 또는 귀속되어야 할 비용이므로 귀속비용(歸屬費用, imputed cost), 묵시적 비용 또는 암묵적 비용이라고 합니다. 이 중 E는 갑이 사업을 하지 않고 취직을 하더라도 받을 수 있는 정도의 노임이므로 갑에게 귀속되어야 할 노임, 즉 귀속노임이며 동시에 갑이 노동하여 벌 수 있는 기회를 포기한 비용, 곧 기회비용(機會費用, opportunity cost)인 것입니다. 그리고 F는 갑의 자본과 위험부담의 대가로 역시 갑에게 귀속되어야 할 금액인 것입니다. 이를 정상이윤(正常利潤, normal profit) 또는 정상수익(正常收益, normal return)이라고 하는데, 이는 갑의 자본금과 위험부담에 대한 기회비용인 것입니다.

총수입에서 명시적 비용을 뺀 것을 회계상 이윤(會計上 利潤, accounting profit)이라고 합니다.

총수입   − 명시적 비용 = 회계상 이윤
5,000만 원 − 3,600만 원 = 1,400만 원

그리고 회계상 이윤에서 귀속비용을 뺀 것을 경제적 이윤(經濟的 利

潤, economic profit), 초과이윤 또는 순수이윤이라고 합니다.

$$회계상 \ 이윤 \ - \ 귀속비용 \ = 경제적 \ 이윤$$
$$1,400 만 원 \ - 1,050 만 원 \ = 350 만 원$$

위의 예에서 정상이윤은 450만 원이므로 자본에 대한 정상이윤율 또는 정상수익률은 15%가 됩니다. 그런데 중요한 것은 정상이윤은 비용의 일부라는 것입니다. 즉, 정상이윤은 갑이 그 사업을 그만두지 않고 계속하도록 하는 데 필요한 수준의 대가인 것입니다.

이윤의 결정요인

지금까지는 비용의 각종 개념과 이윤의 계산방법 및 개념들을 살펴보았읍니다. 그러면 지금부터 이윤이 왜 발생하는가를 보기로 하겠읍니다.

1. 귀속수입으로서의 이윤

앞의 예에서 갑의 정상이윤은 450만 원인데 만약 갑이 이 사업을 하지 않고 자본금 3천만 원을 금융기관에 예금하여 1년에 이자를 450만 원 받을 수 있다고 한다면, 이 정상이윤은 갑의 자본금에 돌아갈 귀속이자(歸屬利子, imputed interest)인 것입니다.

그런데 위험의 종류도 여러 가지가 있으므로 위험부담에 대한 대가인 이윤에도 여러 가지 종류가 있는데 이를 보기로 하겠읍니다.

2. 위험부담에 대한 대가로서의 이윤

가령 갑이 옷가게를 하여 모은 돈과 다른 사람들로부터 빌린 돈을 합한 1억 원으로 옷공장을 짓고 갑이 옷을 생산하는 기업가가 되었다고 합시다. 이럴 때는 이윤이 어떻게 되겠읍니까?

기업을 할 때는 항상 위험(risk)이 따르게 마련입니다. 투자를 잘못하여 기업이 도산할 수도 있으며 도산하지는 않는다고 하더라도 큰 손해를 볼 수도 있는데 이런 위험은 모두 기업가가 부담해야 되는 것입니다. 그런데 기업가가 위험이 수반되는 사업에 투자하는 것은 위험이 전혀 없는 사업에 투자(예를 들면, 국공채 매입)하는 것보다 높은 수익을 볼 수 있다고 생각하기 때문입니다. 그리고 위험부담(risk bearing)에 상응하는 대가가 발생하지 않을 때는 기업가가 자본가에게 돈을 투자하라고 설득할 수도 없는 것입니다.

기업가가 위험부담이 큰 사업을 경영할 때는 그 사업에 돈을 투자한 자본가들에게 위험부담이 없는 사업의 경우보다 더 높은 대가를 지불한다는 것을 약속하지 않으면 안 되는 것입니다. 이렇게 보면 위험부담은 기업의 생산활동에 꼭 필요한 일종의 '서비스'이며 따라서 기업은 그 대가를 지불하지 않으면 안 되는 것입니다. 자본가가 위험이 큰 사업을 하는 기업에 돈을 투자할 때는 위험이 전혀 없는 사업에 투자할 때보다 더 높은 대가를 요구하는 것은 당연한 것입니다.

예를 들어 갑이 1억 원의 자본금으로 여러 가지의 사업을 할 수 있는데 대부분의 것은 성공할 수 있고, 몇 개는 실패할 수도 있다고 합시다. 잘 생각해 보니 1,000만 원 정도의 손실이 있을 것으로 예상되었다고 합시다. 그런데 위험이 없는 확실한 어떤 사업에 투자하더라도 연 15%의 수익률은 얻을 수 있다고 한다면 이 사업에서도 최소한 1,500만 원의 투자수익은 있어야 하는 것입니다. 따라서 갑은 자본금에서 기대손실 1,000만 원을 제한 9,000만 원을 투자하여 2,500만 원을 벌 수 있어야 하는 것입니다. 이 때 수익률은 27.78%가 되는데, 이 중 15%는 자본에 대한 대가이고 나머지 12.78%는 위험부담에 대한 대가인 것입니다. 그런데 위험부담의 종류는 다음과 같이 크게 셋으로 나눌 수 있읍니다.

가. 도산위험의 대가로서의 이윤

기업가는 사업을 하다가 잘하면 큰 돈도 벌게 되나 잘못하여 도산이라도 하게 되면 자본금을 모두 잃어버리게 됨은 말할 것도 없고, 그야말로 패가망신할 수도 있는 것입니다. 그러므로 기업가가 도산위험(default risk)을 무릅쓰고 사업을 할 때는 도산위험이 없는 사업을 할 때 기대되는 자본에 대한 대가에 도산프리미엄(default premium)만큼을 더 벌 수 있어야 되는 것입니다. 이 도산프리미엄이 곧 이윤인 것입니다.

미국이나 일본 등 기업간의 경쟁이 치열한 나라들에서는 대기업의 도산율도 상당히 높습니다. 따라서 이러한 나라들에 진출하여 기업활동을 하는 한국기업의 경우에는 도산프리미엄이 더 많아야 하는 것은 물론입니다.

나. 통계적 또는 순수위험부담의 대가로서의 이윤

가령 겨울 옷을 생산하는 어떤 기업이 이상난동이 계속되는 겨울에는 옷이 잘 팔리지 않아서 큰 손해를 보고 반대로 혹한이 연속되는 겨울에는 그야말로 날개돋친듯이 옷이 팔려 이윤이 급증한다고 합시다. 수입의 변동이 심한 기업은 장기적으로는 계절을 타지 않는 상품을 생산하는 기업과 비슷한 이윤을 보지만 단기적으로는 이윤율의 변동폭이 훨씬 크므로 이에 상응하는 프리미엄이 또한 있어야 하는 것입니다. 이와 같이 수입의 변동이 심한 기업이 당면하게 되는 위험을 통계적 혹은 순수위험(statistical or pure risk)이라고 합니다. 이런 위험을 안고 사업을 하는 기업의 경우에는 이윤을 그만큼 더 벌 수 있어야 하는데, 그 이윤이 통계적 위험프리미엄(statistical risk premium)인 것입니다.

다. 혁신의 대가로서의 이윤

한국의 가전업체들을 보면 그야말로 치열한 경쟁을 하고 있음을 알 수 있습니다. 경쟁업체가 있기 때문에 어느 회사도 자사제품의 가격을 마음대로 올려받을 수가 없고, 시장점유율 또한 쉽게 올릴 수가 없음은 물론입니다. 그러나 이러한 기업들도 다음과 같은 혁신(革新, innovation)을 할 때는 이윤을 증가시킬 수 있는 것입니다.

첫째는 신제품의 개발입니다. 가수들이 수많은 신곡을 불러서 겨우 몇 곡을 히트시키듯 기업의 경우에도 수많은 신상품을 개발해야 겨우 몇 개를 히트시킬 정도입니다. 신상품개발로 많은 이윤을 본다는 것은 극히 어려운 것입니다. 그러나 신상품이 히트하는 경우에는 그 기업은 타기업보다 많은 이윤을 볼 수 있는 것입니다. 그 기업의 이러한 이윤이 '혁신에 기인한 이윤(innovational profits)'인 것입니다. 혁신에 기인하는 이윤에는 이외에도 다음의 네 가지가 더 있읍니다.

둘째는 다른 기업체보다 시장개척, 즉 해외시장이나 국내시장을 더 잘 개척하기 때문에 얻게 되는 이윤이며,

세째는 신소재나 신원료를 경쟁업체보다 더 잘 개발하여 얻는 이윤이며,

네째는 공장자동화 등 신생산방법을 도입하여 경쟁업체보다 제품을 더 저렴하고 더 잘 만들어 획득하게 되는 이윤이며,

다섯째는 인력과 생산시설을 경쟁업체보다 더 잘 조직하여 능률과 생산성을 향상시킴으로써 획득하게 되는 이윤인 것입니다.

위의 다섯 가지의 혁신을 '슘페터의 혁신의 주 내용'이라고 합니다.

3. 독점수입으로서의 이윤

어떤 상품을 생산하는 기업이 하나일 때는 제품가격을 인상하는 등의 독점력을 행사하여 이윤을 증가시킬 수 있는데, 이러한 이윤은 '독점수입으로서의 이윤(profits as monopoly returns)'인 것입니다. 그리고 칼 마르크스의 추종자들이 주장하는 바와 같이 독점기업이 노동자임금의 일부를 착취하여 얻는 이윤도 독점수입으로서의 이윤이라고 할 수 있읍니다.

어떤 기업이 독점기업으로 되는 방법에는 여러 가지가 있을 수 있

읍니다. 즉, 신기술을 발명하여 특허권을 획득하거나 정부의 산업정책에 의해서 독점생산권이나 독점수입권을 획득할 때는 독점기업이 되는 것입니다. 그리고 철도, 체신사업 등 업종의 성격에 따라 독점기업이 되는 경우도 있는데 이런 기업들은 모두 독점수입으로서의 이윤을 볼 수 있는 것입니다.

독점기업은 아니더라도 상당한 정도의 시장지배력(市場支配力)을 행사할 수 있는 과점기업들도 이와 유사한 이윤을 실현할 수 있다고 하겠읍니다. 많은 사람들이 이윤에 대하여 심한 편견을 가지게 되는 이유는 이윤을 모두 이러한 이윤이라고 생각하기 때문입니다.

지금까지 살펴본 바와 같이 이윤의 결정요인은 다양한 것입니다. 어떤 기업가가 이윤을 공표하면 그 이윤은 다음과 같은 유형의 이윤들이 복합된 것으로 이해하여야 되는 것입니다. 즉, 일부는 기업가 자신이 제공한 자본에 돌아가야 할 귀속수입으로서의 이윤이고, 다른 일부는 도산위험의 대가로서의 이윤이며, 나머지는 위험부담의 대가로서의 이윤인 것입니다. 완전경쟁을 하는 기업인 경우에는 이들 이윤은 정상이윤(正常利潤, normal profit)의 일부인 것입니다. 그리고 혁신이 없는 경우 완전경쟁기업에게는 정상이윤 이상의 이윤은 있을 수 없는 것입니다. 그러나 어떤 기업이라도 혁신을 하는 경우에는 앞서 말한 다섯 가지 형태의 '혁신에 기인한 이윤'도 실현할 수 있게 되는 것입니다.

이러한 유형의 이윤들은 마땅히 기업에 돌아가야 할 이윤인 것입니다. 사실 이러한 이윤을 얻을 수 있기 때문에 기업가들은 각종 위험을 무릅쓰고 열심히 기업활동을 하게 되는 것입니다.

이윤의 기능

사실 기업이 이윤을 실현하려고 노력하기 때문에 경제의 능률이 향상되고, 신상품이나 신기술이 개발되는 등의 소망스러운 결과가 초래되는 것입니다. 이윤은 다음과 같은 경제적 기능을 하는 것입니다.

첫째, 기업의 이윤동기 때문에 국가의 귀중한 인력과 자원이 생산목적에 동원될 뿐만 아니라 그 자질도 향상됩니다. 기업은 이윤동기 때문에 생산비를 줄이려고 노력하므로 국가의 귀중한 자원이 능률적으로 사용되게 되는 것입니다. 이와 같이 이윤은 능률향상의 기능을 합니다.

둘째, 어떤 제품생산에 정(正)의 이윤이 많이 발생한다는 사실은 그 제품생산이 더 되어야 하고 그렇게 하는 데 국가자원이 더 많이 사용되어야 함을 의미합니다. 반대로 부(負)의 이윤, 즉 손실이 많이 발생한다는 사실은 그 제품생산은 덜 되어야 하고 그 제품생산에 사용되던 귀중한 국가의 자원이 빠져나와야 됨을 의미합니다. 이와 같이 이윤은 국가자원의 효율적 배분을 위한 신호의 기능을 하는 것입니다.

셋째, 이윤 때문에 기업은 기술혁신을 하고 신제품을 개발하게 됩니다. 그리고 신제품이 수출되는 경우에는 값진 외화도 벌어들이게 됨을 의미합니다. 이는 국민의 입장에서 보면 더 좋은 상품이나 새로운 상품을 사용할 수 있게 됨을 의미합니다. 이와 같이 이윤은 혁신(innovation)을 촉진하는 기능을 합니다.

넷째, 이윤동기 때문에 많은 기업가들은 도산의 위험을 무릅쓰고 국내 각 지역은 물론 세계 도처에 진출하여 투자활동을 확대하는데, 이는 이윤이 경제성장촉진의 기능을 함을 의미합니다.

이와 같이 이윤은 막중한 경제적 기능을 하는 것입니다. 그러므로 기업들이 이윤추구행위를 합리적으로 하면 할수록 경제의 능률이나 혁신도 그만큼 촉진된다고 할 수 있읍니다. 그러나 유의할 것은 기업의 이윤이 독점력이나 시장지배력의 행사에 의하여 실행될 때는 사정이 다르다는 사실입니다. 자유롭고 공정한 분위기 속에서 치열한 경쟁을 하는 기업들에 의하여 실현되는 '참 이윤'만이 이러한 기능을 함은 물론입니다. 이윤의 이와 같은 경제적 기능을 볼 때 참 이윤을 많이 실현하는 기업일수록 성공적인 기업이라고 할 수 있는 것입니다. 이와 같은 이윤의 중요성 때문에 공산주의종주국 소련과 중공은 최근부터 이윤을 생산자들의 '성공지표'로 사용하기 시작한 것입니다. 그러므로 이윤의 경제적 기능과 관련하여서 중요한 것은 어느 경제에서도 기업들로 하여금 서로 공정한 분위기 속에서 치열한 경쟁을 할 수 있도록 하고, 그러한 경제환경 속에서 이윤을 많이 실현하는 기업을 성공적인 기업으로 인정해야 된다는 것입니다. (이 글을 읽고 도움말씀을 주신 서울대학교 경제학과 강광하 교수께 감사드립니다.)

기하급수적 성장과 자원문제

로마 클럽의 '성장의 한계'

물에서 사는 꽃 중에는 그 수가 매일 두 배씩 증가하는 것이 있다고 합니다. 즉, 오늘 한 송이가 내일 두 송이, 모레 네 송이, 글피는 여덟 송이, 그 다음 날은 열 여섯 송이 등 기하급수적으로 불어난다고 합니다. 그런데 가령 자유중국만한 연못이 있고 그 꽃이 그 속에서 매일 두 배씩 불어난다고 합시다. 그런데 그 연못의 반이 꽃으로 가득차는 데 364 일이 걸린다면 나머지 반이 꽃으로 가득차는 데는 며칠이 걸리겠읍니까? 물론 하루이겠지요. 즉, 365 일째가 되면 그 연못은 온통 꽃으로 가득차게 되는 것입니다. 그러면 그 다음 날은 어떻게 되겠읍니까? 그 꽃의 수가 정상적으로 불어나자면 그만한 크기의 연못이 한 개가 더 있어야 되겠지요. 그리고 그 다음 날은 두 개 또 그 다음 날은 네 개 또 그 다음 날은 여덟 개, 즉 필요한 연못의 수는 1, 2, 4,

8, 16… 등의 기하급수로 늘어나야 될 것입니다. 그러나 꽃이 불어나는 속도 만큼 자유중국의 크기만한 연못이 자꾸 늘어날 수가 없음은 물론입니다. 즉, 꽃은 기하급수적으로 불어나는 데 비해 그에 필요한 자원은 기하급수적으로 증가할 수 없다는 것입니다. 따라서 성장은 필연코 한계에 부딪히기 마련입니다. 이 점이 1972년에 로마 클럽이 펴낸 〈성장의 한계〉라는 보고서의 골자인 것입니다.

그런데 꽃을 한국경제로, 연못을 한국의 국토자원으로 바꾸어 놓고 보면 어떻게 되겠읍니까? 한국경제가 기하급수적으로 성장하기 위해서는 필요한 자원의 양도 그와 같이 늘어나야 된다고 할 수 있을 것입니다. 그러나 국토자원은 도저히 그렇게 늘어날 수가 없는 것입니다. 그렇다면 그 결과는 어떻게 되겠읍니까? 국토의 혼잡은 극심해질 수밖에 없으며 특히 서울과 같은 대도시는 더욱 그러할 것입니다.

미래의 충격

기하급수적 성장에 따른 문제를 다른 각도에서 살펴보도록 하겠읍니다. 가령 여러분의 봉급이 매년 십 몇 %씩 인상되는데 그 중에서 물가상승률을 뺀 실질증가율은 연평균 7%라고 합시다. 그러면 여러분의 봉급이 두 배로 되는 데는 몇 년이 걸리겠읍니까? 또는 10%씩 인상된다면 몇 년이 지난 뒤에 두 배가 되겠읍니까? 이에 대한 답은 70에서 나누기를 하여 구합니다. 즉, 70 나누기 7%은 10인데 이는 매년 7%씩 증가하면 두 배가 되는데 10년이 걸린다는 것입니다. 그리고 10%씩 인상되면 70 나누기 10%은 7이니까 7년이 지나면 봉급은 두 배가 된다는 것입니다.

그런데 1987년부터 시작되는 제6차 경제사회발전 5개년계획은 한국경제가 앞으로 매년 평균 7%씩 성장할 것으로 전망하고 있읍니다.

이는 한국경제의 규모가 앞으로 10년 안에 두 배가 됨을 의미합니다. 즉, 우리의 조상이나 선배들이 서기로만 따져서 1985개년이란 장구한 세월에 걸쳐서 애써 키워 온 것과 동일한 규모의 경제가 앞으로는 불과 10년만에 다 이루어지게 된다는 것입니다.

이를 사회변화라는 관점에서 보면, 서기로만 따져서 과거에는 1985개년이라는 긴 세월에 걸쳐서 발생했던 것과 같은 규모의 사회적 변화가 앞으로는 불과 10년 안에 일어난다는 것을 의미합니다. 즉, 앞으로의 10년은 변화의 측면에서 과거 수백, 수천년간과 맞먹는다는 것입니다. 따라서 미래는 변화의 시대이고 그것도 충격적인 변화의 시대라는 것입니다. 따라서 미래는 충격적인 변화의 시대라는 것이 700만 부 이상이 팔린 알빈 토플러의 세계적인 베스트 셀러 〈미래의 충격〉의 핵심이기도 합니다.

기하급수적 성장과 자원파동

기하급수적 성장은 이와 같이 짧은 기간에 무수한 변화를 수반하는 것은 물론 방대한 자원을 소요하게 됨을 의미합니다. 경제성장단계설의 세계 제1인자이고 미국의 케네디, 존슨 전 대통령의 경제고문을 역임한 바 있는 월트 로스토우 교수는 세계경제의 성장에는 무엇보다 자원문제가 중요하다고 강조한 바 있읍니다.

그에 따르면 세계경제는 1972년에 50년이라는 긴 주기를 가진 콘드라티예프 장기 경기파동의 상승국면에 진입하게 되었다고 합니다. 그러므로 세계자원에 대한 수요가 급증하게 되었으며 이에 따라 다음 해인 1973년에 세계 제1차 유류파동이 발생하게 되었다고 합니다. 세계경제는 제1차 석유파동으로 침체국면에 있다가 70년대 중반부터 다시 상승국면으로 접어들면서 세계자원에 대한 수요도 다시 급증했읍니다.

이에 따라 제2차 석유파동이 1979년에 발생하게 되었던 것입니다. 로스토우 교수는 세계경제가 다시 상승국면에 본격적으로 진입하게 되면 세계적인 자원파동이 또 다시 찾아올 것이라고 하였읍니다. 요는 로스토우 교수가 강조한 바와 같이 기하급수적 경제성장에는 심각한 자원문제가 따르지 않을 수 없다는 것입니다.

한국의 1인당 GNP는 아직 3,000달러에 불과합니다. 선진국의 평균소득수준이 12,000달러라는 사실을 감안하면 한국경제는 앞으로도 계속 고도성장을 해나가야 할 것입니다. 그렇게 하기 위해서는 무엇보다 국토자원문제를 잘 해결해야 될 것으로 보입니다. 로스토우 교수는 최근 한국을 방문하여 발표한 〈한국과 제4차 산업혁명〉이란 논문에서 한국은 서기 2000년까지는 선진국이 될 수 있을 것인데, 그렇게 되는 데는 이러한 자원문제의 해결이 관건이 될 것이라고 하였읍니다.

공유자원의 공동사용에 따르는 문제

공유자원의 공동사용과 환경파괴

끝없는 사막 속 오아시스 주위의 논밭을 경작하여 수백 가구의 사람들이 살아가고 있었읍니다. 그리고 논밭 이외에 각 가구마다 두 마리 정도의 소를 키울 수 있는 초지(草地)도 있었읍니다.

이들이 모두 이러한 상태에서 평화롭게 살아가고 있었는데, 한번은 어떤 집에서 소을 더 키우는 것이 좋을 것 같아 욕심을 부려 한 마리를 더 늘리게 되었읍니다. 그런데 문제는 그 집뿐만 아니라 다른 집들도 모두 욕심을 부려 소를 한 마리씩 더 늘리게 된 것이었읍니다. 초지에서 자라는 풀의 양으로는 소를 한 가구당 두 마리 이상 키울 수가 없는데도 불구하고 모두 소의 수를 늘렸던 것입니다. 가구당 소가 세 마리로 늘어나게 되자 소들이 먹고 살 풀의 양이 절대적으로 부족하게 되었음은 물론입니다.

소들은 다투어 돋아나는 새싹까지도 뜯어 먹어 보았지만 부족한 풀의 양을 어떻게 할 수가 없었던 것입니다. 결국은 모든 소들이 영양실조에 걸리고 굶주림에 허덕이게 되었습니다. 그러다가 몰아닥친 질병으로 모두 죽고 말았습니다.

이 마을사람들은 소를 두 마리에서 한 마리 더 늘리려다가 있는 것마저 모두 잃어버리게 된 것입니다. 여러분들은 이 사실에서 어떤 교훈을 찾아볼 수 있겠습니까? 첫째, 이 초지는 마을사람들이 공동소유하는 자원, 즉 공유자원(共有資源)인데, 공유자원의 공동사용에는 이와 같은 환경파괴 문제가 따를 수 있다는 사실입니다. 그 이유는 무엇이겠습니까? 위의 예에서 볼 수 있듯이 어떤 집이 소를 한 마리 더 키울 때, 그에 따른 피해는 다른 집들 모두가 보게 되나, 그 이득은 자신이 다 차지하게 됩니다. 즉, 자신이 차지하는 이득 또는 편익(benefit)은 다른 사람에게 개별적으로 끼치는 손실 또는 비용(cost)과 비교할 수 없을 정도로 크다는 것입니다. 따라서 그 사람은 소 한 마리를 더 키우는 것이 합리적인 행동인 것처럼 생각하게 됩니다. 그런데 문제는 앞서 말한 것처럼 모든 사람들이 다 그렇게 생각한다는 것입니다. 이런 생각들이 실천에 옮겨지면 환경은 곧바로 파괴되는 것입니다.

이와 유사한 예는 우리 주위에서도 얼마든지 찾아볼 수 있습니다. 환경오염의 예를 보기로 합시다. 한강 상류지역에 공장을 가진 사람이 폐수를 정화하여 처리하지 않고 국민의 공유자원인 한강에 방류하면 폐수처리비용을 절약하게 되므로 그만큼의 이득을 보게 됩니다. 그러나 그 피해는 한강물을 사용하는 불특정 다수인들이 모두 나누어 보게 됩니다. 그러므로 오염자의 입장에서 보면, 예상 피해자나 피해 정도는 모두 불확실할 뿐만 아니라 수많은 피해자 개개인이 보는 피해의 정도도 경미(輕微)할 수 있습니다. 그러나 자신에게 돌아오는 이득은 확실하고 또한 규모도 큽니다. 그러므로 그 공장주인은 폐수를 한강에 방류하는 것이 좋을 것으로 오해하기 쉽습니다.

그러나 문제는 국민 모두가 입게 되는 피해를 전부 합하면 그 규모는 일반적으로 한강을 오염시키는 한 사람의 공장주인이 차지하는 이득의 규모보다 월등히 크다는 사실입니다. 즉, 국가적으로 보면 방류된 공장폐수 때문에 발생하는 사회적 비용(social cost)은 공장주가 차지하는 개인적 편익(private benefit)을 크게 초과하는 것이 보통입니다. 사실 환경오염행위는 국가에 큰 손해를 끼치는 경우가 대부분인 것입니다. 등산, 낚시, 해수욕 등을 간 사람이 대자연을 파괴하거나 오염시키는 경우도 마찬가지입니다.

여러 명의 자녀를 둔 부모로부터 들은 이야기가 있습니다. 자녀를 한 사람씩 불러서 빵을 먹도록 하면 먹는 속도도 느리고 먹는 양도 적으나, 모두 한 자리에 모아 놓고 먹도록 하면 자녀들간에 경쟁심이 생겨서 먹는 속도도 빨라지고 먹는 양도 많아진다고 합니다. 요컨대 빵도 공유자원과 같이 만들어 놓고 공동으로 소비하도록 하면 빨리 없어진다는 것입니다. 이와 같이 일반적으로 공유자원은 빨리 소비되는 경향이 있습니다. 그러므로 귀중한 자원일수록 가급적 그것을 공유하도록 하기보다는 사유하도록 하는 것이 자원의 효율적인 이용을 촉진하는 길이 되는 것입니다. 참고적으로 공산진영국가에서는 모든 자원이 공유자원인데 이의 공동사용에는 어떤 문제가 발생하게 되는가를 자유진영국가의 경우와 비교하여 검토하여 보기 바랍니다. 공산국가에서는 공공시설의 유지관리가 허술하다고 하는데 그 이유를 알 수 있겠습니까?

그리고 대자연의 인구 또는 가축부양 능력에도 한계가 있습니다. 여러분, 인도에서 신성시되어 전 국토에 방목되는 소의 수는 매년 늘어나겠습니까? 줄어들겠습니까? 또는 일정하겠습니까? 그 답은 물론 마지막 것, 즉 거의 일정하다는 것입니다. 왜냐하면 인도 전국토에서 자라는 풀의 양은 거의 일정하므로 소의 수가 일정수준 이상으로 증가하면 소가 영양실조로 질병에 걸려 빨리 죽게 되어 그 수가 줄어들기 때문입니다. 반대로 소의 수가 일정수준 이하로 감소하면 풀이 남아돌아 소의 발육이 좋아지고 번식이 촉진됩니다. 결국 인도의 땅 넓이와 땅이 부양할 수 있는 소의 수와의 관계는 장기적으로는 거의 일정한 수준을 유지할 수밖에 없습니다. 소를 사람과 바꾸어 놓고 보면 어떠하겠읍니까?

인도나 에디오피아 등 후진농업국에서는 사람의 수와 사람을 먹여 살릴 땅의 면적은 일정한 비율이 유지될 수밖에 없읍니다. 〈불확실성의 시대〉의 저자 갤브라이즈는 이를 '빈곤의 균형(貧困의 均衡, equilibrium of poverty)'으로 표현합니다. 즉, 이런 나라에서는 인구가 감소하면 1인당 땅의 면적이 증가하므로 식량의 여유가 생기게 됩니다. 그렇게 되면 인구가 증가하게 되므로 생활수준은 최저생계비(最低生計費) 또는 빈곤선(貧困線)으로 다시 떨어지게 됩니다. 결국은 이 선을 벗어나지 못하게 되어 인간과 자연 또는 토지는 빈곤을 유지하는 선에서 항상 균형관계를 유지하게 된다는 것입니다.

한국의 인구밀도가 높게 되는 이유

우리 나라의 인구와 국토의 관계는 어떠하겠읍니까? 우리 나라의 국토면적은 10만 평방킬로가 채 못되나 인구는 4천만 명이 더 됩니다. 이는 가로, 세로가 천 미터밖에 안 되는 좁은 땅에서 400명 이상의 인구가 먹고 살 식량을 생산해야 될 뿐만 아니라 집, 학교, 병원, 상가, 도로, 동회, 파출소, 오락시설 등도 모두 짓고 살아가야 된다는 사실을 의미합니다. 그런데 그나마 이 좁은 땅의 3분의 2 이상이 산지임을 생각하여 보십시오. 혼잡은 이미 극심하다고 할 수 있지 않겠읍니까? 한국은 국토에 대한 인구의 비율이 높기로 방글라데시, 자유중국 다음으로 세계 제 3 위인 것입니다.

그러면 왜 인구밀도가 이와 같이 높게 되었겠읍니까? 여러 가지 이유가 있겠으나 공유자원의 공동사용이라는 사실과도 밀접한 관계가 있다고 하겠읍니다. 국토는 강, 도로, 국유림, 공공시설용지 등을 제외하면 실제로 개인들이 상당부분을 사유하고 있으나 앞의 예에서의 초지와 같이 국토의 대부분은 본질적으로 공유자원의 성격을 가진 것입니다. 앞의 예에서는 각 가정이 소의 수를 늘리지 말았어야 했고, 우리 나라의 인구와 국토의 예에서는 오래 전부터 산아제한을 통하여 자녀들의 수를 늘리지 말았어야 했읍니다. 부모들이 자녀의 수를 하나 더 늘리는 경우에도 그 혜택은 모두 자신들에게 귀속되나 피해는 다른 사람들에게 나누어져 돌아가므로 아주 경미한 것으로 생각하게 되는 것입니다.

이런 생각 때문에 국토의 혼잡은 극심하게 된 것입니다. 자녀를 평균수준 이상으로 더 갖게 되면 자신이 차지하는 이득보다 사회 전체에 끼치는 피해가 훨씬 더 크게 됨을 알아야 합니다. 특히 자녀를 키워서 여러 사람을 괴롭히는 불량아가 되게 하는 경우는 더욱 그러한 것입니다. 그리고 국가는 이들을 체포, 구금, 선도하는 일 등에 많은 돈을 쓰고 국민도 이 때문에 더 많은 세금을 내어야 하는 경우를 생각해 보십시오.

또한 식량의 수입이 인구밀도의 증가를 가능하게 하였읍니다. 우리 나라의 인구가 국토에서 생산되는 식량으로 먹고 살 수 있는 수준을 넘어서 계속 증가할 수 있었던 것은 식량수입이 계속 증가할 수 있었기 때문입니다. 앞으로도 식량수입을 계속 증가시키면 인구도 얼마든지 증가할 수 있을 것으로 보입니다. 그러나 인구 1인당 주택, 도로, 상가, 병원, 학교, 공공시설, 오락시설 등의 면적은 계속 줄어들 것이므로 혼잡은 더욱 심화될 것입니다.

우리 나라의 수입이 계속 늘어왔고, 앞으로도 그렇게 될 것으로 보이는 근본이유들 중의 하나는 바로 인구증가입니다. 빈약한 국토자원 환경 속에서 국민 한 사람 한 사람이 생존한다는 사실 그 자체가 수입을 유발하는 기본요인이 되는 것입니다.

요는 국토를 비롯하여 우리가 일상생활 속에서 사용하는 자원이나 환경의 상당부분이 공유자원이므로 이를 사용함에 있어서는 이러한 문제를 일으킬 수 있다는 사실을 잘 알고 이런 문제가 발생하지 않도록 하기 위하여 다같이 노력해야 된다는 것입니다. 무엇보다 공유자원을 공동사용할 때는 누구나 개인적으로 차지하는 이득보다 사회 전체에 끼치는 피해가 대체로 훨씬 크게 된다는 사실을 잘 알아야 하는 것입니다.

17

성장은 버리는 과정

네팔의 수도 카트만두 서쪽, 비행기로 약 40분 거리에 있는 석가의 탄신지(誕辰地) 룸비니를 방문했을 때의 일입니다. 점심을 먹은 후, 날씨가 너무나 무더워서 그 곳 안내자의 권유에 따라 실내에 머무르고 있었습니다. 그 사이에 일행들 중 호기심 많은 홀랜드인 한 분은 무더위에도 불구하고 혼자 인근에 있는 동네에 구경을 나갔었는데, 돌아오자마자 이상한 일을 보았으니 같이 가보자고 하였읍니다.

무더위를 무릅쓰고 그 사람이 가자고 하는 곳에 갔더니 어떤 여자는 땔감을 마련하기 위하여 손으로 갓 배설된 짐승의 분뇨를 더듬고 있었고, 영양실조로 표정이 몹시 일그러지고 몸이 쇠약해 보이는 남자들은 마루판같은 곳에 앉거나 누어서 각성제가 든 담배를 피우고 있었읍니다. 그들은 옆에 다가 간 우리 일행에게 담배를 권하려고도 하였읍니다. 그런데 바로 그 옆에는 네팔 오리와 말이 아주 건강한 모습으로 초원을 거닐고 있었읍니다. 지금도 기억에 선명하게 남아 있는 것은 룸비니의 짐승들은 세계 어디에 갖다 놓아도 빠지지 않을 만큼 건강하고 생기가 넘쳐보이는데 사람들은 어떻게 그토록 피골(皮骨)이 상접(相接)할 정도로 말라있고 얼굴표정도 일그러져 있는가 하는 것입니다.

그 홀랜드인은 이런 말을 했읍니다. 이 사람들은 오랜 세월 스스로를 구속하고 남을 얽어매는 수많은 악습과 제도와 법을 만들어 그 속에서 살아오느라 가난과 무지와 질병에서 벗어나지 못했다는 것입니다. 그러나 룸비니의 오리나 말들은 각종 올가미에 얽매이지 않았기 때문에 그 곳 사람들과는 반대로 가난과 질병에 찌들려 표정이 일그러져 있지는 않았던 것입니다. '룸비니 오리'와 '룸비니 사람들'의 그렇게 뚜렷한 대조가 아직도 기억에 생생한 것입니다.

네팔에는 아직도 원시적인 종교와 악습 그리고 비능률적인 전통이 많이 남아 있어서 사람들을 여러 가지로 얽어매고 있읍니다. 뿐만 아니라 국민의 경제생활을 속박하는 후진적인 법규정과 제도와 정책도 많은 편입니다. 국민들이 이런 것들을 버리지 못하고 그 속에 얽매여 살기 때문에 네팔은 현재 세계 제 6 위의 빈국(貧國)이 되어 있는 것입니다.

경제성장문제의 연구로 노벨상을 수상한 사이몬 쿠즈네츠 하바드 대학 교수는 경제성장이란 '끊임없이 버리는 과정'이라고 하였읍니다. 즉, '낡은 법과 제도를 버리고 사회계층간의 낡은 관계를 버리고, 낡은 근로조건을 버리고, 낡은 관습과 사고방식을 버리고, 낡은 생활 그 자체까지도 버리는 과정'이라고 하였읍니다. 경제성장 그 자체가 영속적인 과정이므로 낡은 것을 계속 버려 새롭게 만드는 과정 또한 영속적인 과정이 되어야 하는 것입니다.

성서에서도 이 점을 크게 강조하고 있읍니다. "이것은 집지 말고 저것은 맛보지 말고 그것은 건드리지 말라는 따위의 세속의 유치한 원리들을 버리라"(골로새서 2 장 20-21 절). 또 "옛 생활을 청산하고, 정

욕에 말려들어 썩어져 가는 낡은 인간성을 벗어 버리라"(에베소서 4
장 22 절)고 하였읍니다.

다음의 성경말씀을 통하여 인간은 근본적으로 어떠한 것을 버려야
되는가를 잘 생각해 보기 바랍니다. "어두움의 행실을 벗어 버리고 빛
의 갑옷을 입읍시다. 진탕 먹고 마시고 취하거나 음행과 방종에 빠지
거나 분쟁과 시기를 일삼거나 하지 말고 언제나 대낮으로 생각하고 단
정하게 살아 갑시다"(로마서 13 장 12-13 절). 그리고 "분노와 격분과 악
의와 비방과 또 입에서 나오는 수치스러운 말 따위는 모두 버려야 합
니다"(골로새서 3 장 8 절). "온갖 무거운 짐과 우리를 얽어매는 죄를 벗
어 버리고 우리가 달려야 할 길을 꾸준히 달려 갑시다"(히브리서 12 장
1 절). "그러므로 모든 더러운 것과 온갖 악한 행실을 버리고 하나님께
서 여러분의 마음 속에 심으신 말씀을 공손히 받아들이십시오. 그 말
씀에는 여러분을 구원할 능력이 있읍니다"(야고보서 1 장 21 절). "그러
므로 여러분은 모든 악의와 기만과 위선과 시기와 온갖 비방을 버리십
시오"(베드로전서 2 장 1 절).

세계은행이 발간하는 연차보고서는 해마다 중요한 문제를 하나씩
특집으로 다루는데 1983 년 판 〈세계개발보고서〉는 새로운 경제운영방식
과 관련된 문제를 특집으로 하고 있읍니다. 주 내용은 경제의 생산성
과 능률을 저하시키는 각종 정책, 제도 및 경제운영방식을 버려야 함
을 강조하는 것입니다. 그 중 중요한 몇 가지를 보면 다음과 같습니다.

첫째, 제도적으로 실행가능성이 희박한 정책은 버려야 하고 경직
적인 제도나 강력한 정책추진방식도 생산성을 저하시키므로 버려야 된
다고 하였읍니다.

둘째, 청사진을 미리 정해 놓고 여건이 변하는데도 강력히 그대로
밀고 나가는 식의 태도도 버려야 된다고 하였읍니다.

세째, 형식에 지나치게 치우치는 정책운영방식도 버려야 된다고 하

였읍니다.

네째, 획기적인 개편, 전면개편, 근본적인 개편 등의 방식을 버려야 된다고 하였읍니다. 그리고 항상 겸손하게 배우는 자세로 경제를 운영해 나가야 된다고 하였읍니다.

우리 나라에는 최근까지도 회사설립에 관계되는 법규정이 312개나 될 정도로 많이 있었고 국토, 도시관계법령은 관계자도 혼동할 정도로 많고 복잡하였던 것입니다. 또한 복잡한 법규정 때문에 혼인신고도 못하고 사는 사람도 있을 정도이었읍니다. 세계은행의 보고서에 따르면 후진국이 무엇보다 먼저 해야 할 일은 능률과 생산성을 저하시키는 낡은 법령, 제도 및 정책 운영방식을 버리는 것이라고 하였읍니다.

IV

지구촌시대의 생존과 개방형 성장

"I stand at the door." (Rev 3. 20)

18

폐쇄형 인간에서 개방형 인간으로

국력을 조각내는 사람들

얼마 전 경기침체가 심하여 지방에서 기업부도가 잇따라 일어났을 때의 일입니다. 부도가 나자 사업을 하던 어떤 분은 그의 가까운 집안이 다 망하게 되었는데 그 까닭인즉, 자기 회사에 외부사람은 한 사람도 안쓰고 모두 가까운 친척들만 고용했기 때문이라는 것입니다. 집안 사람들끼리만 똘똘뭉쳐서 장사를 하다가 부도가 나니 온 집안이 다 망하게 되었던 것입니다.

이런 사람들은 놀이나 다른 모임을 하더라도 항상 가까운 친척들끼리만 하는 아주 폐쇄적인 사람들입니다. 항상 친척들만 만나게 되므로 매일 보고 듣는 것이 그게 그거고, 새로운 사람들을 만나 새로운 기술, 아이디어, 경영기법 및 신문물을 듣고 배울 기회를 갖지 못했던 것입니다. 세상은 변하는 데 생각이나 사업하는 방법은 예나 지금이나 마

찬가지이니 경제가 급변하고 심한 경기침체가 몰아닥치는 데 견딜 수
가 있었겠읍니까? 견디지 못하여 부도가 나니 온 집안이 다 망하게 되
었던 것입니다. 이런 사람들은 그야말로 우물안 개구리로 어떻게 남이
재산을 많이 늘려가는지는 전혀 알지도 못하고 다만 잘 아는 사촌이 논
을 조금이라도 사게 되면 배아파하는 사람들이 되는 것입니다.

지방 중 특히 대구에는 섬유산업의 비중이 지나치게 높아 산업구
조가 편중되어 있으므로 섬유경기에 따라 대구경제가 심한 부침(浮沈)
을 겪는 등의 구조적인 문제를 안고 있읍니다. 대구경제의 심각한 구
조적 문제는 그곳 사람들의 폐쇄적인 사고방식에도 크게 기인한다고 주
장하는 사람들이 적지 않습니다. 대구의 산업구조가 바뀌고 경제가 건
실해지려면 무엇보다 그곳 기업경영인들의 사고방식부터 개방형으로 바
뀌어져야 된다는 것입니다. 얼마 전 어느 재벌그룹에서 회사를 하나 창
설하고 직원들을 그룹내 여러 회사에서 스카웃했을 때 일어난 일입니
다. 같은 회사출신의 직원들끼리만 파벌을 형성하고 똘똘뭉쳐서 돌아
다니니 자연히 회사내 의사소통이 제대로 이루어지지 않고 인화(人和)
가 어려워 그 회사는 한 동안 큰 어려움을 겪었다고 합니다. 사실 국가
의 경우에도 동향(同鄕), 동창(同窓), 인척(姻戚) 등만 따지며 가까운 사
람들끼리만 항상 파당을 형성하여 돌아다니는 사람들은 국민의 화합을
저해하고 국력을 조각내는 사람들이라고 할 수 있읍니다. 후진국일수
록 강한 파당을 형성하려는 사람들이 많은 법입니다.

개방형 성장과 애국자

폐쇄적 성향이 높은 지방사람들은 서울에 와서도 지나치게 자기들
끼리만의 모임을 갖고 심지어 외국에까지 가서도 파벌을 조성한다고 합
니다. 이런 사람들이 많은 사회는 폐쇄적인 사회가 됨은 물론입니다.

이런 사람들은 세계 각국의 사람들을 만나 새로운 기술이나 지식, 아이디어, 풍습 등을 듣고 배울 기회를 놓치고, 급변하는 세계경제정세에 잘 적응하지 못하게 됨은 말할 필요도 없는 것입니다.

일반적으로 개인의 경우에는 지식수준이 낮거나 열등의식이 강할수록, 그리고 국가의 경우에는 소득수준이 낮은 신생국일수록 폐쇄적인 성향이 강한 법입니다. 밀림 속의 원시인들은 자기들밖에 모르고, 자기부족이 아니면 목숨을 걸고 싸울 정도로 폐쇄적이고 배타적인 것입니다. 아프가니스탄같이 아주 못사는 나라의 사람들은 혼인도 될수록 가까운 친척과 하는 것이 좋다고 생각할 정도로 폐쇄적입니다.

폐쇄형 성장은 무엇보다 사람을 '우물안 개구리'로 만드는 것입니다. 우물안 개구리식으로 살아가는 고립적인 인간은 남이나 바깥세상을 알지 못하므로 그만큼 국가나 사회에 대해서도 모른다고 하겠습니다. 일반적으로 남이나 남의 나라를 잘 아는 사람은 비교의 기준도 많이 알게 되므로 자신이나 자신의 나라도 더 잘 알게 된다고 합니다. 그리고 개인이나 국가를 막론하고 스스로 깨달아 아는 것보다 외부로부터 배워서 아는 것이 더 많다고 합니다. 에드윈 라이샤워 하바드대학 교수도 이 점을 강조하였읍니다.

일반적으로 외국에 나가서 사는 사람들이 국내에서 사는 사람들보다 조국을 더 생각하게 되고, 외국인들과 치열한 경쟁을 하는 사람들이 더 열렬한 애국자가 된다고 합니다. 나라 바깥에 나가기만 하면 애국심이 솟아난다고 하는 사람들도 많습니다. 개방형 성장은 대체적으로 더 우수하고 더 많은 애국자를 만들어 낸다고 합니다.

사람과 동물의 경제행위면에서의 큰 차이들 중의 하나는 '교환(交換, exchange)' 행위의 여부라고 합니다. 즉, 개나 고양이 같은 동물들은 서로 뼈다귀와 살코기를 주고 받는 등의 교환행위를 하는 일이 없읍니다. 그러나 사람들은 쌀을 팔아 옷이나 약품을 사는 등 교환을 하기를 좋아하고 또한 그렇게 하여야 살아가게 되어 있읍니다. 현대 세계에서는 어느 나라 국민이든지 국내적으로는 물론 국제적으로도 교환을 원활히 해야 잘 살 수 있게 되어 있읍니다. 그런데 교환이라는 경제행위는 본질적으로 개방형 성장을 필요로 하는데 자원이 부족한 한국의 경우에는 더욱 그러한 것입니다.

개인의 생활과 관련하여서도 무엇을 하든 주위사람들을 전혀 생각하지 않고 자신의 이해관계만 생각하며 살아가는 사람이 있는데 우리는 이런 사람을 폐쇄형 인간이라고 할 수 있을 것입니다. 이런 사람들은 그야말로 앞만 보고 길을 걸어가는 사람에 비유할 수 있읍니다. 자동차 운전을 하는 사람도 앞을 40%, 뒤를 40% 그리고 옆을 20% 정도 골고루 보아야 된다고 합니다. 요는 전후 좌우의 남들을 잘 관찰하라는 것입니다. 성서에서도 "쇠는 쇠에 대고 갈아야 날이 서고, 사람은 이웃과 비비대며 살아야 다듬어진다"(잠언 27 장 17 절)고 하듯이 사람들은 많은 사람과 접촉하는 개방형 성장을 통하여서 더 잘 성장할 수 있는 것입니다. 공자도 많은 사람과 접촉함으로써 이루어지는 인간의 외적성장이 혼자서 수양을 중심으로 하는 내적성장 못지 않게 중요하다고 하였읍니다. 외부사람을 보면 종속의식이나 괜한 피해의식을 느끼는 사람들은 근본적으로 폐쇄적이고 배타적이며 은둔적인 사람들이라고 할 수 있읍니다. 바둑에서도 한 구석에서 '쌈지 뜨고 살면,' 즉 겨우 두 집 정도 구석에서 짓고 살려고 하면 패하게 되니 대해(大海)로 진출하라는 말이 있읍니다.

19

개방형 성장과 폐쇄형 성장

개방형 성장전략을 편 나라나 폐쇄형 성장전략을 편 나라를 막론하고 후진국들은 경제발전과정에서 많은 시행착오를 하게 마련입니다. 그리고 그 중에서는 계속되는 실책으로 경제가 발전하기는커녕 오히려 후퇴하게 된 나라도 적지 않습니다. 그러나 개발도상국의 발전사례를 보면 라틴아메리카 국가들처럼 폐쇄형 성장을 한 나라는 시행착오의 도(度)가 심하여 지금까지 별로 경제성장을 못한 반면 개방형 성장을 한 한국, 자유중국, 싱가폴, 홍콩 등은 성장과정에서 적잖은 실책을 범하기도 하였으나 결과적으로는 높은 경제성장을 이룩하였음을 알 수 있읍니다. 그 이유는 무엇이겠읍니까? 지금부터 개방형 성장과 폐쇄형 성장의 대표적인 예를 통하여 그 이유를 살펴보도록 하겠읍니다.

주로 외국의 시장을 대상으로 하여 상품을 생산, 수출하는 성장전략을 수출주도형(export-oriented) 또는 대외지향형(outward-looking)이라고 하며, 반대로 주로 국내시장을 대상으로 그렇게 하는 성장전략을 폐쇄형 또는 내부지향형(inward-looking)이라고 합니다. 폐쇄형 성장전략을 펼 때는 우선 국내에서 생산이 안 되거나 미미하여 수입을 많이 해야 하는 제품을 국내에서 생산함으로써 수입품을 대체하는 것, 즉 수입대체(import substitution)가 주 문제가 됩니다. 이런 경우에는 폐쇄형 성장전략이 곧 수입대체전략으로 나타나는 것입니다. 여기서는 개방형 성장을 수출주도형 성장 그리고 폐쇄형 성장을 수입대체형 성장으로 가름하여 설명하기로 합니다.

수출주도형 성장은 수입대체형 성장에 비하여 일반적으로 다음과 같은 점에서 그 우위성이 인정됩니다.

성장전략전환에 따른 단기적 이득

한국 고유의 상품 또는 특산품이 아니더라도 외제품에 비하여 가격이 저렴하여 국제경쟁에서 우위가 있는, 즉 비교우위(comparative advantage)가 있는 국산품이 수입대체형 성장전략 때문에 수출이 거의 되지 않거나 미미한 상태에 있다가 국가의 전략이 수출주도형으로 전환되어 수출의 길이 트이게 되면 값진 외화를 곧바로 벌어들일 수 있게 됩니다. 이렇게 획득한 외화로 한국에 없거나, 있더라도 비교우위가 없는 자원과 상품을 수입하면 그만큼 이득이 되는 것입니다. 그리고 당장에 발생하는 또 다른 이득은 자원낭비의 감소에서 오는 것입니다. 수입대체형 성장전략하에서는 비교우위가 전혀 없는 산업도 정부의 많은 보호를 받을 수 있게 되므로 국가의 귀중한 자원의 낭비가 심화될 수도 있습니다. 그러나 수출주도형 성장전략하에서는 주로 수출을 할 수 있는 산업이 수출능력에 따라 정부의 보호를 받게 되므로 자원낭비가 크게 줄어들 수 있는 것입니다. 즉, 정부의 산업지원정책은 수입대체형 성장전략하에서는 '낭비지향적'이 되기 쉬우나 수출지향적

성장전략하에서는 '능률지향적'이 될 수 있는 것입니다.

　이러한 이득은 높이가 다른 두 개의 연못을 연결하면 물이 높은 곳에서 낮은 곳으로 흘러오듯이 곧바로 발생하는 것으로 이를 정적 이득(靜的 利得, static gain)이라고 합니다. 양 연못의 높이가 같게 되면 물이 더 이상 흘러 들어오지 않는 것처럼 인적 및 물적자원의 개선이나 기술진보가 이루어지지 않은 상태에서 '기존의 비교우위'에 의하여서만 발생할 수 있는 정적 이득은 그렇게 크지도 않고 또한 곧 없어지게 됩니다. 수출주도형 성장전략에 따라 발생하는 장기적이고 다원적인 이득은 다음과 같이 인적 및 물적자원의 축적이나 질적인 향상 그리고 기술진보와 더불어 발생하는 것입니다.

장기적으로 발생하는 다원적 이득

　수출주도형 성장전략에 따른 장기적이고 다원적인 이득, 즉 역동적 이득(力動的 利得, dynamic gain)은 다음과 같이 몇 가지로 나누어 볼 수 있읍니다.

　1. 경제규모의 이점
　하바드 경영대학 알 레온 교수팀의 연구에 따르면 자동차의 대당 생산비는 생산량이 20만 대가 될 때까지는 계속 감소하며, 20만 대가 약간 넘더라도 생산단가는 거의 변하지 않는다고 하였읍니다. 따라서 최소단가로 생산할 수 있는 국제수준의 공장규모는 최소한 20만 대 생산규모는 되어야 한다는 것입니다. 즉, 최소의 효율적 규모(MES-Minimum Efficient Scale)는 20만 대라는 것입니다. 이는 표준형의 경우이고, 초 소형차는 40만 대, 소형차는 30만 대, 중형차는 25만 대 등 차종에 따라서 다소의 차이가 있음은 물론입니다.

그런데 얼마 전 국내 자동차시장이 협소한 인도의 어느 자동차공장의 생산규모는 연산 3만 대 정도이었는데 엔지니어들이 중시하는 '10분의 7 기준', 즉 '생산량을 100% 증가시키면 생산비는 70% 증가한다는 기준'에 따르면 인도의 자동차 생산단가는 MES 또는 국제수준의 3배나 됩니다. 인도가 자동차를 세계시장이 아니라 국내시장만을 대상으로 생산한다면, 즉 수출주도형이 아니라 수입대체형으로 생산한다면 규모의 경제(規模의 經濟, economy of scale)의 실현이 어렵게 되므로 그 가격은 높게 될 수밖에 없읍니다.

중요한 것은 인도자동차의 생산규모가 MES에 미달하기 때문에 수많은 부품산업의 생산규모도 자연 국제수준에 미치지 못하며 따라서 부품의 국내가격도 국제가격보다 더 높게 되고, 자동차생산공장과 관련하여 건설되는 도로, 전기 및 용수시설 등의 사회자본(社會資本)의 경우까지도 이러한 효과가 발생한다는 사실입니다. 이와 같이 시장규모가 작은 후진국이 자동차산업을 국내시장만을 대상으로, 즉 폐쇄형 성장전략으로 육성하는 것은 특히 경제성장 초기단계에 있는 국가경제에 큰 부담을 주게 됩니다. 그 외에 많은 중화학공업의 경우에도 마찬가지입니다. 이런 이유로 우리 나라에서도 몇 년 전 일부 전문가들이 정부의 자동차공업육성정책에 집요한 반대를 한 적이 있었읍니다.

이와 같이 시장규모가 비교적 작은 후진국이 자동차 등 대규모생산을 필요로 하는 이른바 '규모의 경제산업'을 육성하는 것은 극히 어려운 일이기는 하나 육성할 때는 수입대체형이 아니라 수출주도형으로 하는 것이 올바른 전략이라는 것입니다. 우리 나라가 선박, 칼라텔레비젼 등 다수의 규모의 경제산업을 경제성장 초기부터 수출주도형으로 육성해 왔는데, 이는 규모의 경제라는 측면에서 볼 때 합당한 정책이라고 할 수 있읍니다.

2. 학습효과(learning by doing)와 세련된 경제행위

경제발전에는 물적자원은 물론 인적자원의 축적과 질적 향상도 긴 요합니다. 그리고 경제발전은 물적자원 면에서는 더 많은 양질의 상품 생산을 가능케 하고 인적자원 면에서는 더 좋고 더 훌륭한 각계각층의 전문가의 배출을 가능케 하는 것입니다. 특히 인적자원은 경제성장의 원인으로서는 물론 결과로서도 그 중요성이 지대합니다. 한국인들은 개 방형 성장에 의하여 외국인과 외국의 기업을 알고 선진문물을 배우고 익혀 실용화함으로써, 즉 학습효과(learning by doing)를 통하여 사고와 행 동이 세련되고 합리적인 현대인이 되어감은 물론 세계수준의 전문인력 으로도 양성되는 것입니다. 경제발전론의 대가 에드가 던은 후진국의 발전이란 곧 '국민이 배우는 과정'이므로 국민이 배우기를 얼마나 좋아 하고 또한 얼마나 빨리하는가에 따라 그 발전 정도가 좌우된다고 하였 읍니다. 개방형 성장전략은 국민들로 하여금 외국 특히 선진국을 빨리 배울 수 있게 하므로 국가발전도 그만큼 빨라지게 되나, 폐쇄형 성장 전략은 외국을 배울 기회를 차단시키므로 국가발전도 그만큼 지체되는 것입니다.

현대는 소득수준, 경제발전단계를 막론하고 모든 나라가 무역이나 국제교류를 통하여 자국에 없는 제품, 자원, 기술 등을 조달하며 살아 가지 않을 수 없는데, 특히 후진국은 더욱 그러합니다. 후진국은 선진 국으로부터 생산기술, 경영기술, 마케팅기술, 기업조직기술 등 많은 것 을 배우지 않을 수 없는데, 폐쇄형 성장전략을 통하여서는 이를 제대 로 배울 수 없음은 두 말할 필요가 없읍니다. 그리고 같은 상품을 생 산하여 같은 돈을 벌더라도 국내시장이 아니라 해외시장을 대상으로 하 게 될 때 한국의 기업가, 기술자, 경영인, 근로자 등은 더 많은 것을 배우게 되므로 이들의 자질도 그만큼 더 향상되는 것입니다.

개방형 성장전략은 국내에서 만들어지는 상품은 물론 양성되는 인 적자원도 그 수준이 세계수준으로 향상되도록 촉진합니다. 국산품이 외

국에 수출된다는 것은 그 질과 가격이 국제수준까지 도달된다는, 이른 바 '산성테스트(acid test)'에 합격함을 의미합니다. 그런데 폐쇄형 성장 전략의 경우에는 그 질과 가격에 대한 객관적 '테스트기준'이 없어 정 책당국자가 자의적으로 결정하기 쉬우므로 품질의 평가나 가격의 역할 이 모호하게 됩니다. 따라서 국제수준에 크게 미달되는 제품이 국내에 서 계속 생산되어 자원의 낭비가 지속됨은 물론 이를 사용하는 기업이 나 국민들은 막대한 피해를 장기간에 걸쳐 입게 될 수도 있습니다.

예를 들어 보기로 하겠습니다. 기계제품에 따라서는 그 전량(全量) 이 수입되는 것이 있는데, 정책담당자가 특정기업인에게 이 제품의 독 점생산권을 주어 수입대체를 위한 생산을 하도록 하고 다른 기업들은 이 제품을 생산하거나 수입하지 못하게 규제하였다고 합시다. 이와 같 은 경우는 특히 지나칠 정도로 민족주의적이고 폐쇄주의적인 국내여론 이나 정책입안자들 때문에 개발초기단계의 많은 후진국들에서 흔히 발 생하는 예입니다.

이 독점적인 수입대체재 생산기업은 정부가 그 제품의 가격을 아 주 높게 책정하도록 하면 많은 이윤을 내고 반대로 하면 큰 손해를 보 게 되므로 그 기업의 흥망성쇠는 그야말로 정책담당자의 수중(手中)에 달려있는 것입니다. 만약 정책담당자가 정책을 바꾸어 다른 기업들도 그 제품을 수입 또는 생산하게 하거나 독점권을 그 기업으로부터 빼앗 아 다른 기업에게 주면 그 기업은 당장 망하게도 됩니다. 따라서 이 기 업의 일차적인 목표는 정책담당자를 설득하거나 이른바 '빽'을 동원하 여 손실을 과장하는 등 어떻게 하든 정부의 보호를 더 많이 받아낼 수 있도록 하는 데에 있게 됩니다. 이러한 기업에서는 경영능률향상이나 기술혁신에 의한 생산비절감 등은 이차적인 기업목표가 될 수밖에 없 는 것입니다. 능률향상으로 생산비를 절감하여 이윤을 많이 실현하면 정부의 혜택이 없어지거나 줄어들 우려가 있으므로 그 노력을 오히려 회피하려고 함은 물론 가급적 손실을 과장하여 정부보호를 더 많이 받아 내려고 합니다.

정부가 이러한 기업을 보호한다는 것은 다른 각도에서 보면 비능률을 기준으로 기업을 보호하는 것, 즉 비능률적인 기업일수록 더 보호하는 것이나 마찬가지입니다. 즉, '각 기업을 그 기업의 비능률의 정도 또는 기술낙후의 정도에 따라 보조(to each a subsidy according to his inefficiency or technological backwardness)'해 주는 셈이 되는 것입니다.

이러한 수입대체재 생산기업은 거의 독과점업체이고 제품의 시장은 정부보호하에 확보되어 있으므로 마케팅의 필요성도 거의 없읍니다. 따라서 이러한 기업에서는 기업가는 물론 경영자, 기술자, 근로자 등모두가 능률향상, 기술혁신, 마케팅 등의 노력을 별로 하지 않으며 사실 그럴 필요도 없는 것입니다.

정책담당자나 부서로 볼 때는 이러한 기업이 많을수록 이른바 '생기는 것'이 많아지게 되므로 가급적 많이 육성하려고 합니다. 특히 후진국의 개발초기에는 수입대체산업이 많아지고 그 중 다수의 기업이 부실하게 되므로 부실기업의 운영이나 정리와 관련하여 각종 부정부패의 스캔들이 발생하게 되는 것입니다. 후진국의 기업과 관련된 각종 인허가업무, 보조금지급 및 규제조치 등에는 부정부패와 부실기업문제가 따르기 마련입니다. 민족주의가 강하여 폐쇄형 성장전략을 채택하는 후진국일수록 더욱 그러합니다.

이와 같이 폐쇄형 성장전략은 기업가, 기술자, 관리, 근로자 등 양질의 인적자원의 축적을 어렵게 하는 것은 물론 그 질을 오히려 크게 떨어뜨리기 쉽습니다. 한 번 자질이 떨어진 인적자원은 잘못 건설된 도로, 항만, 교육시설 등의 사회자본시설처럼 두고두고 경제에 큰 부담을 주는 법입니다. 라틴아메리카 국가들이 심한 민족주의적 수입대체형 성장전략으로 인하여 경제가 침체되고 사회가 불안하게 된 것도 이러한 요인에 크게 기인합니다.

개방형 성장전략은 국내의 기업가, 기술자, 경영자 및 근로자들에게 그들의 능률이나 경제행위의 수준을 국제수준으로 올리지 않으면 안 되도록 강한 압력을 가합니다. 개방형 성장전략으로 강력한 외국의 경쟁자와 경쟁해야 될 때 이들의 능률은 더욱 향상되는 것입니다. 이와 같이 국가의 능률수준을 국제수준으로 향상시키는 길은 무엇보다 경제를 적절히 개방하여 국민들로 하여금 세계수준의 경쟁을 할 수 있도록 하는 것입니다. 개방형 성장전략으로 금세기에 자유세계 제 2 의 부국이 된 일본의 경우에는 경제는 물론 교육, 언론 및 기업활동도 모두 국제화가 되어 있다는 사실을 에드윈 라이샤워 하바드대학 교수는 명저 〈일본인(The Japanese)〉에서 강조하고 있읍니다.

3. 기술도입의 촉진

선진국과의 기술격차가 큰 후진국이 선진기술을 도입하는 가장 좋은 방법은 해외지향형 성장입니다. 정부가 신기술을 도입하여 국내기업에 제공할 수도 있으나 가장 바람직한 방법은 수많은 국내기업들이 해외에 나가 스스로에게 필요한 기술을 직접 도입하여 실용화하는 것입니다. 개인은 누구나 자기의 이해와 직결될 때 더 신속하고 치밀하게 행동하기 마련입니다.

외국과의 무역과 커뮤니케이션은 흔히 후진국의 성장발전에 절대적인 역할을 하므로 '탯줄'에 비유됩니다. 이 탯줄을 통하여 후진국들이 그들의 생존과 발전에 필요한 신기술과 아이디어와 문물을 받아들이는 것입니다. 이 때의 기술은 제품생산과 관련된 것뿐만 아니라 마케팅기술이나 '기업하는 기술' 등 포괄적인 것입니다. 또한 '물건을 만들어 파는 기술' 외에 '사람을 다스리고 조직하는 기술'도 포함합니다. 이런 면에서도 개방형 성장전략은 중요합니다.

정책면의 우위성

개방형 성장전략에 따라 수출주도형 성장전략을 펼 경우에는 정부의 지원정책이나 경제정책도 다음과 같이 여러 면에서 개선될 소지가 큽니다.

첫째, 수출주도형 공업화의 경우에는 정부의 산업육성정책은 흔히 수출금융이나 보조금 등으로 이루어지게 되므로 무엇보다 정부지원의 근거가 객관적이고 또한 그 규모가 선명히 드러납니다. 정부는 물론 국민도 정부가 어느 기업을 얼마나 지원하고 있는가를 잘 알게 됩니다. 정부는 특정기업지원에 정부예산이 지출되므로 그 지원을 가급적 줄이려 하고 특혜기업도 빨리 국제경쟁력을 확보해야 된다는 압력을 정부나 국민으로부터 음으로 양으로 많이 받게 됩니다. 이와 같이 정부의 산업지원의 내용이 분명하게 드러나므로 정부는 정책을 항상 재검토하고 개선해야 된다는 압박을 받게 됩니다.

그러나 수입대체형 성장전략하에서는 보통 정부가 수입대체산업제품 생산기업에게 독점생산권을 주고 다른 기업은 이를 수입하지 못하도록 수입규제를 하여 그 산업을 보호하게 됩니다. 따라서 정부로 볼 때에는 수입대체산업의 보호에 우선 돈이 안들어 가고 국민들도 정부가 그 산업에 돈을 주지 않는 것을 알므로 수입대체산업이야말로 돈이 안드는 좋은 정책으로 착각하기 쉽습니다. 그러나 사실은 그와 정반대입니다. 우선 다른 기업들은 수입규제품을 수입하거나 생산하지 못하므로 좋든 나쁘든 심지어는 큰 손해를 보면서도 정부의 보호를 받는 독점적인 수입대체산업의 제품을 사용하지 않을 수 없게 됩니다. 심지어는 그 제품을 쓰면 생산단가가 높아져서 국제경쟁력이 없어지게 되는 경우에도 그 제품을 사용하지 않을 수 없는 것입니다. 소비자들도 손해를 보는 줄 알면서도 그 제품을 사용하지 않을 수 없는 것입니다.

수입대체기업은 독점의 횡포를 정부비호하에 마음껏 누릴 수 있으므로 소비자인 국민과 국내기업들이 커다란 피해를 입을 수도 있습니다. 이와 같이 수입대체형 성장전략의 경우에는 국민경제에 미치는 피해가 막대할 수도 있으나 그 규모가 쉽게 파악이 안되므로 정부정책개선의 소지가 적습니다.

둘째, 수입대체정책하에서는 정책담당자가 일반적으로 제품의 생산량이나 수입량, 판매대상, 가격 등에 관하여 해당산업을 '직접통제' 하게 됩니다. 그러나 수출주도형 성장하에서는 정책담당자가 수출산업에 대하여 어느 제품을 어느 나라에 얼마만큼 수출하고 그 가격은 얼마를 받으라는 등 일일이 통제할 수가 없으므로 대신에 수출금융이나 수출보조금 등 '간접통제'방식을 채택할 수밖에 없게 됩니다. 일반적으로 직접통제는 간접통제에 비하여 기업활동이나 경제에 큰 피해를 주게 됩니다.

예를 들면, 주로 직접통제방식이 사용되는 수입대체형 성장전략하에서는 이미 앞서 말한 바와 같이 정부가 만약 다른 기업들도 그 제품을 수입하거나 생산하도록 하면 해당 수입대체기업은 당장 망하게 될 수도 있습니다. 뿐만 아니라 정부가 그 제품의 가격을 현재보다 높게 또는 낮게 통제할 수도 있으므로 수입대체기업의 흥망은 정부의 통제 여하에 달려 있게 됩니다. 생사여탈권을 쥐고 있는 정부의 정책담당자는 그 기업의 '목덜미'를 잡고 이른바 그저 '주무를' 수도 있게 됩니다. 심하면 회사의 인사도 관장하는 등 각종 기업정책에 깊이 간여하게 되므로 많은 기업체가 부실해질 수 있습니다. 이와 같이 정부의 규제가 특히 심한 수입대체형 성장전략하에서는 많은 부실기업이 발생하기 마련입니다.

세째, 수출산업에 대한 정부의 보조는 수출액의 규모에 따라서 이루어지므로 보조기준이 객관적입니다. 어떤 산업이라도 수출을 많이 하면, 즉 '시장테스트(market test)'라는 수출능력테스트에 합격하면 수출능력에 따라 정부지원을 받게 됩니다. 따라서 정부지원은 수입대체형 성장전략의 경우에 비하여 공평합니다.

네째, 수출주도형 성장전략은 '관민' 또는 국민들간의 협조면에 있어서도 많은 정부규제와 부실기업문제를 수반하는 수입대체형 성장전략보다 소망스럽습니다.

다섯째, 수입대체형 성장전략의 경우에는 국민들이 저축을 많이 하여 자금의 여유가 생긴다 하더라도 선진자본장비를 도입하려면 이를 외화로 다시 바꾸어야 하는 등 외화조달문제가 따릅니다. 그러나 수출주도형 성장전략하에서는 수출기업들이 바로 달러를 벌어들이므로 이를 해외로부터의 선진기술이나 자본장비의 도입에 곧바로 사용할 수 있게 됩니다.

수입대체형 성장전략하에서는 기업의 이윤이나 성장이 시장점유율, 생산량, 수입량, 판매가격에 대하여 행해지는 각종 정부규제에 따라 좌우되므로 기업은 능률향상에 주력하지 않습니다. 그러나 수출주도형 성장전략하에서는 수출을 많이 하는 능률적인 기업일수록 정부의 보조를 많이 받게 되므로 기업들이 자발적으로 능률향상을 위한 노력을 하게 됩니다. 이와 같이 산업성장을 촉진하는 데는 수출주도형 성장전략이 소망스러운 정책임은 재삼 언급할 필요가 없습니다.

지금까지의 설명은 로렌스 크라우스, 앤 크루거 그리고 자그디시 바그와티 등 이 분야 대가들의 설명에 따른 것입니다. (원고를 읽고 도움 말씀을 주신 서울대학교 국제경제학과 홍원탁 교수께 감사드립니다.)

우리의 생존과 세계관

지정학적 위치를 국익으로 살려야

우리의 생존에는 올바른 세계관이 절대적입니다. 일본, 중국, 소련 등 초강대국을 이웃으로 하고 있는 국토의 지정학적 위치로 볼 때 그러하고, 자원부족국이기 때문에 자원을 외국으로부터 수입하고 이를 다시 가공하여 해외에 수출하며 살아가는 해외지향형 경제성장전략으로 볼 때도 그러합니다. 뿐만 아니라 수송 및 통신기술의 발달로 인하여 전세계가 하나의 '지구촌'으로 되어가는 추세로 볼 때도 그러하며, 알빈 토플러가 말하듯 앞으로 다가올 사회는 국내외적인 정보의 중요성이 절대적인 정보화사회가 된다는 점에서도 그러합니다.

우선 수학자 갈로아의 이야기를 보기로 하겠읍니다. 그는 잘 할 줄도 모르면서 안해도 되는 결투를 하여 목숨을 잃었읍니다. 목숨을 구할 생각은 전혀 하지 못하고, 밤새워 평소의 생각을 원고에 정리한 후 다음 날 결투로 목숨을 잃고 세상을 떠났는데, 그때 그의 나이는 약관 21세였읍니다. 라그너 프리쉬는 제1회 노벨경제학상 수상기념연설에서 갈로아야말로 지식은 대단하나 지혜는 전혀 없는 사람의 대표적인 예이며 세상에는 이런 사람들이 많은 것이 문제라고 하였읍니다. 나라 전체로 볼 때도 지식은 있으나 지혜가 없는 국가의 예는 얼마든지 찾아볼 수 있읍니다. 이른바 대나무외교라 하여 옛날에는 바람(강대국의 힘의 바람)부는 방향에 맞춰 고개를 숙였으나, 이제는 바람이 불기도 전에 미리 고개를 숙여 화를 면한다는 태국 사람들은 오랜 세월 세계열강의 지배를 한 번도 받아본 적이 없었읍니다. 지식에 있어서는 우리에게 뒤질지 모르나 그들이야말로 지혜로운 사람들이 아닌가 합니다. 역사적으로 볼 때, 한국은 일본의 지배를, 일본은 미국의 지배를, 미국은 영국의 지배를 받았던 것처럼, 세계의 많은 나라들이 다른 나라의 지배를 받아 왔었읍니다. 그러나 태국, 영국처럼 다른 나라의 지배를 한 번도 받지 않았던 나라도 있는데 이런 나라의 국민들이야말로 진정 지혜로운 사람들이 아닌가 합니다.

우리 나라는 서쪽으로 중국, 동쪽으로 일본, 북쪽으로 소련 등의 세계 초강대국의 중앙에 전략적으로 위치하고 있으며 서울도 북경, 상해, 동경, 대판 등 세계적인 대도시들 한가운데에 아주 잘 위치하고 있다고 하겠읍니다. 우리만 잘 한다면 이러한 지정학적 이점을 국익으로 얼마든지 연결시킬 수도 있읍니다. 그러나 그렇게 하지는 못하고 항상 외세의 시달림만 받아오면서 이를 우리 나라의 지정학적 위치의 탓으로만 돌려오지 않았읍니까? 참고로 인구 250여만의 동남아 최소국 싱가폴을 보면, 1965년 국가독립 이후 고도성장을 지속하여 1983년에 이미 1인당 소득이 6천달러를 넘는 선진국이 되었는데, 그 나라가 그렇게 단기간에 부국이 될 수 있었던 것도 지정학적 위치를 국익으로 잘 연결시킨 국민의 지혜 때문이라고 하겠읍니다. 요는 우리에게 무엇보다 필요한 것은 우리의 지정학적 위치를 이용하여 국익을 늘릴 수 있는 지혜라고 하겠읍니다.

세계관의 결핍과 국가의 비운

　　드와이트 퍼킨스 하바드대학 교수는 한국이 1910 년에 일본에게 합방을 당하게 되었던 것은 그 때 한국사람들이 올바른 세계관을 갖지 못했기 때문이었고, 해방 이후에도 국가를 통일하지 못하고 남북분단의 비극을 맞이하게 된 것이나, 남북분단 이후에도 6·25 의 참상을 겪어야 했던 것 역시 우리 국민의 세계관결핍 때문이라고 하였읍니다. 퍼킨스 교수에 따르면 한국은 한일합방 이전에 최소한 한국의 이웃인 일본이나 중국만큼 서구의 기술과 문물을 도입하고 근대화를 했었어야 합방의 비운을 모면할 수 있었을 것이라고 하였읍니다. 잘 알다시피 한일합방 이전에는 쇄국이 국가정책이었으므로 국민이 해외에 진출하여 외국을 배울 기회를 갖지 못하였고 외국사람들이 해외문물을 국내에 도입하는 것도 거의 불가능하였던 것입니다. 우리 속담에서처럼 국민 모두가 우물안의 개구리가 되어 우리 나라를 침략하려는 다른 나라들에 대해 너무나 몰랐던 것입니다.

　　한일합방 이전에 우리 나라는 쇄국정책을 고수하다가 세계열강의 힘에 못이겨 개항을 하지 않을 수 없었고, 개항 이후에는 물밀듯이 밀어닥치는 외세를 감당할 줄 몰라 혼란상태에서 몸부림치다가 결국에는 일본에 합방당하게 된 것이 아닙니까? 그 때 우리 나라 사람들은 세계열강을 너무나 몰랐으므로 그들의 이해관계에 따라 그들의 손에 놀아나지 않을 수가 없었던 것입니다.

　　한일합방 이전의 우리 나라는 서구문물을 중국을 통하여서만 그리고 주로 중국의 국익에 따라 변형된 것을 도입할 수밖에 없었읍니다. 그리고 일제하에서는 서구의 선진기술과 문물을 또한 일본을 통하여서만 그리고 일본의 국익에 맞게 변형된 것을, 그것도 일본의 엄중한 통제하에서 접하게 되었던 것입니다. 그러므로 해방 이후에도 대부분의 사람들은 세계를 너무나 몰랐고, 세계열강의 이해관계에 따라 남북이 분단될 것을 미처 깨닫지도 못하였던 것입니다. 나중에야 이를 알게 되었지만 그것을 막을 능력과 지혜도 없었던 것입니다.

자원부족국에 필요한 세계관

우리 나라는 인구는 4천만이 넘으나 국토는 10만 평방킬로미터가 채 안 되므로 인구밀도는 평방킬로미터 당 400명이 넘어 세계에서 방글라데시와 대만 다음의 인구조밀국입니다. 바꾸어 말하면 한국은 인구 1인당 국토면적이 협소하기로 세계에서 세 번째라는 것입니다. 가로, 세로가 1,000미터밖에 안 되는 땅에 400명 이상이 농사를 짓고, 집을 짓고, 학교를 짓고, 병원을 짓고, 각종 공공시설이나 오락시설 등을 지어서 살아가야 된다는 사실을 생각해 보십시오. 이 좁은 국토에서 생산되는 식량으로는 4천만 명 이상이 먹고 사는 것이 불가능하게 된 지 이미 오래 전입니다. 앞으로도 국민의 생존을 위해서 해외로부터 매년 더 많은 양의 식량과 각종 자원을 계속 수입하지 않을 수 없습니다. 따라서 우리는 무엇보다 자원수입 대상국이 어느 나라이며, 그 나라의 자원상태가 어떻게 변해가는가를 잘 알지 않으면 안 되는 것입니다.

뿐만 아니라 수입한 자원을 가공하여 제품을 만든 다음 다시 해외에 수출해야 되므로 수출대상국이 어느 나라들이며 또한 수출대상국들의 경제상태가 어떻게 변해가는가도 잘 알지 않으면 안 되는 것입니다. 그리고 수입한 원료를 가공하는 데에 필요한 기술도 상당부분 해외로부터 도입해야 되는데 어느 나라로부터 어떤 것을 어떻게 도입하는가도 잘 알아야 함은 물론입니다. 이렇게 보면 우리의 살 길은 해외에 있다고 해도 과언이 아니며 따라서 우리 국민의 올바른 세계관은 생존에 절대적이라고 하겠습니다.

국제화시대를 맞는 국민경제

우리의 주요 수출시장인 미국이 특히 1985 년 초부터 한국상품에 대한 각종 수입규제와 보호무역조치를 취하였고, 한국에 대하여 수입개방압력도 거세게 가하기 시작했습니다. 우리는 이에 슬기롭게 대응하여야만 하는데 그러기 위해서는 무엇보다 미국의 산업과 경제상태는 물론 미국인들의 의식구조, 통상관계법률, 이런 조치가 취해지는 행정제도나 정치적인 배경 등에 대해서도 모두 잘 알아야 될 것입니다. 두 번째 큰 교역대상국인 일본에 대해서도 마찬가지입니다. 일본은 우리 나라와 문화적·지리적 및 경제적으로 가장 가까운 나라들 중의 하나이나 그 나라를 너무도 모른다는 것이 많은 식자(識者)들의 공통된 견해입니다. 우리는 이외에도 한국과 교역관계가 점증하고 있는 많은 선·후진국들과 중진국들을 잘 이해하지 않으면 안 되는 것입니다. 요는 앞으로 국민 모두가 생존을 위하여 세계 각국을 잘 알고, 그들의 경제 또한 잘 알기 위하여 노력해야 된다는 것입니다. 개방형 경제성장을 추구하는 국가의 국민이 세계경제관을 올바로 갖지 못하면 경제성장을 잘할 수 없게 됨은 물론 생존마저 어렵게 될 것임은 다시 말할 필요도 없는 것입니다.

올바른 세계관은 경제학 이외의 관점에서 볼 때도 극히 중요합니다. 세계 또는 '지구촌'은 교통통신기술의 급속한 발전에 따라 점점 좁아지고 있습니다. 세계적인 베스트 셀러 〈미래의 충격〉과 〈제 3 의 물결〉의 저자인 알빈 토플러에 따르면 앞으로 국제화시대의 세계는 수많은 나라가 같은 정보를 동시에 사용하게 되는 이른바 정보화세계이며 급속히 발전하는 정보망으로 각국은 하나의 '지구촌'으로 긴밀하게 연결되어 갈 것이라고 합니다. 앞으로는 우리 나라의 많은 경제문제도 세계적인 차원에서 해결해야 될 필요성이 계속 증가하고 있는 것입니다.

우리는 생존을 위하여 세계 최강국 미국을 잘 알아야 하고 자유진영에서 제 2 의 부국인 이웃 나라 일본을 잘 알아야 하며, 인구의 크기에 있어서 세계 제 1 의 국가이고 또한 우리의 이웃인 중국을 잘 알아야 하며, 공산진영의 최강국이고 우리와 인접하고 있는 소련에 대해서도 잘 알지 않으면 안 됩니다. 이들 나라를 잘 알아야 되는 것은 우리의 숙명일지도 모릅니다. 여러분들은 이들 나라를 얼마나 잘 알고 있으며 또한 잘 알려고 얼마나 노력하고 있는지 자문해 보기 바랍니다. 일본에는 한국을 포함하여 세계 각 나라의 경제를 몇 사람의 전문가가 수십 년씩 연구할 수 있도록 하는 기구도 있읍니다. 한국에는 일본경제전문가가 손꼽을 정도이나 일본에는 한국경제전문가가 수백 명이나 된다고 합니다. 우리 나라에서도 빨리 그런 기구와 사람이 생겨나야 할 것으로 보입니다.

지구촌시대의 언어정책

올바른 세계관을 갖는 데는 무엇보다 외국어의 지식이 긴요합니다. 특히 우리 나라에 지대한 영향을 미치는 나라의 언어들, 즉 영어, 일어, 중국어 및 소련어를 잘 알아야 될 것으로 보입니다. 수출이 GNP보다 많을 정도로 해외의존도가 높은 싱가폴은 생존을 위하여 국민들의 능통한 외국어 구사능력이 필수적이므로 국민들이 누구나 영어, 중국어, 인도어 등 세계 주요 언어를 배워 어느 나라 사람과도 불편없이 이야기할 수 있도록 하는 것을 국가의 기본언어정책으로 삼고 있읍니다. 예를 들면 국민학생은 2개 국어, 중학생부터는 3개 국어를 배우게 하는 등 복수외국어정책을 펴고 있는데 이러한 점들은 우리에게도 시사하는 바 크다고 하겠습니다.

우리 국민들은 한일합방 전까지는 주로 한문을 배우고 중국문화 속에서 살아 왔습니다. 그러나 그 이후에는 일어를 배우고 일본문화 속에서 살도록 강요당했습니다. 그리고 해방 이후, 특히 미군정 때부터 영어를 중시하였고 물밀듯 밀어 닥치는 서구문화 속에서 살아 왔습니다. 이와 같이 지금까지는 국민들이 시대변화에 따라서 강제적으로 또는 반 강제적으로 다른 나라의 말을 배우고 외국의 문화 속에서 살아 왔으나 앞으로는 자발적으로 그리고 자주적으로 각국의 언어와 문화를 미리 잘 배워 두는 것이 긴요할 것으로 보입니다. 이와 같이 올바른 언어정책은 국민의 올바른 세계관 형성을 위해서나 해외지향적인 국가성장정책으로 볼 때 필수적이라고 하겠습니다.

세계를 성장무대로

우리 나라는 지금까지 개방형 또는 해외지향형 성장전략을 펴 왔기 때문에 고도성장을 할 수 있었다고 하는데, 이는 우리 나라가 처한 지정학적 위치나 경제적 여건에 부합되는 성장전략인 것입니다. 그런데 만약 앞으로 이와는 반대로 내부지향형 또는 폐쇄형 성장전략을 편다면 우리 나라는 경제성장을 잘 할 수 없게 됨은 물론 과거와 같이 열강의 지배를 받게 되거나 전쟁을 겪는 등의 비극을 되풀이하지 않으리라는 보장이 없는 것입니다. 폐쇄형 성장보다는 개방형 성장을 하는 것이 여러 면에서 장점이 있다는 것은 이미 앞에서 본 바와 같습니다. 그러므로 우리는 계속 해외지향형 성장을 해야 되고 그러기 위하여는 국민 모두가 세계를 무대로 하는 '세계 속에서의 한국인'이 되어가야 할 것입니다.

　최근 싱가폴에서는 유교윤리에 서양의 청교도윤리를 가미한 '신유
교윤리'를 국민의 경제윤리로 개발하는 이른바 '공자프로젝트'라는 연구
사업을 시작하였읍니다. 공자사상과 동양철학의 세계적인 권위자이고
그 연구책임자의 한 사람인 하바드대학의 투 웨이밍 교수는 그 결론의
하나로서, 해외의존도가 높고 개방형 성장전략을 펴 나가는 싱가폴 국
민들은 무엇보다 올바른 '세계관' 또는 '세계경제관'을 가져야 된다고 하
였읍니다. 이는 우리에게도 해당되는 말이 아닌가 합니다.

V

인간의 무한한 성장의 가능성

"I saw the Spirit come down."
(Jn 1. 32)

21

유교에서 말하는 인간의 내적성장과 외적성장의 조화

　　한국 등 동아시아인들은 몸 속에 '유교피'가 흐른다고 할 정도로 유교의 영향을 많이 받아왔읍니다. 우리의 생활관이나 직업관도 유교의 영향을 크게 받아왔음은 물론입니다. 유교는 인간을 모래알처럼 분리된 존재로서가 아니라 각종 '인간관계'나 각종 '조직체와의 관계'의 중심이 되는 존재로서 이해하는 것입니다. 따라서 유교는 각종 인간관계나 조직체와의 관계를 잘 유지하기 위하여는 인간이 무엇보다 훌륭한 인격을 함양해야 됨을 강조합니다. 인격은 어떻게 함양되는 것입니까? 여기서는 공자와 맹자가 밝힌 인격함양의 내용을 투 웨이밍 교수의 해설에 따라 설명하기로 하겠읍니다. 요지는 인간은 내적성장과 외적성장을 각각 잘 해야 됨은 물론 양자의 조화있는 성장도 잘 해야 된다는 것입니다.

　　투 웨이밍 교수는 〈논어〉와 〈맹자〉 및 〈대학〉의 핵심적인 말씀을 통하여 그 골격을 밝히고 있는데, 먼저 공자의 언행록(言行錄)인 논어(論語)의 내용을 보기로 하겠읍니다.

인간의 내적성장과정

공자가 밝힌 인간의 내적성장과정은 그의 경험을 토대로 한 다음의 말씀에 잘 나타나 있다고 하겠읍니다.

"나는 열 다섯 살에 배움에 뜻을 두었으며,
삼십에 기초가 확립(인격이 형성)되었다.
사십에는 미혹하지 않게 되었으며,
오십에 천명을 알게 되었다.
육십에는 무엇을 들어도 마음이
편안하게 되는 상태에 이르렀으며,
칠십에는 마음이 하고자 하는 바에 따라 하더라도
법도를 벗어나지 않는 상태가 되었다."

여러분은 이 말씀의 원문과 투 웨이밍 교수의 영역(英譯)을 대조해 보면서 더 자세히 검토해 보기 바랍니다.

吾十有五而志于學 : At fifteen my mind was set on learning.

三十而立 : At thirty my character had been formed.

四十而不惑 : At forty I had no perplexities.

五十而知天命 : At fifty I knew the Mandate of Heaven.

六十而耳順 : At sixty I was at ease with whatever I heard.

七十而從心所欲不踰矩 : At seventy I could follow my heart's desire
　　　　　　　　　　　　without transgressing moral principles.

이 말씀은 투 웨이밍 교수도 지적하였듯이 인간으로서의 공자가 연령과 관련하여 그 자신의 '내적성장' 또는 '내적심화의 과정'을 밝힌 것입니다. 그런데 그 과정이야말로 결코 단기적이 아니라 장기적이고 영속적인 것임을 보여주고 있습니다.

인간의 외적성장과정

인간의 '내적성장'과 더불어 중요한 것은 '외적성장' 또는 인간의 '외적관계의 확산'입니다. 이는 대학(大學)에서 설명되는 바와 같이 개인은 수신(修身), 제가(齊家), 치국(治國), 평천하(平天下) 등의 순으로, 사회참여와 다른 사람과의 관계의 범위를 외적으로 계속 확산하고 또한 그 심도도 강화해 나가야 한다는 것입니다.

유교는 개인을 속세를 떠나 '수도하는 사람'이 아니라 세속적인 삶을 살아가는 사람, 즉 '생활인'임을 강조합니다. 생활인이기 때문에 인간은 다른 사람들이나 각종 조직체들과 부단하게 여러 가지로 관계를 갖게 마련입니다. 따라서 이미 앞서 말한 바와 같이 유교는 이러한 각종 '관계의 중심'으로서의 인간을 중시합니다. 이러한 각종 관계는 정적인 것이 아니라 끊임없이 변화, 발전하는 동적인 것임은 물론입니다. 사람을 한자로 인(人)이라고 하기보다는 '인간(人間)'이라고 하는 것도 '관계의 중심으로서의 사람'을 중시하는 유교의 영향이라고 볼 수 있읍니다.

이러한 각종 관계를 투 웨이밍 교수는 〈그림 1〉과 같이 연속적으로 확산되는 원형도표로 표시합니다. 도표에서 볼 수 있듯이 개인의 외적성장은 자신에서 가정으로, 가정에서 코뮤니티로, 코뮤니티에서 국가로, 국가에서 세계로 그리고 이 세계에서 또 다른 세계의 순으로 부단히 확산되는 과정으로 나타납니다. 개인은 외적성장과정을 통하여 자신의 자질을 계발하며 남과 조직체의 입장을 이해하게 되고 그에 대한

투 웨이밍의 유교사상 골격도(儒敎思想 骨格圖)

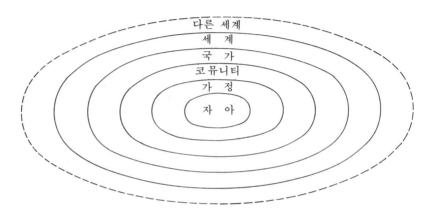

〈그림 1〉 자아(自我)의 외적확대과정

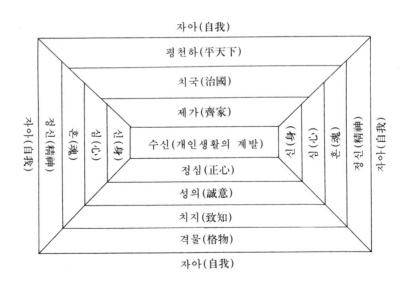

〈그림 2〉 자아(自我)의 심화과정

책임감도 갖게 되며 또한 더 넓은 안목도 갖추게 되는 것입니다. 물론 이러한 과정에서 내적성장도 함께 이루어져야 한다는 것입니다.

　개인의 내적성장의 과정도 확산형 원형도표로 표시할 수 있으나, 투 웨이밍 교수는 설명의 편의상 〈그림 2〉에서와 같이 확산형 사각형 도표로 나타내고 있읍니다. 이 도표에 나타난 바와 같이 인간은 도덕적인 성숙과정에서 육체적 존재로서만이 아니라 심적, 정신적 및 '영적' 존재로서의 자신을 깨달아야 한다는 것입니다. 가치관 역시 자기의 육체적 욕망의 충족단계를 넘어서 올바른 판단력이나 이웃에 대한 동정심, 그리고 폭넓은 사랑의 추구 등의 고차원적인 것으로 발전해야 된다는 것입니다.

내적성장과 외적성장의 조화

　이러한 내적심화와 외적확산의 과정이 적절히 조화되어야 개인의 인격함양이나 성장이 잘 이루어진다고 합니다. 내적성장과 더불어 외적성장이 잘 된 사람은 보다 숭고하고 성스러운 이상의 실현에 대한 인식도 새롭게 할 수 있다고 합니다. 따라서 내적심화와 외적확산의 조화가 이루어지지 않은 경우에 올바른 인격이 함양될 수 없음은 물론입니다. 부연하면, 내적발달이 없는 상태에서 외적확산만 하는 사람은 개인의 힘과 세력의 피상적이고 일방적인 확산에 그치게 되고, 반대로 외적확산 없이 내적심화만을 하는 사람은 보람있는 사회활동에의 참여를 하지 못하게 되어 '고립적인 인간'이 된다는 것입니다. 따라서 개인의 인격이 더 성숙해지기 위하여는 인간의 내적성장이 계속됨에 따라 각종 사회적 관계가 더 폭넓게 되는 등의 외적성장도 아울러 필요하다는 것입니다. 이와 같은 양대 성장과정은 상호보완적인 것으로, 이러한 보완관계는 공자의 다음 말씀에서도 찾아볼 수 있읍니다. "내가 입신하

려고 하면 남도 그렇게 하게 하며, 내가 사리에 통달하려고 하면 남도
그렇게 하게 한다(己欲立而立人 己欲達而達人)."

　　맹자(孟子)가 밝힌 인격함양의 6단계.　　맹자도 인간의 성장이 내
적심화와 외적확산의 조화있는 상호작용에 의하여 이루어짐을 밝히고
있읍니다. 맹자는 수신과 인간의 발전은 선(善)을 시작으로 신(信), 미
(美), 대(大), 성(聖) 및 신(神)의 6단계로 나눌 수 있다고 하였읍니다.
각 단계에 관한 맹자의 설명은 다음과 같습니다. 이러한 맹자의 설명
을 이해하기 위하여는 우선 "인간의 본성은 선하다"는 그의 성선설을
염두에 둘 필요가 있읍니다.

　　"우리들의 선한 마음에 꼭 맞게 행동하는 사람을 선(善)이라 하고,
　　자신에게 성실한 사람을 신(信)이라 한다.
　　착함이 빈틈없이 들어찬 사람을 미(美)라고 하며,
　　미가 충만하고 빛을 발휘할 정도가 된 사람을 대(大)라 한다.
　　위대하여 천하를 감화시킬 수 있게 된 사람을 성(聖)이라 하고,
　　그 성스러움이 인간의 지혜로 헤아릴 수 없을 정도로 된 사람을 신
　　(神)이라고 한다."
　　"可欲之謂善　有諸己之謂信
　　充實之謂美　充實而有光輝之謂大
　　大而化之之謂聖　聖而不可知之謂神"(孟子 盡心章句).

　　맹자는 사람을 인격함양의 정도에 따라 선(善)의 단계에 있는 사람
또는 미(美)의 단계에 있는 사람 등으로 구분하고 있읍니다. 맹자의 인
격함양의 6단계를 투 웨이밍 교수가 영역(英譯)한 것을 보면서 여러분
은 자신이 어느 단계에 속하는지 검토해 보기 바랍니다.

He who commands our liking is called good(善).

He who is sincere with himself is called true(信).

He who is sufficient and real is called beautiful(美).

He whose sufficiency and reality shine forth is called great(大).

He whose greatness transforms itself is called sagely(聖).

He whose sageliness is beyond our comprehension is called spiritual
(神).

　대학의 팔조목(八條目).　　대학(大學)은 그 서문에 나타나 있듯이
'옛날 태학(太學)에서 사람들을 가르치던 책'인데, "천자로부터 서민에
이르기까지 모든 사람이 똑같이 수신(修身), 즉 일신의 수양을 근본으
로 여겨야 함(自天子以至於庶人 壹是皆以修身爲本)"을 강조하여 밝히고 있
읍니다. 주자(朱子)는 이를 '대인의 학문(大人의 學問)'이라고도 한 바 있
는데, 대학의 핵심을 투 웨이밍 교수는 다음과 같이 밝히고 있읍니다.

　　"수신(修身)을 하려 하는 이는
　　먼저 마음을 바르게 하여야 한다(正心).
　　마음을 바르게 하려 하는 이는
　　먼저 의지를 성실하게 해야 한다(誠意).
　　뜻을 성실하게 하려 하는 이는
　　먼저 지식을 할 수 있는 데까지 넓혀야 한다(致知).
　　그리고 지식을 넓히는 길은
　　사물의 이치를 깊이 분석하는 데 있다(格物)."
　　또한 "수신이 되어야
　　집안을 바로 잡을 수가 있고(齊家),
　　집안을 바로 잡을 수 있어야
　　나라를 다스릴 수 있으며(治國),
　　나라를 다스릴 수 있어야
　　천하를 화평하게 할 수 있다(平天下)."

欲明明德於天下者　先治其國
欲治其國者　先齊其家

欲齊其家者　先脩其身
欲脩其身者　先正其心
欲正其心者　先誠其意
欲誠其意者　先致其知
致知　在格物

이상의 8가지를 '대학의 8조목(大學의 八條目)'이라고 하는데, 이를 투 웨이밍 교수의 설명방식에 따라 그의 영역(英譯)을 옮겨 놓으니 참고하기 바랍니다.

1. 格物 : investigation of things
2. 致知 : extension of knowledge
3. 誠意 : sincerity of the will
4. 正心 : rectification of the mind

이상의 4가지는 인간의 내적성장에 관한 것을 나타냅니다.

6. 齊家 : regulation of the family
7. 治國 : ordering the state
8. 平天下 : bringing peace throughtout the world

이상의 3가지는 인간의 외적성장 또는 외적확산의 과정을 나타냅니다.

그리고 이와 같은 내적성장과 외적확산의 2대 과정의 주체가 되는 것은 역시 인간이므로 인간이 해야 할 일은 자신을 갈고 닦는 것입니다. 즉, 다음의 말씀처럼 수신을 하고 자신의 생활을 계발(啓發)하는 것입니다.

5. 修身 : cultivation of personal life

지금까지의 설명에서 본 바와 같이 인간은 내적으로는 물론 외적으로도 잘 성장해야 하는 것입니다. 또한 이 두 가지의 성장은 상호보완 또는 상승작용을 하는 등의 긴밀한 관계에 있으므로 이를 잘 조화있게 하는 것이 무엇보다 긴요한 것입니다. 지금까지의 논의를 〈그림 1〉과 〈그림 2〉를 통하여 더 자세히 검토해 보기 바랍니다.

먹고 마시는 것의 절약에서부터

소식(小食)의 중요성

얼마 전 말레이지아의 공업화계획에 참여하면서 쿠알라룸풀에서 일할 때의 일입니다. 같이 회의하던 그곳 사람들 중의 한 분이 자기 나라의 지도층 인사들은 일반적으로 건강이 그렇게 좋지 않은 것 같다고 말한 적이 있었습니다. 그랬더니 옆에 있던 방글라데시 지도자 한 분은 가난한 자기 나라나 이웃 나라의 지도자들은 40 대 후반에 죽는 경우가 적지 않은데, 몸의 비대함도 그 큰 원인들 중의 하나라고 하였읍니다. 그런데 세계은행통계에 의하면 이들 아주 가난한 나라 국민의 평균수명은 겨우 45, 46 세에 불과하다고 합니다. 굶어 죽는 사람이 많은 방글라데시의 여러 지방에서는 아직도 옛날 우리 나라에서처럼 많이 먹어 뚱뚱하게 된 사람을 건강하다고 한답니다. 그러나 서양에서는 과식 때문에 몸이 비대한 사람들은 사회적으로 좋은 대우를 받지 못하는 것이 보통입니다. 미국에서는 군인들도 배가 나올 정도로 몸이 비대하게 되면 장군 진급에서 탈락된다고 합니다. 또한 소식으로 이름 난 이웃 선진국 일본에는 과식으로 몸이 비대한 사람들이 거의 없으며 세계보건기구(WHO)의 통계에 의하면 일본남성의 평균수명은 세계 제일입니다.

과식은 아까운 돈과 시간을 낭비한다는 점에서도 나쁘지만 돈과 바꿀 수 없는 자신의 건강을 해친다는 점에서는 더욱 그러합니다. 과식, 과음으로 병이 나서 약을 사먹거나 병이 심해져서 병원에 입원하는 경우를 생각해 보면 과식, 과음이 얼마나 해로우며 낭비적인가를 알 수 있을 것입니다. 일본에는 "배를 80%만 채우면 병이 안난다"는 속담이 있읍니다. 그리고 기네스북에 세계 최장수자(1985년 120세)로 기록된 일본의 이즈미 시게찌오(泉重千代)옹은 배를 70-80%만 채우는 것을 엄격한 식사수칙으로 하고 있읍니다. 그의 장수비결은 곧 소식주의(小食主義)인데 이는 현대의 이른바 폭음, 폭식세대에 대한 커다란 경고인 것입니다. 스위스인 및 스웨덴인과 더불어 세계 최장수 국민인 일본사람들은 잘 알려진 바와 같이 육류보다는 생선과 채소를 더 즐겨 먹습니다. 음식에 신경을 많이 쓰는 중공사람들의 평균수명도 67세나 됩니다. 비록 중공의 1인당 소득수준은 300달러(1983년)로 평균수명통계의 작성이 가능한 세계 128개국 중 낮은 순으로 19위이나, 평균수명은 고소득 중진국의 평균치 65세를 넘고 있읍니다. 육류와 잘못 가공된 식품의 섭취를 줄이고 생선과 채소를 더 많이 섭취하는 등 자연식을 하는 것이 건강증진과 장수의 비결이 된다고 합니다.

버나드 박사의 건강법

인류 최초로 심장수술을 집도한 바 있고 건강에 관하여 7권의 베스트 셀러를 쓴 바 있는 크리스챤 버나드 박사는 식사에 관해서 다음과 같은 점을 강조하고 있읍니다.

첫째는 소식을 해야 된다는 것입니다. 식사를 다 하고 나서 조금 더 먹었으면 할 정도만큼 배를 채우는 것이 가장 좋다는 것이니, 아마 위장의 70%정도가 아닌가 합니다.

둘째는 하루에 한두 끼라도 포식은 하지 말 것이며 많이 먹어야 될 때는 소량씩 여러 번 나누어 먹는 것이 좋다는 것입니다.

세째는 편식을 하지 않고 음식물을 골고루 먹으면 누구나 일상의 식사로도 몸에 필요한 각종 비타민과 무기물을 충분히 섭취할 수 있으므로 애써 보약이나 영양제를 먹을 필요가 없다고 합니다. 그는 심지어 쌀, 밀, 콩종류, 채소 등을 주성분으로 하는 가난한 인도인의 음식도 인간의 활동에 필요한 영양분을 골고루 갖춘 '균형식사'라고 합니다. 따라서 각종 보약이나 괴기식품, 비타민 또는 무기물 등을 애써 구해 열심히 먹을 필요가 없다고 합니다. 이런 것들을 구하여 먹는 데만 신경을 쓰는 사람들은 양분을 과다섭취하여 오히려 일찍 죽는 경우도 적지 않다고 합니다.

이런 것들은 일시적으로는 모르나, 길게 보면 건강에 별 효과가 없다고 합니다. 물론 병을 고치기 위해서 의사의 처방에 따라 복용하는 경우는 예외입니다. 인간이 필요로 하는 비타민의 양은 극소량이며 일생동안에 필요한 양도 겨우 한두 컵 정도라고 합니다. 따라서 과식자는 과다하게 섭취한 비타민이나 무기물을 대·소변으로 배설하게 되므로 아까운 음식을 버리는 사람이나 마찬가지라는 것입니다. 그리고 단식이 건강증진이나 병의 치료에 효과가 있다는 말도 사실은 근거가 없다고 합니다. 인간의 심장이 평생 뛰도록 설계되어 있는 것처럼 인간의 소화기관도 그러한데, 단식은 소화시스템을 일시적으로 중단시키게 되므로 건강에 유해하다고 합니다.

버나드 박사가 강조하는 것은 소식과 균형식사입니다. 그는 빵 한 조각에서도 성인이 40분간 운동할 수 있는 에너지가 나온다고 합니다. 이렇게 보면 대부분의 사람들은 과식을 하고 있는 것으로 볼 수 있으며 따라서 누구나 건강을 해치지 않고서도 먹는 것을 크게 줄일 수 있다는 것입니다. 식량수입을 많이 해야 되는 우리 나라의 경우에는 사람들이 먹는 것을 줄이면 식량수입도 줄어 들고 아까운 외화도 그만큼 절약할 수 있게 되는 것입니다. 여러분 주위에는 혹시 다음과 같은 어리석은 일을 하고 있는 사람들이 없습니까?

첫째, 많이 먹고 많이 마시기 등의 시합을 하지는 않습니까?

둘째, 단번에 쇠고기 몇 근, 술 몇 병을 먹고 마신다는 등의 자랑을 하지는 않습니까?

세째, 자기는 물론 남들에게도 과식, 과음할 것을 강요하지는 않습니까?

이외에도 버나드 박사는 채소를 삶은 물은 각종 영양분을 포함하고 있으므로 버리지 말고 사용하라는 등의 음식의 절감방안도 여러 가지 제시하고 있습니다. 인간은 누구나 먹고 마시는 것을 절감할 수 있는 방안을 잘 모색해야 될 것으로 보입니다. 과음, 과식으로 귀중한 음식물을 낭비하는 사람은 누구나 이른바 '낭비죄'를 범하는 '경제죄인'이 되는 것입니다. 말레이지아의 수도 쿠알라룸풀에는 술집의 수가 모두 30개도 안 되는데 서울에는 한 동네에만도 200개가 넘는 곳이 있다고 합니다. 성경도 먹고 마시는 것에 대하여 다음과 같이 경고하고 있읍니다.

"흥청대며 먹고 마시는 일과 쓸데없는 세상걱정에 마음을 빼앗기지 않도록 조심하며(누가복음 21장 34절)," "술을 즐겨하는 자와 고기를 탐내는 사람과는 어울리지 말아라. 고기와 술에 빠지면 거지가 되고 술에 곯아 떨어지면 누더기를 걸치게 된다(잠언 23장 20-21절)." 그리고 "새벽부터 술을 찾아나서고 밤 늦게까지 술독에 빠져 있는 자들은 비참하게 된다(이사야 5 장 11 절). "

음주에 관한 버나드 박사의 제언(提言)

참고로 음주에 관하여 크리스챤 버나드 박사가 지적한 것을 보면 다음과 같습니다.

첫째, 공복(空腹)에는 술을 마시지 않도록 하고, 독한 술을 꼭 마셔야 할 때에는 먼저 우유를 한 잔 마셔서 위를 보호해야 합니다.

둘째, 독한 술은 가급적 묽게 하여 마셔야 합니다.

셋째, 술을 많이 마시면 간 속에 있는 비타민 B의 양이 줄어들므로 이를 많이 섭취해야 합니다.

넷째, 당뇨병, 고혈압 등을 앓고 있는 사람은 술을 마시면 안 됩니다.

다섯째, 술은 많은 칼로리를 포함하고 있으므로 체중을 증가시킵니다.

여섯째, 술을 수면제나 신경안정제 등과 같이 마시면 안 됩니다.

일곱째, 술은 많이 마시면 식욕을 감퇴시키므로 몸에 해롭습니다.

정상적인 사람은 술을 하루에 두 잔 이상 하지 않는 것이 좋다고 합니다. 과음은 아까운 시간을 낭비하게 하고 건강을 해치게 하며, 뿐만 아니라 운전자에게는 교통사고의 주 원인이 되기도 합니다. 술은 잘못 마시면 자신은 물론 남을 크게 해치는 원인이 되기도 하는 것입니다. 이러한 이유로 코란은 회교도들로 하여금 술을 아예 마시지 못하게 하고 있습니다. 아무튼 누구나 마음만 먹는다면 먹고 마시는 데서 상당한 양을 절감할 수 있을 것으로 보입니다.

식원병(食原病)과 자연식

　자연식의 세계적인 권위자 치 수(Chee Soo)는 명저 〈장명(長命)의 길 (The Tao of Long Life)〉에서 대부분의 사람들은 필요없거나 먹어서는 안 될 음식물을 너무 많이 먹기 때문에 돈을 낭비하고 건강을 해치게 된 다고 하였습니다. 그는 하나님께서 인간을 창조하실 때, 인간이 올바 르게 먹고 마셔서 인체라는 복잡다기한 기계가 필요로 하는 음식물을 필요한 양만큼만 섭취하면, 즉 '음식물을 몸이 수요하는 대로 공급하면' 몸에서 병이 잘 생기지도 않을 뿐만 아니라, 생기더라도 인체가 스스 로 고칠 수 있도록 만드셨다고 합니다. 그러나 사람들이 음식물을 잘 못 먹거나 과식하기 때문에 인체가 '병의 자연적 치유능력'을 잃게 되 어 고혈압, 당뇨병, 심장병, 비만증 등의 각종 식음관계 질병, 즉 식 원병(食原病)에 걸리게 된다고 하였읍니다. 즉, 인간이 스스로 이들 병 을 자초한다고 하였읍니다. 되풀이하여 말하자면, 사람들이 몸의 필요 에 따라 알맞게 먹고 마시면 이런 병이 생길 리가 없다는 것입니다.

　이른바 '하아스 영양법'을 개발한 영양학의 세계권위자인 로버트 하 아스 박사도 그의 베스트 셀러 〈승리는 음식으로부터〉에서 이와 같은 것 을 지적하고 있읍니다. 하아스 박사는 이미 대학생일 때 심한 고혈압 환자가 되어, 평생동안 매일 약을 복용해야 된다는 의사의 진단을 받 을 정도였읍니다. 그는 실의 속에서 세월을 보내다가 한 번은 음식물 로 몸의 병을 치료할 수 있다는 신념을 갖게 되었던 것입니다. 따라서 그는 전공도 영양학으로 바꾼 후 스스로 식이요법을 개발하여 드디어 는 자신의 병을 완치하게 되었을 뿐만 아니라 세계적인 영양전문가가 되기에 이르렀읍니다. 뿐만 아니라 지금은 지미 코너스, 마르티나 나 바르틸로바 등 많은 세계적인 운동 선수들의 영양 고문이 되기에 이르렀읍니다.

현대인이 많이 걸리는 심장병, 당뇨병, 간질환, 뇌졸중 등은 현대
병, 문화병 또는 사람들이 만든 병이라고 하여 인조병 (人造病)이라고 하
는데 그 원인은 물론 스트레스 등 심리적인 것도 있겠으나 술, 담배,
오염된 식품 등을 과다히 섭취하는 데에도 있으므로 '식원병'이라고도
합니다. 아까운 돈을 낭비하면서 음식을 잘못 먹은 결과, 이러한 병을
얻어 괴로움을 당하고, 이를 고치기 위하여는 더 많은 돈을 쏜다면, 이
얼마나 불행하고 낭비적인 일이겠읍니까? 그리고 국가 사회로 볼 때
도 국민들이 음식을 잘못 먹어 얻은 병을 고치기 위하여 어렵게 번 귀
중한 외화로 병원을 더 짓거나 식량을 더 수입해야 한다면 이 또한 얼
마나 큰 낭비이겠읍니까? 불확실성의 시대의 저자 갤브라이즈에 따르
면 자본론을 쓴 마르크스의 사망원인도 과다한 음주, 끽연에 의한 식
원병(食原病)이라고 합니다.

여기에 치 수가 밝힌 자연식의 방법을 옮겨 적습니다. 혹시 여러
분들 주위에 식원병을 앓고 있는 이웃이 있다면, 그들이 먹고 마시는
것이 이와 얼마나 차이가 있는가 그리고 우리는 먹고 마시는 것을 얼
마나 절감할 수 있을까를 이를 통하여 검토해 보기 바랍니다. 치 수는
〈곱게 늙으십시오〉란 제목을 부친 그의 책 마지막 장에서 다음 여섯 가
지의 일반적인 식음방법을 제시하고 있읍니다.

　1. 가능하면 소금 대신에 간장을 먹도록 한다.　　그런데 한국사
람들은 서양사람들보다 소금을 무려 20배나 더 먹는다고 합니다.
　2. 기름기 많은 음식물을 가급적 피한다.
　3. 열대성 과일이나 그것으로 만든 드링크류를 피한다.
　4. 섭취하는 액체의 양을 가급적 줄인다.　　여러분들은 방이나 사
무실 등을 들락날락하면서 커피, 홍차, 쥬스, 냉수 등을 계속 마시지
는 않습니까? 그리고 폭음하는 일은 없읍니까?

5. 입안에 든 음식이 거의 물이 될 때까지 철저히 씹어서 먹는다.
6. 얼음과 같이 찬 음식이나 드링크류를 피한다.

이상은 식음에 관한 극히 일반적인 사항들인데, 구체적으로 먹어서 좋은 음식과 먹어서 좋지 않은 음식에 관해서 그가 밝히고 있는 것을 보면 다음과 같습니다.

가급적 적게 먹어야 할 음식물

1. 정제 가공식품류.   특히 인공색소나 방부제, 인공감미제 등의 화학약품이 포함된 것
2. 가공된 곡물류.   특히 흰색의 곡물가루를 주 성분으로 가공된 식품
3. 기름을 많이 써서 튀긴 것
4. 커피, 알콜, 담배, 사탕 및 과자류
5. 인공양념류, 산에서 캔 소금, 겨자, 고추, 식초, 카레 등
6. 육류.   특히 기름기가 많은 것
7. 기름기가 많은 생선류
8. 설탕
9. 아이스크림, 인공젤리, 합성 과일쥬스 등
10. 감자, 토마토, 시금치 등
11. 농축된 고기나 수프류
12. 우유, 치즈, 버터, 삶은 달걀 등
13. 동물의 지방질로 만든 라드나 식품류
14. 지방질이 많은 조류나 생선류

먹어도 좋은 음식물

1. 가공되지 않은 낱알형태의 곡물.   즉 현미, 보리, 기장, 호밀이나 이들을 써서 만든 자연식품
2. 그 계절에 그 지방에서 생산되는 채소류로서 특히 뿌리를 식용으로 하는 채소류
3. 콩과 콩나물
4. 김, 미역 등의 해초류
5. 그 지방에서 생산되는 과일과 딸기류
6. 호도, 밤 따위의 나무 열매류.   소금에 절인 것이 아니라 로스트한 것
7. 지방질이 적은 자연식 요쿠르트
8. 꿀(소량)
9. 카테지치즈 또는 채식주의자들의 치즈
10. 약초로 만든 차나 중국차
11. 식물성 마가린과 기름, 참기름, 해바라기씨기름 등
12. 계란은 스크램블이나 오믈랫으로 만들어 먹을 것
13. 천일염, 참기름을 섞은 소금, 간장 등
14. 말린과일, 말린버찌류, 건포도 등
15. 곡물로 만든 우유, 코코낫우유 등
16. 야생채소 및 약초
17. 과일쥬스는 그 지방에서 나는 신선한 과일로 만든 것으로 가급적 손수 만든 것
18. 지방질이 적은 생선류
19. 새우류 등의 해산물.   그러나 게는 피할 것
20. 야생조류

21. 야생으로 기른 닭이나 칠면조
22. 스킴드밀크류

치 수에 따르면 이와 같은 '장명식'을 두 달간만 실천하더라도 건
강증진의 효과는 뚜렷하게 나타난다고 합니다. 처음 이를 익히는 것은
힘드나 습관이 되면 몸도 마음도 크게 좋아지므로 인간의 행복을 증진
하는 훌륭한 방법이 된다고 합니다. 그는 앞서 말한 바와 같이 사람의
몸은 복잡한 기계인데 복잡한 기계가 필요로 하는 각종 음식물을 알맞
게 섭취하는 것이 건강을 위해서 무엇보다 필요하다고 했습니다.

버나드 박사의 샤바사나 호흡법

지금까지 말한 것은 사람의 입으로 들어 가서 몸 속에 남거나 몸
밖으로 배설되는 것입니다. 크리스챤 버나드 박사에 따르면 인체라는
복잡한 기계가 잘 움직이는 데 있어서 입으로 들어 가는 음식 못지 않
게 중요한 것은 코로 들어 가는 공기라고 합니다. 그가 권장하는 호흡
법을 아울러 소개하니 참고하기 바랍니다. 그는 사람들은 누구나 틈 있
을 때마다 심호흡을 하여 맑고 깨끗한 공기가 체내에서 잘 순환하도록
하는 것이 무엇보다 중요하다고 하였습니다. 그가 권하는 것은 '샤바사
나(Shavasana) 호흡법'으로 이른바 죽은 사람 자세의 호흡법이라고도 합
니다. 우선 평면에 똑바로 누워서 양손을 몸 옆으로 가지런히 둔 다음
에 다리는 약간 벌린 채 온몸의 긴장을 완전히 풀고 극히 편안한 자세
를 취합니다. 마음을 완전히 비운 상태, 즉 무아지경이 되어 숨쉬는 데
에만 정신을 집중해야 되며 이러한 상태에서 숨을 가급적 천천히 코로
쉬어야 된다고 합니다. 샤바사나 호흡법은 특히 잠자기 전이나 잠을 깬
직후에 하기 좋은 것으로서 처음 배우는 것은 어려우나 일단 이를 잘
익히게 되면 누구나 심장질환 등 현대병으로부터 쉽게 벗어날 수 있다

고 합니다.

버나드 박사는 사람들은 누구나, 가능할 때에는 언제든지 샤바사
나 호흡을 하는 것이 좋다고 하였으며, 이는 아무리 많이 해도 몸에 해
가 없다고 하였읍니다. 샤바사나 호흡을 한 번에 최소한 15회만 하더
라도 심신이 편안한 상태가 된다고 하였읍니다. 샤바사나 호흡법은 몸
전체의 시스템을 편히 쉴 수 있도록 하기 때문에 혈액순환을 촉진하고
심장의 근육을 이완시키며 혈관 속에 지방질이 끼는 것을 방지한다고
합니다. 이와 같이 호흡을 통하여 건강을 크게 증진함은 물론 각종 현
대병을 막을 수 있다면 경제학적으로도 커다란 득이 됨은 물론입니다.
(이 글을 읽고 많은 도움말씀을 주신 성균관대학교 이대근 교수께 감사드립
니다.)

23

인간이 가지기를 원하는 것들

여러분은 무엇을 가지려고 합니까? 그리고 현재 자신이 바라는 것들을 얼마나 가지고 있읍니까? 기업들은 보유하고 있는 건물, 기계장비, 원료, 반제품, 완제품 등의 상태를 '재물조사'라 하여 수시로 조사하여 파악하고 있읍니다. 여러분들도 어떤 것을 얼마나 가지고 있는지 수시로 조사하여 파악하고 있읍니까? 여러분들은 어떠한 것들을 바라며, 또한 바라는 것을 얼마나 가지고 있는지 아래의 것들을 보고 연구해 보기 바랍니다.

1. 심신의 건강.　　여러분은 육체적으로는 물론 정신적으로도 건강합니까?

2. 마음의 평화.　　마음은 근심, 걱정, 불만, 불평, 좌절감, 복수심과 열등의식 등으로부터 벗어나 평안한 상태에 있읍니까?

3. 신앙.　　여러분은 하나님의 섭리를 존중하고 이웃과의 사랑을 중시하며 자신의 심령을 평안케 할 수 있는 신앙을 가지고 있읍니까?

4. 행복한 가정생활.   여러분의 가정생활은 행복합니까? 결혼 생활은 만족한 상태이며 가족들도 서로 화목한 생활을 하고 있읍니까?

5. 적성에 맞는 창조적인 일.   여러분은 자신의 일을 돈벌이나 먹고 살기 위하여 할 수 없이 하는 것이 아니라 적성과 취미에 맞아 즐거운 마음으로 할 뿐만 아니라, 동시에 남이나 세상에도 도움을 줄 수 있는 어떤 창조적인 일을 하고 있읍니까?

6. 순수한 동기로 좋아하는 친구들.   여러분은 돈이나 이해관계 때문이 아니라 순수한 동기로 여러분을 좋아하는 참된 친구들을 가지고 있읍니까?

7. 재물.   여러분들은 재산을 얼마나 갖고 있으며 또한 그 재산은 얼마나 늘어 가고 있읍니까?

앞의 여섯 가지, 즉 심신의 건강, 마음의 평화, 신앙, 행복한 가정 생활, 적성에 맞는 창조적인 일과 순수한 동기로 자신을 좋아하는 친구 등 여섯 가지는 누구나 갖기를 원하는 귀중한 것들이 아닌가 합니다. 이것들은 돈을 주고도 살 수 없는 것들입니다. 그렇기 때문에 백만장자라도 다 갖기 어려운 것들임은 물론입니다. 여러분은 일상생활을 하는 가운데 세계적인 부호들도 이런 것들을 얻지 못한 채 심지어 자살하는 경우가 적지 않은 것을 보아 왔을 것입니다. 돈을 벌고 재산을 축적하는 것도 중요하지만 그것이 1에서 6까지를 동시에 증가시킬 수 있는 방향으로 이루어지지 않으면 별 의미가 없는 것입니다. 돈만을 신(神)으로 섬기는 사람들은 돈은 많이 벌 수 있을지 모르나 대부분은 1에서 6까지를 얻지 못한 채 불행하게 일생을 마치고 마는 법입니다. 존 디 록펠러는 "돈밖에 아무것도 가진 것이 없는 사람이야말로 가장 가난한 사람"이라고 하였읍니다. 국민 한 사람 한 사람이 모두 이들을 잘 갖추어 나갈 때 개개인이 행복하게 됨은 물론 국가사회도 그만큼 안정되고 부강하게 될 것으로 보입니다.

24

먼저 주는 것부터 배우십시오

먼저 베풀어야 받을 수 있는 것은 인간사회의 법칙

많은 사람들은 무엇이나 거저 얻으려고 합니다마는 이것이야말로 커다란 착각이 아닐 수 없읍니다. 노름꾼들은 노름으로, 사기꾼들은 사람을 속여서 거저 돈을 벌어 보려고 하지만 이런 사람들이 세상의 참 부자가 되는 법은 드문 것입니다. 여러분들은 이웃이나 세상으로부터 무엇을 받기를 바라기 전에 먼저 주는 것부터 배워야 합니다. 먼저 주어야 받을 수 있다는 것이야말로 인간사회의 법칙임은 물론 대자연의 법칙이기도 합니다.

우선 대자연을 보십시오. 가령, 땅은 비옥하여 심는 대로 풍성히 생산해 줄 수 있다 하더라도 여러분이 그 땅에 먼저 씨앗을 뿌려 주지 않으면 수확을 거둘 수가 없는 법입니다. 먼저 씨를 대자연에 뿌려 주어야 대자연도 풍성한 결실을 맺어서 인간들에게 돌려 줄 수 있는 것입니다. 여러분들은 인간세상에 대하여도 무엇이든 먼저 주는 것을 배워야 하며 주고 난 다음에야 받을 수 있게 된다는 것을 알아야 합니다.

70세에 은퇴한 일본의 어느 선장의 이야기가 있습니다. 그는 거대한 배의 선장을 하다가 은퇴한 후 "나는 근무기간 중 사고 한 번 낸 적 없었고 지금도 감기 한 번 안 걸릴 정도로 건강한데 벌써 은퇴를 하라니 말이 안 된다"며 불평 속에서 살다가 마침내 시름시름 앓더니 두 달도 채 안 되어 세상을 떠났다고 합니다. 우리 나라에서도 건강한 사람이 퇴직한 후 할 일없이 지내다가 일찍 생을 마치는 경우가 많습니다. 사실 이런 사람들의 상당수는 가난한 사람을 돕거나 남을 위하여 할 일이 무수히 많은데도 불구하고 그렇게 할 생각은 전혀 못하고 세상이 자기에게 해 주는 것이 없다면서 불평하다가 생을 마치는 사람들입니다. 즉, 이런 사람들은 주는 것은 모르고 항상 받는 것만 생각하다가 아무 것도 받지를 못하게 되면 불평과 좌절감 속에서 남을 원망하다가 세상을 마치고 마는 것입니다. 우리 나라에는 자기의 전 재산과 노력뿐만 아니라 심지어 자기의 자녀들도 자기가 경영하는 고아원에 넣어 고아들을 자기 자식같이 키우는 데 평생을 보내는 사람들이 많습니다. 그리고 전과자에게 시집을 가서 남편을 선한 사람이 되도록 한 것은 물론, 그 남편과 힘을 합하여 다른 전과자들을 선한 사람으로 만드는 데 평생을 바치는 거룩한 사람도 있습니다. 이런 사람들은 그야말로 '남에게 무엇인가 주는 데' 신명을 바치는 사람들인 것입니다. 사람은 누구나 이웃에게 베풀 줄을 알아야 합니다. "주는 것이 받는 것보다 더 행복하다"(사도행전 20장 35절)는 성경말씀의 참 뜻을 깊이 새길 필요가 있습니다.

우선 여러분은 얼굴에 미소를 띠거나 밝은 표정을 지어 남에게 즐거움을 줄 수 있도록 노력하십시오. 그렇게 하는 것이 어렵거든 거울을 보고 연습하십시오. 남에게 미소로 대하면 남도 여러분에게 미소를 대하고 상을 찡그리면 남도 그렇게 합니다. "내 얼굴은 물에 비치듯 남의 얼굴에 비치고, 내 마음도 물에 비치듯이 남의 마음에 비치기 마련"
(잠언 27 장 19 절)인 것입니다.

여러분은 남의 물건을 빼앗는 것이 남을 해치는 일임을 잘 알듯이
나쁜 말을 함으로써도 남을 해칠 수 있다는 것을 잘 알 것입니다. 공
연히 말을 잘못하여 남을 해치는 일이 없도록 해야 됩니다. 그리고 항
상 남을 돕고 세상에 보탬이 될 수 있는 일이 무엇인가를 생각하십시
오. 돈이 아니더라도 친절한 말이나 만날 때 먼저 건네는 따뜻한 인사
와 밝은 얼굴 표정, 아픈 사람에 대한 다정한 전화 등 남을 돕는 방법
은 얼마든지 있읍니다. 여러분의 마음 속으로부터 우러나오는 좋은 뜻
은 항상 그 보답도 그렇게 돌아오게 마련입니다. 우리 속담에도 있듯
이 가는 말이 고우면 오는 말도 곱게 마련인 것입니다. 불경의 무재칠
시를 읽으면서 남에게 어떤 것을 베풀 수 있는가를 검토해 보기 바랍
니다.

무재칠시(無財七施)

불경(雜寶藏經)에서는 재물이 없는 사람이라도 '깨끗한 마음으로 남
에게 베풀 수 있는 일', 즉 보시(布施)에는 7 가지가 있음을 밝히고 있
읍니다. 누구나 재물이 없기 때문에 남을 도울 수 없다고 한탄할 것이
아니라, 재물없이도 남에게 베풀 수 있는 일이 7 가지가 있으니, 즉 무
재칠시가 있으니 이를 알고 실천해야 된다는 것입니다.

무재칠시의 첫째는 남의 일을 도와주는 등 남에게 몸으로 봉사를
하는 것인데, 이를 신시(身施)라고 합니다.

둘째는 심시(心施)로 남에게 동정심 등 따뜻한 마음을 베푸는 것입
니다.

세째는 안시(眼施)로서 눈으로 남을 볼 때 남이 평온한 느낌을 받

을 수 있도록 하는 것입니다.

네째는 화안시(和顏施)로서 온화한 얼굴표정을 통하여 남에게 도움을 주는 것입니다.

다섯째는 언시(言施)로서 남에게 친절하고 따뜻한 말을 해주는 것입니다.

여섯째는 상좌시(牀座施)로서 남에게 자리를 잡아 주거나 양보하거나 편안하게 해주는 것입니다.

일곱째는 방사시(房舍施)로서 남에게 자신의 방을 이용하게 하거나 집에 와서 쉬거나 묵게 하는 등으로 도움을 주는 것입니다.

불경은 이러한 도움은 아무리 가난한 사람이라도 남에게 베풀 수 있는 것이므로 일상생활에서 항상 실천하도록 노력해야 된다고 하였읍니다.

남에게 더 많은 것을 베풀기 위하여는

남에게 더 많은 것을 베풀기 위하여 여러분은 어떻게 해야 되는가를 다음을 읽으면서 연구해 보기 바랍니다.

첫째, 여러분들은 무엇보다 성실하게 능력을 키워 세상에 보다 쓸모있고 가치있는 사람이 되도록 노력하십시오. 그래야 세상에 더 많은 것을 줄 수 있고 그만큼 더 큰 대가도 받을 수 있게 됩니다. 공자는 논어(論語)에서 "내가 손에 넣고 싶어하면 먼저 남에게 얻게 해준다(己欲達而達人)"고 했읍니다. 학교를 졸업하고 졸업장을 들여다 보면서 이제는 공부가 끝났으니 성공이 저절로 여러분들을 찾아 올 것으로 생각한다면 그것이야말로 큰 착각입니다. 졸업을 하고서도 계속하여 더 열심히 배우려고 노력하는, 근면하고 꾸준한 학생이 되십시오. 그리고 여러분들이 하는 일이 무엇이든, 그 일과 관련된 지식을 계속 넓히고 그

방면의 최신기술과 정보를 도입하고 익히도록 노력하십시오.

둘째, 열심히 애써 일한다면 그에 상응하는 대가는 어느 때이든 돌아오게 마련이므로 여러분들은 먼저 자신이 하는 일에 시간과 정성과 노력을 아낌없이 바치십시오. 만약 이것을 바치는 데 여러분들이 인색하다면 그 대가로 여러분들에게 돌아가는 것 또한 점점 더 적어질 것입니다. 콩 심은 데에서 콩을, 팥 심은 데에서 팥을 거둡니다. 그리고 적게 심으면 적게, 많이 심으면 많이 거두는 것이 인간세상의 인과응보(因果應報)가 아니겠읍니까? 성서에서는 "남 사랑하면 제가 사랑받고, 남 잡으면 제가 잡힌다. 악인에게 돌아오는 삯은 헛것이지만 정의를 심는 사람에게는 어김없이 상이 돌아온다"(잠언 11 장 17-18 절)고 하였읍니다. 그리고 "인심이 후하면 더욱 부자가 되지만 인색하게 굴면 오히려 궁해지며, 남에게 은덕을 베풀어야 풍부해지고 남을 대접해야 저도 대접을 받는다"(잠언 11 장 24-25 절)는 것입니다. 맹자도 "너에게서 나온 것이 너에게로 돌아간다." 즉, "선에는 선이, 악에는 악이 돌아간다(出乎爾者 反乎爾者也)"고 하였읍니다.

세째, 여러분들이 만약 큰 돈을 벌려고 한다면 먼저 다른 사람에게 그 많은 돈에 상응하는 상품이나 서비스를 공급해 주어야 합니다. 자동차왕 포드를 보십시오. 그는 먼저 성능이 우수하며 안전하고 좋은 차를 세상사람들에게 많이 만들어 주었기 때문에 그렇게 많은 돈을 벌수 있었던 것이 아니겠읍니까? 그리고 세계적인 호텔 체인을 갖게 된 힐튼도 여행자들의 기호에 맞는 안락한 서비스를 그들이 바라는 장소에 바라는 대로 제공하였기 때문에 결국 호텔왕의 꿈을 실현할 수 있었던 것이 아니겠읍니까? 포드자동차회사를 창립한 포드 1 세는 이미 세상을 떠났지만 그에게 그렇게 많은 돈을 벌 수 있도록 해준 세상사람들에 대한 감사의 표시로, 포드재단을 통해서 아직도 많은 사람들에게 연구비를 계속 지원해 주고 있지 않습니까?

네째, 만약에 여러분들이 현재 하고 있는 사업이 더 번창해지기를 원한다면 먼저 치루어야 할 대가가 어떠한 것인가를 숙고하십시오. 우선 여러분들은 다음의 질문들을 스스로에게 던져보기 바랍니다.

1. 현재 다른 사람에게 제공하고 있는 나의 물건이나 서비스의 질을 어떻게 하면 조금이라도 더 좋게 할 수 있을까?

2. 어떻게 하면 나를 찾아오는 고객들에게 보다 좋고 다양한 서비스를 제공할 수 있을까?

3. 현재 팔고 있는 상품이나 서비스의 대가를 너무 많이 받고 있지는 않는가?

4. 미소나 밝은 표정을 통하여 고객이나 내가 대하는 사람들을 즐겁게 하고 있는가?

5. 다른 사람들이 나와 사귀기를 원하도록 행동하고 또한 나와 더불어 일하는 것을 좀 더 편하게 여기도록 노력하고 있는가? 그리고 그들을 내 경쟁자에게 빼앗기지 않도록 노력하고 있는가?

이는 사업을 하지 않는 사람들도 현재 자기가 하는 일을 개선하는 데 도움이 되는 질문들이라고 할 수 있습니다.

다섯째, 여러분들이 남의 지도자가 되어 "남을 다스리기를 원한다면 먼저 여러분 자신을 다스릴 줄 알아야 합니다"(불교성전 제 390 판, 長阿含經第 2). 그리고 진정으로 남을 위하려고 하는 의도와 위할 수 있는 능력이 있어야 합니다. 그래서 남으로부터 신뢰를 받을 수 있어야 합니다. 지도자는 무엇보다 사심이 없고, 남을 위하는 생각이 있어야 합니다. 역사적으로 볼 때, 우리 나라에는 이러한 지도자가 많았읍니다. 이순신 장군을 보십시오. 그는 신뢰받는 유능한 장군으로서 수많은 왜적을 물리치고 최후까지 전투의 맨 앞장에 서서 책임을 다하다가 목숨까지 바친 우리 나라의 존경받는 지도자가 아닙니까? 일본 해군제독 도오고 헤이하찌로(東鄕平八郎)는 러시아와의 일대해전을 앞두고 부하 해군을 이끌고 우리 나라 진해만을 일부러 방문하여 이순신 장군의 영전에서 일본해군이 승전할 수 있도록 도와줄 것을 간절히 빌었다고 합니다. 그는 결국 러시아와의 대해전에서 승리하여 일본의 국운을 상승케 하는 계기를 마련하게 되었고 그 이후에도 더없이 이순신 장군을 숭상하였던 것입니다. 우리들은 이웃나라 사람들도 마음 속으로부터 존경하는 이순신 장군의 '지도자정신'을 배워야 할 줄로 믿습니다. 안창호 선생은 일찌기 신뢰받을 수 있는 유능한 지도자가 없는 것이 우리나라의 문제라고 개탄한 바 있습니다. 훌륭한 지도자만 만나면 우리 나라 국민은 무한한 능력을 발휘할 수 있을 것이라고 말하는 사람도 많습니다. 크고 작은 각종 조직체의 지도자가 훌륭해야 나라가 잘 될 수 있음은 말할 것도 없습니다.

여러분 주위에는 남으로부터 받고 빼앗는 것만을 좋아하는 사람들이 많습니까? 남에게 주고 베푸는 것을 좋아하는 사람들이 많습니까? 또는 주고 받는 것(give and take)의 뜻을 알고 이를 실천하는 사람들이 많습니까? 그리고 여러분 자신은 어떠합니까? (이 글을 읽고 도움말씀을 주신 서울대학교 경제학과 정기준 교수께 감사드립니다.)

인간의 무한한 가능성

무의식세계의 무한한 능력

무더운 여름철에 즐겨 먹는 커다란 수박을 칼로 갈라보면 그 속에는 입맛을 당기는 아름다운 색깔의 싱그러운 수박살이 가득 차있고 무수한 씨앗들이 질서정연하게 박혀 있는 모습이 금방 눈에 띌 것입니다. 겉에는 여름철 무더위를 식히는 데 적격인 자연색무늬가 잘 채색되어 있는 것이 또한 눈에 들어 올 것입니다. 이 모두는 어디에서부터 생긴 것이겠읍니까? 그것은 물론 땅에 심겨진 자그마한 수박씨 한 알로부터 생긴 것입니다. 가르쳐 줄 사람도 상의할 사람도 없는데, 그 보잘 것 없는 수박씨 하나가 땅으로부터 필요한 모든 양분을 필요한 양만큼 골고루 잘 섭취하여 크고 우람스러운 수박을 그 가늘가늘한 가지에 한 두 개도 아니고 여러 개 만들어 내고, 그 속에는 그 많은 씨앗을 질서 정연하게 만들어 배치하며 또한 표면에는 그렇게 자연스러운 채색까지

곁들이는 것을 보면 정말 신비스럽다고 할 수밖에 없습니다. 어떻게 그렇게 작은 수박씨 하나가 그런 신비스런 일을 다 해낼 수 있겠읍니까? 이는 하나님께서 수박씨를 만드실 때 이러한 모든 능력을 그 안에 부여하셨기 때문이라고 할 수 있을 것입니다.

그런데 사람의 경우는 어떠하겠읍니까? 사람에게는 하나님께서 얼마만큼의 능력을 부여하셨겠읍니까? 사람의 두뇌는 수박씨에 비하면 몇 만 배 아니 몇 십만 배가 될 정도로 크니 그 능력 또한 그렇게 되어야 하지 않겠읍니까? 인간의 능력은 가히 무한합니다. 사람의 마음은 의식세계와 무의식세계로 구분되는데 하나님께서는 그중 무의식세계를 그야말로 무궁무진한 능력을 발휘할 수 있도록 만드셨다고 합니다. 석가모니가 가르침을 받을 스승이나 배울 책이 없었는 데도 불구하고 스스로 그 심오한 불교의 진리를 깨달을 수 있었던 것은 바로 이 무의식세계의 무궁무진한 능력 때문이며 아인슈타인이 빛의 속도가 초당 30만 킬로미터가 된다는 것을 알아낸 것도 바로 이러한 능력에 기인하는 것입니다. 사실 자로 잴 수도 없고 또한 빛을 따라가 볼 수도 없는데 어떻게 그 속도를 재었겠읍니까? 이는 직접 재어보지 않고도 알아낼 수 있는 인간두뇌의 무한한 능력 때문이라고 할 수밖에 없읍니다. 인간이 상대성원리를 발견하고 초당 수십 억 번 이상 계산할 수 있는 초고속 컴퓨터를 만들어 내고 하는 것도 모두 인간두뇌의 그 무궁무진한 능력에 기인하는 것입니다. 요는 인간의 무의식세계 속에는 진리를 깨달을 수 있는 무궁무진한 능력이 부여되어 있다는 것입니다.

무한한 능력을 잘 활용해야

인간은 이와 같이 무의식세계에 내재된 능력, 즉 하나님으로부터 부여받은 무한한 능력이 있음에도 불구하고 이를 잘 활용할 생각은 전혀 못한 채 스스로 듣고 보고 느끼고 배운, 극히 불완전하고 한정된 지식만을 바탕으로 매사를 판단하고 해결하려고 하니 일이 어렵게 되고 실패하는 경우도 적지 않은 것입니다. 대부분의 사람들은 일생동안 이 무궁무진한 능력의 '보물창고'를 몇 십 아니 몇 백, 몇 천분의 일도 활용하지 못하면서 어렵게 살다가 생을 마친다고 합니다.

인류 최초로 심장수술을 집도한 바 있고, 건강에 대하여 7권의 세계적인 베스트 셀러를 쓴 바 있는 크리스챤 버나드 박사는 최근의 저서에서 바로 이 점, 즉 인간은 누구나 무의식세계 속에 무궁무진한 능력을 타고 난다는 사실을 강조하고 있읍니다. 그는 인간의 이러한 무의식세계야말로 현대의학으로도 도저히 이해할 수 없는 복잡하고 신비스러운 것이라고 하였읍니다.

가령 사람들이 긴급한 일로 내일 새벽 6시에는 꼭 일어나야 되는데 하고 안달을 하다가 자게 되면 거의 정확히 그 시각에 잠이 깨는데 그에 따르면 이는 모두 무의식세계의 능력과 작용 때문이라고 합니다. 그에 따르면 사람은 몸 속에 생체시계(生體時計)를 갖고 있다고 합니다. 사람이 잠을 잘 때 의식세계는 잠을 자나 무의식세계는 깨어있으며, 뿐만 아니라 자기 전에 골똘히 생각했던 어려운 문제의 해답을 무의식세계가 찾아놓는 경우도 많다고 합니다. 어떤 사람들은 머리가 딱딱 아플 정도로 골치 아픈 문제가 있을 때는 그냥 자버리기도 합니다. 가령 남편이 그렇게 하면 부인은 안달을 하고 잠만 자는 무심한 남편을 원망하기도 하지만, 버나드 박사에 따르면 이러한 남편의 태도는 무의식세계의 기능과 작용의 관점에서 볼 때 올바른 행동이 될 수 있다는 것입니다.

따라서 그는 누구나 자신의 신변이나 가정 및 주위에 어려운 일이 겹칠 때는 무엇보다 신체조건을 좋은 상태로 유지하여 충분한 수면을 취할 수 있도록 하는 것이 중요하다고 합니다. 정신건강의 세계적 권위자인 죠지 스티븐슨 박사도 잠을 잘 자는 것은 인간의 행복에 절대적인 요건이라고 하였읍니다. 즉, 잠자는 동안 무의식세계가 기능을 잘 발휘하여 어려운 문제에 대한 해결책을 찾아 놓을 수 있도록 충분하고도 깊이 있는 수면을 취하라는 것입니다. 물론 무의식세계가 모든 문제를 다 쉽게 해결할 수 있으므로 문제가 생기는 즉시 잠을 자야 된다고 생각하면 큰 오해입니다.

세계적인 종교철학자 죠셉 머어피에 따르면 사람들은 누구나 무의식세계를 자기의 어려운 일을 상의하고 해결책을 모색하는 데 있어서 동반자로 활용할 줄 알아야 된다고 합니다. '수면에 대한 연구'의 세계적인 권위자 죠셉 비겔로우 박사도 인간이 잠을 자는 목적은 인간의 무의식세계가 본연의 무한하고도 신비스러운 능력을 발휘하도록 하기 위해서라고 합니다. 그에 따르면 잠자는 동안 인간의 무의식세계는 인간을 창조한 전지전능한 신과 교통하게 된다고도 하였읍니다.

참고로 월터리드 미육군 연구소는 수면에 대한 연구결과보고서에서 두 가지 흥미로운 결론을 제시하고 있는데 하나는 인간이 잠에 몹시 굶주리게 되면 결국에는 잠을 자기 위하여 무슨 희생이라도 치루게 된다는 것입니다. 오랫동안 잠을 못자게 하면 범인이 잠을 자기 위하여 범행을 다 털어 놓게 되는 것이나, 잠에 심히 굶주린 운전사가 목숨을 걸고서라도 잠을 자는 것이 그 증거입니다. 다른 하나는 잠을 제대로 자지 못하면 인간의 기억과 지각(知覺)능력에 혼란이 초래된다는 사실입니다. 그러므로 복잡한 대형항공기의 조종사나 국사와 관련된 중요정책을 결정하는 사람들에게 있어서 충분한 수면을 취하는 것은 극히 중요한 일입니다.

무의식세계는 인간이 어릴적부터 눈으로 보고, 귀로 듣고, 손으로 만지고, 혀로 맛보고, 피부나 감정으로 느끼고, 두뇌로 생각하는 모든 것을 기억하여 저장하는 커다란 창고의 역할을 합니다. 들은 것을 녹음기처럼 모두 녹음해 놓을 뿐만 아니라 본 것을 비디오테이프처럼 모두 입체사진으로 찍어 기억하며 또한 컴퓨터처럼 인간이 보고 느끼고 들은 모든 자료들을 입력하기도 합니다. 그리고 컴퓨터가 할 수 없는 인간의 감정이나 사고까지도 기억하여 입력할 수 있음은 물론입니다. 그야말로 인간의 지식으로는 도저히 이해할 수 없을 정도로 무한한 능력을 발휘하는 것입니다. 무의식 세계의 녹음기능 하나만 떼어서 보더라도 무의식세계는 63빌딩을 몇 개나 쌓아 놓은 것 만큼의 녹음테이프의 기능을 할 정도로 그 능력이 거의 무한하다고 합니다.

능력의 보고(寶庫)에 좋은 것을 쌓아야

특히 어릴 때 무의식세계에 어떤 것이 기억되고 저장되는가가 후일 개인의 사고와 행동에 커다란 영향을 미치게 된다고 합니다. 좋은 환경에서 부모님들과 주위 사람들로부터 많은 사랑을 받아가며 자란 사람의 무의식세계는 좋은 것들이 많이 입력되므로 그 행동이나 사고방식도 온전하게 되고, 반대로 각박한 환경에서 사랑을 모른 채 궂은 일만 겪으며 자란 사람의 무의식세계는 나쁜 것들이 가득 들어차게 되므로 행동이나 사고방식 또한 삐뚤어지기 쉽습니다. 우리 자신의 경우는 어떠하다고 생각하십니까? 우리 나라는 일제치하에서 모진 고난을 겪고, 6·25 사변 때는 사경을 헤매고 그 직후에는 굶주림에 시달리는 등 많은 역경과 환란 속에서 살아온 사람들이 많습니다. 그렇게 살아온 많은 사람들의 사고와 행동에서는 옛날 어려웠던 시절의 각박한 생활환경의 영향이 나타나고 있음을 종종 볼 수 있읍니다. 일반적으로 굶주림과 질병과 역경 속에서 살아가는 후진국 국민들일수록 그 감정과 사고는 여유가 없고 거칠어지기 쉽습니다. 후진국에는 기벽이 있는 사람들이나 이른바 '복잡한 사람'들이 많기 때문에 발전이 어렵다고 지적하는 사람들도 적지 않습니다. 후진국 국민들이 그 감정도 순화되고 성서에서 말하는 '온유한 사람'이 되는 데는 오랜 세월이 필요한 것입니다.

술만 먹으면 기이한 버릇을 나타내는 사람이나 심한 열등의식, 우월감 및 괴벽에 사로잡힌 사람들은 모두 자랄 때의 생활환경 때문이라고 하지 않습니까? 그래서 맹자의 어머니는 자녀교육 때문에 더 좋은 주거환경을 찾아서 이사를 세 번이나 하였다고 하는 맹모삼천지교(孟母三遷之敎)로 유명합니다.

여러분, 앞으로 우리 나라의 장래를 짊어질 어린이들의 성장터전인 현재의 생활환경은 어떠하다고 생각합니까? 특히 놀이터도 없이 아파트만 빽빽하게 들어 찬 지역을 어떻게 생각합니까? 사실 국민들이 피땀흘려 수출을 하고 외화를 벌어들여서 국민 모두가 합심하여 해야할 일은 좋은 주거환경을 개발하는 것이라고 하겠읍니다. 훌륭한 주거환경을 개발하여 어린이들이 건강하고 구김살 없이 자라서 건전한 사고를 할 수 있도록 해야 함은 물론 어른들도 노력의 대가를 쾌적한 주거환경으로 보답받고 또한 충분한 휴식도 즐길 수 있도록 해야 되는 것입니다. 조악(粗惡)한 도시생활환경은 어린이들은 물론 어른들의 사고체계에도 나쁜 영향을 두고두고 미치게 되니 좋은 도시생활환경의 개발이야말로 얼마나 중요한 국가대사입니까?

무의식세계는 인간이 태어나서뿐만 아니라 태아로서 배 속에 있을 때부터 그 기능을 발휘한다고 합니다. 좋든 나쁘든 어머니가 듣고 보고 느끼고 생각하는 그 모든 것은 그대로 태아의 무의식세계에 수록된다는 것입니다. 태아교육을 중시하는 것도 이런 이유에서입니다. 인간의 무의식세계는 올바로 계발되기만 하면 온갖 귀중한 생각을 다 저장해 놓을 수 있는 보물창고에도 비유될 수 있읍니다. 이 보물창고에 저장된 귀중한 생각들은 아무도 빼앗아 갈 수 없는 그야말로 100% 자기자신의 것입니다. 난리가 자주 나는 나라의 사람들은 언제 없어질 지 모르는 재물을 자녀교육에 모두 쓴다고 하는 것도 이 때문인 것입니다.
그러므로 누구나 온갖 값진 생각을 무의식세계에 계속 쌓아 나가야 되
는 것입니다. "여러분은 보물을 천국에 (마음 속에 있는) 쌓아 두십시오.
그 곳은 좀먹거나 녹스는 일이 없으며 도둑이 들어와 훔쳐가지도 못합
니다. 여러분의 보물이 있는 곳에 여러분의 마음도 있읍니다"(마태복음
6장 20-21절).

　어릴 때 보고 듣고 느끼고 생각한 것도 중요하지만 성인이 된 뒤
에 그렇게 하는 것도 마찬가지로 중요합니다. 따라서 개인이 일상생활
을 하면서 어떤 것을 보고 듣고 느끼고 생각하느냐가 그 사람의 행동
과 사고방식을 결정하는 것입니다. 항상 나쁘고 저속한 것만을 보고 듣
고 느끼고 생각하는 사람은 행동이나 사고도 그렇게 되며, 반대로 될
수록 좋고 고상한 것을 보고 듣고 느끼고 생각하는 사람은 사고와 행
동 또한 그렇게 됩니다. 그리고 항상 사랑을 생각하는 사람은 남을 돕
는 선인이 되고 항상 증오심을 품는 사람은 이웃을 해치는 악인이 되
는 것입니다.

　"그러므로 여러분에게 당부합니다.
　여러분은 무엇이든지 참된 것과 고상한 것과
　옳은 것과 순결한 것과 사랑스러운 것과
　영예로운 것과 덕스럽고 칭찬할 만한 것들을
　마음 속에 품으십시오"(빌립보서 4장 8절).

　사람은 누구나 좋은 책을 읽고, 좋은 음악을 듣고, 좋은 사람과 사
귀고, 좋은 것을 보고, 느끼고, 생각하도록 애써야 되는 것입니다. "여
러분은 자신을 위해 의(義)의 씨를 (마음 속에) 심고, 사랑의 열매를 거
둘 것이며, 자신의 마음의 묵은 땅을 갈아야 되는 것입니다"(호세아 10
장 12절). 마음의 밭에 "악을 뿌리는 사람은 재앙을 거둘뿐입니다"(잠
언 22장 8절).

죠셉 머어피는 사람은 누구나 좋은 일을 하면 할수록 더욱 많이 할 수 있는 능력을 얻게 되고, 악한 일을 하면 할수록 더욱더 악의 구렁텅이에 빠져 들게 되는 것이 인간의 마음을 지배하는 법칙, 곧 '마음의 법칙'이라고 합니다. 맹자가 '일일일선(一日一善)'을 강조한 것도 이 때문입니다.

선은 남에게도 좋으나 실천하는 사람 자신에게는 더욱 유익한 것입니다. 자동차를 운전하는 사람이 평소부터 교통순경이 보든 안보든 좋은 운전습관을 익히려고 하는 것도 이 때문입니다. 예를 들면, 차선을 바꿀 때도 미리 신호를 주어 뒤차에게 알린 다음 여유있게 바꾸는 습관을 평소부터 잘 들여 놓아야 무의식적으로 갑자기 차선을 바꾸다가 사고를 당하는 일이 없게 됩니다. 사람의 마음은 어느 쪽으로 쓰든지 복리이자가 붙듯이 불어나가고 누적적으로 되는 성향이 있다고 합니다. 따라서 정신연령에 관해서도 여러분이 마음 속으로 늙었다고 믿을수록 노화가 빨리 되고 젊다고 믿을수록 그만큼 젊어지는 것입니다. 즉, 누구나 스스로의 무의식세계를 잘 알아서 이를 잘 활용해야 한다는 것입니다. 자동차도 그 만들어진 이치와 성능에 따라 운전하는 것이 자동차에도 좋고, 운전하는 사람에게도 유익하며 또한 가장 경제적인 운행이 되듯이 인간의 무의식세계의 경우도 마찬가지입니다. 그 원리를 알고, 그에 따라 사는 것이 인간을 창조한 하나님의 뜻에 따라 살아가는 길이 되는 것입니다.

세계 최고의 부국인 미국의 뉴욕에서 좋은 집과 높은 지위와 많은 부를 차지하고 있는 사람들은 대부분 유태인들인데, 그들이 자녀들에게 일찍부터 성경을 읽도록 하고 찬송가 등 아름다운 음악을 듣도록 하는 것은 자녀들의 무의식세계라는 보물창고에 어려서부터 귀중한 것을 쌓아 놓도록 하기 위해서라고 합니다.

세계적으로 성공한 사람들

그럼 인간의 무의식세계에 내재된 무한한 능력을 어떻게 하면 잘 발휘할 수 있겠읍니까? 이를 잘 파악하여 실천하는 것은 그야말로 중요한 일입니다. 우선 세계적으로 크게 성공한 사람들이 어떻게 그렇게 될 수 있었던가부터 보기로 하겠읍니다. 위대한 물리학자 아인슈타인, 강철왕 카네기, 선박왕 오나시스 등이 모두 그렇게 대성할 수 있었던 것은 모두 무의식세계의 무궁무진한 능력을 잘 활용하였기 때문입니다. 무의식세계의 활용에 관하여는 세계적인 베스트 셀러가 많습니다. 여기서는 세계적인 종교철학자 죠셉 머어피와 카네기홀에 '20세기의 철학자'로 기록된 노르벨이 제시한 방법들 중 아주 기초적인 것 일부를 소개할까 합니다. 노르벨은 세계적으로 유명한 만여 명의 부호들을 조사하여 얻은 결과를 토대로 하여 여러분들께 다음과 같은 몇 가지를 실천하길 권하고 있읍니다.

무엇보다 중요한 것은 남을 돕는 일

무엇보다 중요한 것은 여러분이 바라고 하고자 하는 일이 세상에 유용하고 남에게 도움을 줄 수 있어야 한다는 것입니다. 사기, 도박, 밀수 심지어 남을 해치는 범법행위를 해서라도 크게 돈을 벌고 성공해 보려고 한다면 이런 행위는 여러분의 윤리의식에 갈등을 초래하게 되고 무엇보다 의식세계와 무의식세계의 조화를 파괴시키므로 무의식세계가 무한한 능력을 발휘할 수 없도록 합니다. 사실 도덕적으로 떳떳하지 못한 일에는 금방 한계가 닥치므로 이런 일로 대성할 수는 결코 없는 것입니다.

강철왕으로 거부가 된 카네기의 경우를 보면, 그는 세상에 유용하고 많은 사람들에게 진정 큰 도움을 줄 수 있는 것을 포부로 삼았읍니다. 그는 본래 미국에 이민온 불쌍한 소년이었으나 좋은 강철을 만드는 방법을 발견하여 스스로 돈을 번 것은 물론 결과적으로 미국경제의 성장에도 큰 기여를 하였읍니다. 뿐만 아니라 그는 많은 돈을 벌어 미국 도처에 1,200여 개나 되는 도서관을 설립, 기증했고 카네기재단을 만들어 남을 돕는 데 막대한 돈을 썼으며, 뉴욕시민에게는 지금도 세계적으로 유명한 카네기홀을 지어 기증하였던 것입니다. 이와 같이 무엇보다 중요한 것은 자신이 하고자 하는 일이 무엇이든 그것은 남을 돕고 사회에도 큰 보탬이 될 수 있는 건전한 것이어야 한다는 것입니다. 남을 해치는 일을 하는 것은 여러분의 포부가 될 수도 없고 결코 되어서도 안 되는 것입니다.

죠셉 머어피는 남과 세상을 돕는 일을 하기 전에 먼저 해야 될 것은 남에 대한 나쁜 감정이나 원한부터 푸는 것이라고 합니다. 억울하게 피해를 입어 두고두고 잊을 수 없는 사람이 있거나, 여러분이 복수를 해야 되겠다고 생각하는 사람이 있으면 우선 그 사람들을 하루빨리 용서해 주어서 여러분의 무의식세계로부터 원한이나 복수심을 깨끗하게 지워 없애 버려야 된다고 합니다. 그래야 여러분의 무의식세계는 본래의 무한한 능력을 발휘할 수 있게 된다는 것입니다. 커다란 피해의식이나 복수심은 남이 아니라 바로 여러분 자신을 크게 해치는 것이므로 하루빨리 마음 속으로부터 깨끗이 없애 버려야 합니다. 그러기 위하여는 너그러운 마음으로 여러분을 해친 사람들을 용서하고, 뿐만 아니라 그들을 위하여 진정으로 복을 빌어 주어야 된다는 것입니다. "원수를 사랑하고 여러분을 핍박하는 사람을 위해 기도하라"(마태복음 5장 44절)는 말씀은 원수뿐만 아니라 여러분 자신에게도 큰 도움이 된다는 것입니다.

한국에는 역사적으로 볼 때 '한 맺힌' 사람들이 많다고 합니다. 좁은 땅에서 너무나 많은 사람들이 그것도 힘센 이웃나라의 가혹한 지배를 받아 가면서 살아오느라 서로 모질게 빼앗고 헐뜯고 해치고 하여 많은 사람들은 강한 피해의식과 복수심을 지녀왔다는 것입니다. 따라서 학생데모도 몇 십년간 계속되고 사회적 갈등과 불평불만도 계속 쌓이고 있다는 것입니다. 이 때문에 국민들은 귀중한 시간을 서로 다투는 데, 즉 소모전을 하는 데 낭비한다는 것입니다.

긴긴 세월 동안 이웃나라의 모진 압박과 설움을 끊임없이 받아 온 우리 국민들이야말로 서로를 용서하고 사랑하며 그야말로 서로를 위하여 큰 복을 빌어주어야 할 것으로 보입니다. 우리 나라에는 현재 많은 공휴일이 있는데 그 중에서 어느 하루를 택하든지 또는 하루를 새로 정하여 국민 모두가 서로를 너그러이 용서해 줄 뿐만 아니라 서로에게 덕을 베푸는 이른바 '은사(恩赦)의 날'로 삼으면 어떨까 합니다. 은사의 날에는 죄인의 특사(特赦)는 물론 국민 모두가 이웃에게 대대적으로 사랑을 실천하도록 하면 어떨까 합니다. 이런 방법이 아니더라도 한이 있다면 깨끗이 풀고 이웃에게 사랑을 실천할 수 있는 분위기를 범국민적으로 조성해 가는 것은 아주 값진 일이 아닐까 합니다.

위대한 꿈과 열화같은 소망

세상에 유용하고 다른 사람에게 도움이 될 수 있는 일이라도 가급적 큰 일을 하라는 것입니다. "Boys, be ambitious !"라는 말이 있듯이 그야말로 큰 꿈, 곧 대망을 가지라는 것입니다. 예를 들면 선박왕 오나시스의 포부는 전세계 오대양 육대주를 누비는 선단(船團)을 갖는 것이었고, 호텔왕 힐튼의 포부는 온 지구를 그의 호텔로 둘러싸는 것이었다고 합니다. 이러한 꿈은 보기에 따라서는 그야말로 황당하나 결국은 모두 실현되었습니다. "달에 사람이 간다"는 꿈도 옛날 사람들에게는 도저히 상상할 수도 없는 황당한 것이었으나 이미 실현된 지 오래입니다. 이와 같이 황당하게 보이는 꿈이라도 결국은 실현될 수 있다는 희망을 갖고 큰 꿈을 가져야 한다는 것입니다.

그리고 열화같은 소망이 있어야 된다는 것입니다. 목표를 정해놓고 이를 달성해도 그만, 못해도 그만이라는 식으로 적당히 생각할 것이 아니라 그야말로 자신의 능력과 시간과 돈을 다 바쳐서 그 목표달성에 사력을 다하고 전력투구해야 된다는 것입니다. 열화같은 바람이 있어야 정신이 통일되고, "정신이 통일되면 안 되는 일이 없게(精神一到 何事不成)"되는 것입니다. 그리고 정신이 통일될 때 "구하면 받을 것이고, 찾으면 얻을 것이며 문을 두드리면 열릴 수 있게 된다"(마태복음 7장 8절)는 것입니다.

만약 그 열화같은 바람이 거부(巨富)가 되는 것이라면 왜 그처럼 많은 돈을 벌어야 되는가에 관하여 10가지 이유를 밝혀 보십시오. 그 이유들을 밝혀 놓고 볼 때 여러분이 추구하고자 하는 일이 진정으로 세상과 남에게 도움이 되고 자기에게도 유익한 것이라고 확신한다면 심신을 다 바쳐 열성적으로 추진하지 못할 이유가 없지 않겠습니까?

확고한 믿음

다음으로 믿음이 있어야 합니다. 우선 여러분은 자신의 목표를 달성할 수 있는 무한한 능력이 자신의 무의식세계 속에 있다는 사실을 믿으십시오. 실패의 모든 원인은 여러분의 마음 속에 있고, 여러분은 이를 극복할 수 있는 능력이 있으므로 모든 부정적인 생각을 버리십시오. 그리고 그 포부의 실현을 가능하게 하는 방법도 존재한다는 사실을 믿으십시오. 현대그룹을 창설한 정주영 회장도 일의 성패는 주위여건이나 환경이 아니라 마음먹기에 달렸다고 했습니다. 여러분이 스스로 자신을 믿지 않으면 남은 더욱더 여러분을 믿을 수가 없습니다.

버나드 박사는 자신의 병이 나을 것이라는 믿음을 가진 환자의 병은 치료하기가 쉽고 반대로 믿음이 없는 환자의 병은 치료가 어렵다고 합니다. 프랑스의 루르드나 인도의 쉬르디 등의 성지(聖地)는 사람들의 병이 신비스럽게 치유되는 곳으로 유명한데, 그 이유는 무엇보다 찾아오는 사람들이 여기에만 오면 병이 낫는다는 확실한 믿음을 갖고 있기 때문이라고 합니다. 루르드에는 병이 나은 사람들이 버리고 간 목발들이 쌓여 있을 때도 있다고 합니다. 병은 치료될 수 있다는 믿음을 주기 위하여 의사들은 가끔 환자들에게 약 대신에 색깔을 넣은 물을 먹여 병을 치료한다고 합니다. 종교 철학자 죠셉 머어피는 '인생의 법칙'은 곧 '마음의 법칙'이며, 이는 곧 무엇을 믿는가가 그 사람의 몸가짐, 마음가짐, 생활 및 운명을 결정한다고 합니다.

노르벨은 누구나 매일 최소한 30분 이상 정신을 통일하여 무의식 세계가 무한한 능력을 발휘하도록 간구하여야 된다고 합니다. 성경은 "여러분이 (정성을 모아) 기도할 때에 믿고 구하는 것은 무엇이든지 다 받을 것이며"(마태복음 21장 22절), "기도하며 구하는 것이 무엇이든 그것을 이미 받았다고 믿기만 하면 그대로 다 될 것이라"(마가복음 11장 24절)고 합니다. 즉, "믿는 사람에겐 안 되는 일이 없고"(마가복음 9장 23절), "누구나 믿는 대로 될 것이라"(마태복음 9장 29절)는 것입니다.

어느 미용사의 꿈

마지막으로 어느 미용사에 대한 일화를 소개할까 합니다. 박봉으로 겨우 먹고 사는 어느 미용사의 꿈은 호화유람선을 타고 세계일주를 하는 것이었읍니다. 어떻게 보면 아주 황당한 꿈인 것입니다. 그녀는 이 꿈을 실현하기 위하여 오랫동안 고심하다가 마침내는 유람선회사를 찾아가 직접 문의하여 보기로 작정하였읍니다. 물어물어 그 회사를 찾아가서 처음 만난 직원에게 자기의 직업과 경제적 능력과 포부를 이야

기하였읍니다. 그랬더니 그 직원은 아주 귀찮다는듯이 유람선 안에 있
는 미장원에나 가서 물어보라고 퉁명스럽게 말하고 가버렸다고 합니다.
그녀는 희망을 버리지 않고 미장원을 찾아가서 주인을 만나 사정이야
기를 다시 하여 보았읍니다. 그런데 공교롭게도 그 주인은 마침 유람
선 미용실에서 일할 미용사를 한 사람 찾고 있는 중이라고 하였읍니다.
그 주인과 얼마 동안의 인터뷰 끝에 그녀는 마침내 유람선의 미장원에
서 일자리를 얻는 데 성공했읍니다.

그녀는 이렇게 하여 드디어 유람선을 타고 많은 부유한 사람들 틈
에 끼어 세계유람의 길을 떠날 수 있게 되었던 것입니다. 세계를 유람
하고 다니던 중 어느날 갑자기 폭풍이 몰아치고 파도가 밀어닥치자 많
은 승객들이 큰 고통을 겪게 되었읍니다. 그런데 악천후가 멎지 않고
계속되었으므로 병에 걸리는 사람이 적지 않게 발생했읍니다. 그 중 몇
사람은 그야말로 사경을 헤매는 처지가 되었는데, 마음씨 착한 이 미
용사는 병세가 아주 심한 남자승객 한 사람을 극진히 간호하였읍니다.
정성을 다하여 간호한 결과 그 남자의 병세는 호전되었고 드디어는 건
강도 회복되었읍니다. 그러는 동안 이 두 사람은 상당히 친한 사이가
되었읍니다.

이 미용사 덕분에 거의 목숨을 건지다시피한 남자승객은 그 은혜
를 잊을 길이 없었읍니다. 거부였던 그는 여행이 끝나 뉴욕에 돌아왔
을 때 그녀에게 좋은 선물을 해 주기로 작정하고 그녀를 보석상에 데
리고 갔읍니다. 마음에 드는 보석을 골라보라고 하였더니 가난에 찌들
려 살던 그녀는 크고 값비싼 보석은 차마 고를 생각조차 못하고 아주
값싼 것 한 개를 골랐읍니다.

그는 마음씨 착한 그녀에게 진정으로 좋은 선물을 하고 싶었던 터
이라 그녀에게 무엇이든지 좋으니 더 마음에 드는 것이 있으면 말해 보
라고 하였읍니다. 그녀는 몇 번이고 망설이다가 호감을 갖고 집요하게

권하는 그에게 얼떨결에 여기에 있는 보석을 다 가져보았으면 평생 소원이 없겠다고 했읍니다. 그랬더니 그 부호는 그것도 어렵지 않다고 하면서 그녀에게 거기에 있는 보석을 몽땅 사주었읍니다. 이후 두 사람은 더욱 깊은 사이가 되었고 마침내는 결혼하여 부부가 되었다고 합니다.

여러분, 노르벨의 이 이야기에서 어떠한 사실을 발견할 수 있겠읍니까? 무엇보다 그녀의 그야말로 황당한 꿈이 뜻대로 실현되었다는 사실이 아니겠읍니까? 유람선을 타고 세계일주를 하는 꿈이 실현된 것은 물론 대부호와 결혼도 하게 되었으니 그야말로 뜻이 있는 곳에 길이 있었던 것입니다. 우선 그녀의 꿈의 실현을 앞에서 말한 것과 관련하여 본다면,

첫째, 그녀는 남을 위하고 남에게 도움이 되는 일을 극진히 했던 것입니다.

둘째, 그녀는 가난함에도 불구하고 세계를 유람하고자 하는 큰 꿈이 있었던 것입니다.

세째, 그녀는 열화같은 소망이 있었읍니다. 열성적으로 유람선회사에 찾아가서 미장원 주인에게 자기의 포부를 설득시키려 하였고 또한 유람선에 승선해서는 그 부호를 극진히 간호하였기에 그녀의 포부가 실현되었던 것입니다.

네째, 그녀는 자기 일에 확고한 믿음을 가졌던 것입니다.

이 미용사의 경우에는 "네가 무슨 계획을 세워도 성취될 것이다"(욥기 22장 28절)라는 말이 그대로 맞은 것입니다. 죠셉 머어피는 명저 〈여러분의 무의식세계의 힘〉에서 사람은 누구나 자기의 무의식세계가 모든 문제에 대한 해답을 줄 수 있는 무궁무진한 능력을 갖고 있다는 사실을 알고 믿어야 된다는 것을 누누히 강조하고 있읍니다.

달란트의 비유와 재능의 활용

여러분들은 타고 난 천부의 재능을 어떻게 활용하고 있는지 성경 말씀 중 다음 '달란트의 비유'를 읽으면서 잘 생각해 보기 바랍니다.

"하늘 나라는 또 이렇게 비유할 수 있다. 어떤 사람이 먼 길을 떠나면서 자기 종들을 불러 재산을 맡기었다. 그는 각자의 능력에 따라 한 사람에게는 돈 다섯 달란트를 주고 한 사람에게는 두 달란트를 주고 또 한 사람에게는 한 달란트를 주고 떠났다. 다섯 달란트를 받은 사람은 곧 가서 그 돈을 활용하여 다섯 달란트를 더 벌었다. 두 달란트를 받은 사람도 그와 같이 하여 두 달란트를 더 벌었다. 그러나 한 달란트를 받은 사람은 가서 그 돈을 땅에 묻어 두었다. 얼마 뒤에 주인이 와서 그 종들과 셈을 하게 되었다. 다섯 달란트를 받은 사람은 다섯 달란트를 더 가지고 와서 '주인님, 주인께서 저에게 다섯 달란트를 맡기셨는데 보십시오, 다섯 달란트를 더 벌었읍니다' 하고 말하였다. 그러자 주인이 그에게 '잘하였

다. 너는 과연 충성스러운 종이다. 네가 작은 일에 충성을 다하였
으니 이제 내가 큰 일을 너에게 맡기겠다. 자, 와서 네 주인과 함
께 기쁨을 나누어라' 하고 말하였다. 그 다음 두 달란트를 받은 사
람도 와서 '주인님, 두 달란트를 저에게 맡기셨는데 보십시오, 두
달란트를 더 벌었읍니다' 하고 말하였다. 그래서 주인은 그에게도
'잘하였다. 너는 과연 착하고 충성스러운 종이다. 네가 작은 일에
충성을 다하였으니 이제 내가 큰 일을 너에게 맡기겠다. 자, 와서
네 주인과 함께 기쁨을 나누어라' 하고 말하였다. 그런데 한 달란
트를 받은 사람은 와서 '주인님, 저는 주인께서 심지 않은 데서 거
두시고 뿌리지 않은 데서 모으시는 무서운 분이신 줄을 알고 있었
읍니다. 그래서 두려운 나머지 저는 주인님의 돈을 가지고 가서 땅
에 묻어 두었었읍니다. 보십시오, 여기 그 돈이 그대로 있읍니다'
하고 말하였다. 그러나 주인은 그 종에게 호통을 쳤다. '너야말로
악하고 게으른 종이다. 내가 심지 않은 데서 거두고 뿌리지 않은
데서 모으는 사람인 줄을 알고 있었다면 내 돈을 돈 쓸 사람에게
꾸어 주었다가 내가 돌아올 때에 그 돈에 이자를 붙여서 돌려 주
어야 할 것이 아니냐? 여봐라, 저 자에게서 한 달란트마저 빼앗
아 열 달란트 가진 사람에게 주어라. 누구든지 있는 사람은 더 받
아 넉넉해지고 없는 사람은 있는 것마저 빼앗길 것이다. 이 쓸모
없는 종을 바깥 어두운 곳에 내어 쫓아라. 거기에서 가슴을 치며
통곡할 것이다"(공동번역 성서 마태복음 25장 14-30절).

여러분들은 달란트의 비유가 우리들에게 무엇을 깨우쳐 주려 한다
고 생각합니까? 다음을 읽으면서 생각해 보기 바랍니다.

첫째는 하나님으로부터 부여받은 재능은 제각기 다르지만 인간은
누구나 그것을 잘 발휘하도록 최선을 다해야 된다는 것입니다. 즉, 한
사람은 다섯 달란트, 다른 사람은 두 달란트 그리고 또 다른 사람은 한
달란트 등으로 각각 다르게 재능을 부여받았지만, 그 재능을 활용하려

는 노력에 있어서는 차이가 있을 수 없다는 사실입니다. 자신의 재능
이 크건 작건 최선을 다하여 이를 활용해야 된다는 것이 바로 하나님
께서 인간에게 바라시는 것입니다.

　　둘째는 하나님의 처벌을 받는 사람은 자기의 재능을 활용하려고 적
극적으로 노력하지 않는 사람이라는 것입니다. 사람에 따라서는 달란
트를 한 개나 또는 아주 적게 받았으므로 잘 활용해 보았자 얻을 것도
별로 없다고 생각하여 아예 활용조차 하지 않으려고 할지도 모릅니다.
그러나 이러한 행위야말로 하나님의 처벌의 대상이 되는 행위라는 것
입니다. 성서에서 처벌받은 사람은 한 달란트를 받은 사람인데, 처벌
의 이유는 그것을 활용하다가 잃어 버렸기 때문이 아니라 아예 활용하
려고 노력조차 하지 않았기 때문이라는 것입니다. 활용하려고 최선을
다하다가 잃는 것은 오히려 용서받을 소지가 있다고 하겠읍니다. 요는
천부적 재능이 아무리 적더라도 이를 최선을 다하여 활용하려고 하지
않는 사람은 누구나 처벌을 받게 된다는 것입니다.

　　세째는 능력을 잘 활용한 사람에게 돌아가는 대가는 '더 큰 일'이
라는 것입니다. 달란트의 비유에서 두 종이 달란트를 잘 활용한 대가
로 받은 것은 '놀고 쉼'이 아니라 더 많은 일인 것처럼 능력을 잘 활용
하는 사람은 더 큰 일과 의무를 그 대가로 받게 된다는 것입니다.

　　네째는 "누구든지 있는 사람은 더 받아 넉넉하게 되고 없는 사람
은 있는 것마저 빼앗길 것이라"라는 말씀은 아주 중요한 인생의 법칙
을 밝히고 있읍니다. 이 의미는 누구나 자신의 재능을 잘 활용하면 할
수록 더 많고 큰 일을 할 수 있게 되고 반대로 재능을 활용하지 않고
썩히면 썩힐수록 그 재능은 쓸모없이 되어 결국은 잃어 버리고 만다는
것입니다. 그러므로 누구나 자신의 재능을 하나님과 이웃을 위하여 활
용하도록 최선을 다하는 것은 인간생활의 근본도리라고 하겠읍니다. (이
상은 윌리암 버클리의 《마태복음 해설집》에 따른 설명입니다.)

VI

한국인의 특성과 자기혁신

... left home with the money.
(Lk 15.13)

27

한국인의 특성과 경제행위

한국인의 몇 가지 일반적인 특성

영국의 위대한 경제학자 알프레드 마샬은 경제학을 인간에 관한 학문이라고 하였읍니다. 모든 나라의 경제와 마찬가지로 한국경제도 그 성공의 여부는 주인인 한국인이 경제행위를 어떻게 하느냐에 달린 것입니다. 미국에 가서 보면 미국인들은 한국을 일본과 같이 생각하고 일본에 가서 보면 일본인들은 한국인의 경제행위가 일본인보다는 오히려 미국인의 경제행위에 가깝다고 합니다. 역사적으로 한국은 중국에 가까왔는데, 자유중국의 저명한 작가 백양(柏陽)은 그의 베스트 셀러 〈추한 중국인(醜陋的 中國人)〉에서 중국인의 특성을 다음과 같이 밝히고 있읍니다. 즉, 중국인은 시끄럽고 추하고 더러우며 단결력이 없고, 독립적인 판단능력이 없으며 남을 모함하기를 좋아한다고 하였읍니다. 한국인은 유사이래 중국으로부터도 많은 영향을 받아 왔는데 한국인의 특성은 중국인의 특성과 비교하여 어떠한지 살펴보았으면 합니다.

에드윈 라이샤워 하바드대학 교수는 명저 〈일본인〉에서 한국인은 일본인보다 체구가 큰 국민이라고 하였고, 카데이 퍼시픽항공사도 얼마 전 안내책자에서 한국인은 다른 동양인들보다 체구가 크다고 하였습니다. 세계적인 시사주간지 뉴스위크지는 특집기사 〈한국사람들이 달려온다(The Koreans are coming, 1977 년)〉에서 지금까지 세상에서 제일 근면한 사람들은 일본인이었는데 이들을 오히려 게을러 보이게 할 정도로 부지런한 사람들은 한국인이라고 하였으며, 국제노동기구(ILO)도 세계에서 가장 부지런한 국민은 한국인이라고 하였습니다. 이규태 조선일보 논설위원은 한국인은 '강렬한 개성을 지닌 국민'이며 '인간은 한국이 선진국'이라고 한 바 있고 하바드대학의 드와이트 퍼킨스 교수와 에드워드 메이슨 교수도 한국인은 다음과 같은 특성을 가진 훌륭한 국민이라고 하였습니다. 즉, 기강 있는 근로자세, 변화에 대한 높은 적응력, 가정과 조직체에 대한 충실성, 조화와 질서의 존중 그리고 자기훈련 및 성취와 발전에 높은 가치를 부여하는 등의 특성을 가진 우수한 국민이라고 하였습니다. 라이샤워 교수는 세계에서 일본에 가장 가깝고 비슷한 나라는 한국이라 하였고 런던의 세계적인 시사주간지 〈이코노미스트〉지의 더글러스 람지 기자도 일본이 이미 선진국이 된 바와 같이 한국도 불원간 선진국이 될 것이라고 하였습니다.

해방 직후의 미군정 때는 물론 1960 년대까지도 서구 선진국들은 한국을 '희망 없는' 또는 '대책이 안서는' 나라라고 하였습니다. 영국의 어느 신문기자는 한국에 민주주의가 피어나기를 바라는 것은 쓰레기통에서 장미가 피어나기를 바라는 것과 마찬가지라고까지 혹평하였습니다. 일본인들도 한때 한국인을 열등인간이란 뜻에서 '죠센징'이라고 하였고, '죠센징와 쇼가나이(대책이 안선다)'라고도 하였습니다. 한국인들 중에서도 얼마 전까지는 자신들을 '엽전', '핫바지', '바지 저고리'라 하여 스스로를 멸시한 사람이 적지 않았습니다. 1960 년대까지만 하더라도 많은 선진국 사람들은 한국이야말로 전쟁으로 헐벗고 굶주린 사람과 고아와 불량배가 득실거리는 어려운 나라이며 가급적 피해야 될 나라로 생각하였읍니다. 지금은 한국을 찾는 외국인의 수가 백만 명을 훨씬 상회하고 있으나 1960년대까지만 하더라도 그 수는 만여 명에 불과했던 것입니다. 우리는 얼마 전까지도 이와 같이 눈뜨고 바른 정신으로는 듣기 힘든 소리를 많이 들어야 했던 것입니다. 그런데 지금 왜 많은 선진국 사람들이 옛날과는 반대로 한국인이야말로 불원간 선진국민이 될 수 있는 우수한 국민으로 믿고 있겠읍니까? 지금부터 한국인들은 어떠한 특성들을 갖고 있는지를 살펴보기로 하겠읍니다.

첫째, 한국인은 국토의 특성으로 볼 때 '반도인(半島人)'으로서 대륙인(大陸人)인 중국인이나 섬사람인 일본인의 특성을 다 갖고 있다고 하겠읍니다. 음식을 예로 들면, 중국인은 모든 것을 익혀서 먹고 일본인은 대조적으로 생선회 등 많은 것을 날로 먹는데 한국인은 끓인 것과 날 것 모두를 골고루 먹는 등 중국인과 일본인의 중간형이라고 할 수 있읍니다. 즉, 한국의 음식문화는 대륙과 섬나라의 특성을 모두 갖춘 융합형이라고 하겠읍니다.

뿐만 아니라 우리 나라는 국토가 협소하기 때문에 인구이동이나 신문물의 전파가 용이하다는 장점이 있읍니다. 알빈 토플러는 한국은 국토가 좁으므로 시골과 서울 어디에 있는 사람이라도 마음만 먹으면 하루 이내에 모두 만날 수 있으며 따라서 이러한 좁은 국토는 가족관계를 원활히 하는 데 도움이 된다고 하였읍니다.

둘째, 현대의 한국인은 문화적으로 볼 때, 동서양문화가 혼합된 복합문화 속에서 살아가고 있다고 하겠읍니다. 예를 들면, 사람에 따라서는 인사를 미국식 악수로 하기도 하고, 뒤통수가 상대방에게 보일 정도의 일본식 큰 절로 하기도 합니다. 그리고 상사에게는 이 두 가지를 한꺼번에 다하고서도 미흡하거나 불안하여 "조용히 한 번 찾아뵙겠읍니다"는 식의 한국식 인사를 다시 하기도 합니다. 한국인은 서구식 아파트에 살면서 김치, 고추장 등을 곁들인 한식을 먹고 커피를 마시며 텔레비젼을 통하여 서구의 영화를 보는 등 복합문화 속에서 살아가고 있는 것입니다.

라이샤워 교수는 일본인들은 신도(神道)식으로 결혼을 하고 불교식 화장으로 장례를 치루며 유교와 기독교를 기본윤리로 한다고 하였읍니다. 그는 일본의 기독교인은 비록 전체인구의 1%도 채 안 되나 기독교 윤리는 일본인의 도덕에 지대한 영향을 미쳤다고 하였읍니다. 하바드 대학의 동양철학의 세계적 권위자 투 웨이밍 교수도 일본에는 전통적인 유교사상에 기독교윤리(청교도윤리)가 합쳐져서 신유교윤리가 형성되었는데 이것이 곧 일본인의 주된 가치관이 되었다고 합니다. 이 점에서 이 두 사람의 견해는 일치하고 있읍니다.

한국인은 돌잔치나 환갑은 한국식으로, 결혼은 서구식으로 그리고 장례는 주로 한국식의 큰 묘를 써서 치룹니다. 투 웨이밍 교수에 따르면 한국인의 기본윤리도 일본과 같이 동양식 유교윤리에 서양의 기독교윤리를 합한 신유교윤리라고 합니다.

세째, 한반도는 지정학적으로 볼 때 발칸반도나 인도지나반도의 국가들처럼 대륙과 해양의 세력이 교차하는 곳인데, 이웃나라들이 중국, 일본, 미국, 소련 등 세계 초강대국들이므로 이들의 영향을 세계 어느 나라보다도 많이 받는다고 하겠읍니다. 따라서 한국인은 숙명적으로 초강대국들을 잘 알아야 하고 이들 외세의 흐름에 능동적으로 대처할 능력이 있어야 살아갈 수 있는 국민이라고 하겠읍니다. 〈미래의 충격〉, 〈제3의 물결〉등 세계적인 베스트 셀러를 많이 쓴 알빈 토플러는 〈한국인과 제3의 물결〉에서 한국은 분명히 세계에서 가장 취약한 지구이며 위험스런 지역이라고 하였읍니다. 한반도는 체제가 정반대인 남북한이 대치하고 있는 동서진영의 냉전의 장이며 또한 세계 초강대국들의 이해관계가 얽힌 위험스런 지역임을 그는 강조하고 있읍니다.

한국인은 한일합방 이전까지는 중국, 일제치하에서는 일본, 미군
정 때는 미국의 영향을 크게 받았읍니다. 해방 후 국토의 분단과정에
서는 소련도 지대한 영향을 미쳤음은 물론입니다. 이와 같이 우리의 운
명은 항상 세계 초강대국의 이해관계에 따라 결정될 소지가 큽니다.

그러나 다른 면으로 보면 서울은 전략적으로 일본의 동경, 대판 그
리고 중국의 북경, 상해 등 세계적인 대도시의 한가운데에 위치하고 있
으므로 잘만 하면 우리 국토의 특성을 국익으로 바로 연결시킬 수도 있
는 것입니다. 실제로 얼마나 그렇게 할 수 있느냐는 '국민의 지혜'에 달
린 것이 아닌가 합니다. 한국인은 외세의 지배를 받지 않기 위하여서
라도 '국민의 슬기'에 있어서 이웃나라 국민들에 결코 뒤져서는 안 될
것입니다.

네째, 인구규모로 볼 때 한국은 세계 189개국(세계은행기준) 중 제
22위입니다. 하바드대학 홀리스 체너리 교수는 인구 1,500만 명 이상
의 국가를 '대국'이라고 하는데 이 기준에 따르면 한국은 대국인 것입
니다. 한국은 유사이래 인구 1억 이상의 일본, 2억 이상의 미국과 소
련 그리고 10억의 중국을 이웃으로 하고 사느라 항상 '약소국'이라는 고
정관념을 뿌리깊게 가져왔읍니다. 그러나 세계에는 인구 100만도 안 되
는 나라가 61개국이나 있고 100만이 넘어도 우리보다 인구가 작은 나
라가 100개국이 넘습니다. 세계 19개 선진국 중에서도 한국보다 인구
가 많은 나라는 인구순으로 미국, 일본, 서독, 이태리, 영국 및 프랑
스의 6개국뿐입니다. 그리고 동구공산권 8개국 중에서도 한국보다 인
구가 많은 나라는 소련뿐입니다. 동독, 체코, 헝가리 등은 모두 한국
보다 인구가 훨씬 적고 이 세 나라의 인구를 합하면 한국의 인구보다
약간 많을 정도입니다. 사실 4천만 명 이상의 인구규모란 세계수준의
각계각층의 전문가, 기업가 및 정치가들이 충분히 배출될 수 있는 인

구규모라고 할 수 있읍니다. 에드윈 라이샤워 하바드대학 교수도 한국의 인구규모는 주요 서구 국가들이 선진국이 될 때의 규모에 비하여 손색이 없다고 하였읍니다.

　　다섯째, 한국인은 단일민족입니다. 미국, 소련, 인도, 중공, 인도네시아, 브라질 등의 인구대국은 거의 모두 복수인종으로 구성되어 있으며, 단일민족국가는 한국과 일본 등 소수입니다. 각 인종의 전시장이라고도 하는 미국에는 인종 간에 많은 문제가 발생하는데 특히 흑백간의 인종분규는 심각한 사회문제가 되고 있읍니다. 소련에도 언어와 문화가 상이한 인종이 많이 있고, 중국에는 59개나 되는 많은 인종이 있으며 지금도 북쪽과 남쪽지방 출신의 중국인 간에는 말이 안 통할 정도라고 합니다. 자유중국에도 원주민과 본토에서 온 지배계층 간의 인종문제가 커다란 사회문제입니다. 인도에는 사회발전을 크게 저해하는 카스트제도가 있고 말레이지아에도 원주민인 말레이계와 이주해 온 인도계 및 중국계 인종간의 소득, 재산 및 관직분배 등에 있어 심각한 문제가 있읍니다. 스리랑카와 같이 작은 나라에도 인종 간에 살륙전이 벌어질 정도로 심각한 인종문제가 있는 것입니다.

　　우리 나라에는 다행히 이러한 인종문제가 없읍니다. 단일민족은 문화적 동질성과 사회적 기동성을 높이므로 신문물과 새로운 생활방식이 전국민들에게 쉽게 전파되게 합니다. 라이샤워 교수는 세계제일의 단일민족국가는 일본이라고 하였는데 그 다음은 아마 한국이 아닌가 합니다.

　　여섯째, 한국사람은 개인적으로 외국사람에 대하여 아주 친절하며 일본인보다 더 개방적이라는 것이 많은 외국인들의 공통된 견해입니다. 대구에서 태어나 한국에서 오래 활동한 미국인 에드워드 아담스와 영국의 세계적 주간지 〈이코노미스트〉지의 더글라스 람지 기자도 그와 같이 말하고 있읍니다. 그러므로 외국사람들은 토쿄보다 화려하지는 않지만 우호적 분위기를 느낄 수 있는 서울에 머무를 때 마음이 더 편하게 된다고 람지 기자는 말한 바 있읍니다.

람지는 또한 한국인들은 자기자랑을 좋아하는 사람들이라고도 합니다. 아담스에 따르면 한국사람들은 많은 장점을 갖고 있으나 에이레 사람들처럼 금방 웃고 금방 성내며 또한 퉁명스럽고 지나치게 직선적일 때가 많다고 합니다. 이와 같이 한국인은 일반적으로 성질이 급하고 강하다고 하는 사람들이 많은 것 같습니다. 성질이 아주 급해서 커피자동판매기에 돈을 넣은 즉시 커피가 나오지 않으면 발길질을 하는 사람도 있을 정도인 것입니다. 외국사람들도 서울에 체재하면서 급하게 다니는 한국사람들이 어깨를 스치고 지나가는 경우를 많이 겪는다고 합니다.

한국인들의 급한 성격은 6 · 25 사변에서도 잘 드러났다고 합니다. 어떤 군작전 전문가의 말에 따르면, 북한군의 침략을 받고 한국군이 낙동강까지 후퇴를 하였을 때 무기 등의 군장비가 아무리 부족하였다고 하더라도 너무 급하게 후퇴를 하였다고 합니다. 이를 믿기 어려운 사람들은 북한군들이 낙동강에서 두만강까지 후퇴했을 때 어떠했던가를 보십시오. 그때의 북한군사전략이 후퇴였다고는 하나 그렇게 빨리 후퇴한 군인들은 유사이래 거의 없었다고 합니다. 거의 자동차를 타고 갈 정도의 속도로 후퇴하였다는 것입니다. 그렇게 빨리 후퇴하니 일부 한국군 부대도 장비를 제대로 갖추지 못한 상태에서 급추격을 했다는 것입니다. 요는 그때의 남북한 군인들은 성질이 급한, 같은 인종으로 모두 그렇게 성급하게 행동하였다는 것입니다. 급하고 서두르는 성격 때문에 학생들의 데모나 경찰들의 데모진압도 금방 격하게 되며, 술마시는 사람들도 폭음하게 되는 것이 아닌가 합니다. 이어령 교수는 엘리베이터의 열림 · 닫힘의 단추가 반질반질하게 닳은 나라는 사람들의 성질이 급한 한국과 일본밖에 없다고 합니다.

경제행위면에서의 특성

지금까지는 한국인의 일반적 특성을 몇 가지 보았는데 이제부터 이를 경제행위와 관련하여 살펴보기로 하겠읍니다.

첫째, 한국인은 강인하고 급하게 서두르는 버릇이 있읍니다. 이 때문에 무슨 투자사업이든지 빨리 진척시킨다는 장점이 있읍니다. 미국에 이민간 많은 민족들 중 밤낮없이 일하여 가장 빠른 시간에 경제적 기반을 구축하는 인종은 한국인이며, 심지어 뉴욕에서 유태인 상인까지 물리칠 정도로 강인한 사람들은 한국인뿐이라고 합니다. 그러나 이로 인한 단점도 많은데, 예를 들면 이러한 습성 때문에 관민의 경제행위에 시행착오가 많게 되고 우리 나라의 교통사고율도 세계에서 제일 높은 것이 아닌가 합니다. 뿐만 아니라 제품의 생산과정에서는 불량품이 많고 판매과정에서는 소비자들의 충동구매가 많을 것입니다. 기업가들도 급하게 서둘러 투자를 하여 손해를 보는 경우가 많은 것으로 보입니다. 예를 들면, 70년대 후반 중동건설 수출붐이 발생했을 때 기업가들이 이른바 '소나기식' 건설수출을 하여 현재 많은 손해를 보고 있는 것이나, 70년대 후반 세계경기가 좋을 때 세계해운산업의 동향을 면밀히 검토하지도 않고 해운업을 급히 육성한 결과 세계경기의 후퇴와 더불어 지금은 큰 손해를 보고 있는 것도 마찬가지입니다. 정부 정책담당자도 서두르기 때문에 도로포장을 한 후 다시 파서 수도관을 묻게 하고 수도관을 묻은 후 또 도로를 파서 전선을 묻게 하는 등 졸속행정을 하기 쉽습니다.

요는 서두르는 버릇 때문에 중요한 경제행위가 체계적인 연구와 분석없이 이루어져 귀중한 자원의 낭비가 심하다는 것입니다. 이에 따라 우리 나라 전체로 본 능률, 이른바 '한국적 능률(Korean efficiency)'이 '일

본적 능률(Japanese efficiency)'수준에 뒤떨어지는 것입니다. 경제구조가 고
도화되고 한국경제가 선진경제에 가까와질수록 경제문제의 체계적인 연
구와 분석의 중요성이 점증함은 물론입니다. 태국경제학자 한 분은 한
국인의 이러한 성격 때문에 건설업, 제조업 등에 있어서는 한국인이 태
국인에 비해 더 우수하나 서비스산업에 있어서는 오히려 태국인에게 뒤
지는 것 같다고 말한 바 있읍니다. 한국인의 이런 강인한 성격은 공업
화의 중기까지는 오히려 공업성장을 촉진시킬 수 있지 않은가 생각됩
니다. 그러나 생명공학, 컴퓨터, 반도체 등 이른바 경박단소(輕薄短小)
를 특징으로 하는 첨단산업의 발전을 위해서는 한국인의 이러한 특성
은 상당정도 수정되어야 할 것으로 보입니다. 제품이 경박단소화하는
사회는 정보화사회 또는 제 3 의 물결사회라고 하는데 이런 사회는 '부
드러움(softness)'을 특징으로 한다고 합니다. 일본은 부드러운(soft) 사회
의 경제 (economics)를 소프트노믹스(softnomics)라고 하며, 현재 대장성(大
藏省) 주관으로 이러한 사회의 경제를 연구하여 27 개의 보고서를 출판
하는 대대적인 연구사업을 진행하고 있는 중입니다.

　둘째, 한국인은 평등사상이 몹시 강합니다. 이 때문에 잘 사는 사
람이 못 사는 사람을 도와주거나 못 사는 사람들이 잘 살기 위하여 열
심히 노력하는 등의 장점이 있읍니다. 그러나 해로운 점 또한 적지 않
습니다. 예를 들면, 사촌이 논을 사면 배아파 한다든가, '남이 가니까
나도 거름지고 장에 따라 가며', 남이 사니까 나도 빚을 내어서라도 칼
라텔레비젼, 자동차, 대형주택을 사려고 하며 남 때문에 나도 사치스
런 바캉스를 가야 된다고 생각하는 사람들이 많게 됩니다. 왜곡된 평
등사상, 평준화의식 때문에 우리 나라에는 '나도 경제적 능력이 있음'
을 과시하는 자기과시적 소비가 많게 됩니다.

　뿐만 아니라 자신은 노력도 하지 않으면서 남이 잘 사니까 나도 잘
살아야 된다고 생각하는 사람이 많은 것입니다. 이런 사람들의 욕구가
충족되지 않을 때 사회적으로 불평과 불만이 늘어나기 마련입니다. 자

신이 하는 일의 생산성을 향상시키려는 노력은 하지 않고서 월급을 남처럼 많이 받아야 된다고 하는 사람이 많아지면 결국 임금이 빨리 상승하게 됩니다. 생산비가 생산성보다 빨리 상승하면 결과적으로 국산품의 국제경쟁력이 약화됨은 물론입니다. 올바른 평등사상은 국민을 골고루 잘 살 수 있도록 하는 데 도움이 되나 왜곡된 평등사상은 우리경제의 잠재력이나 해외경쟁력을 크게 잠식하는 것입니다.

자본주의사회에서는 국가의 부와 돈은 생산활동과 관련된 사람이 차지하고 관리해야 증식이 잘 됩니다. 그러나 일부 국민의 지나친 평등사상으로 인하여 생산활동과 전혀 관계가 없는 사람조차도 떼돈을 벌어야 된다고 생각하면 부정부패가 심화되고 이에 따라 사회가 크게 혼란하게 될 수 있는 것입니다.

세째, 옛날 한국인은 능률과 현실과 구체적인 것보다는 이데올로기, 추상적인 것 그리고 일반적인 것을 더 중시했다고 할 수 있습니다. 특히 일본과 비교해 볼 때 그러한 특성은 두드러집니다. 김용운 교수는 일본은 이른바 '칼의 문화'로, 한국은 '붓의 문화'로 비교하고 있는데, 칼의 문화는 선이 분명하고 직선적이며 구체적인 데 반해 붓의 문화는 감정적이고 이상적이고 추상적임을 지적하고 있습니다. 또 가무와 시화를 즐긴 우리 나라의 많은 옛 선비들은 과학을 하는 데 있어서도 일상생활과는 거리가 먼 천문학부터 시작했다고 합니다. 자녀들이 안방에서 병들어 신음을 하는 데도 문이나 방을 고칠 생각은 하지 않았고, 부인이 논밭에서 비지땀을 흘리면서 일하는 데도 필요한 농기구를 잘 만들어 볼 생각은 않은 채 사랑방에 앉아 시화를 즐기거나 당장에 별 쓸모도 없는 천문학 등을 해야 된다고 생각했다는 것입니다. 임진왜란 때 조선에 쳐들어온 일본 장수 한 사람은 조선인은 '넘어져도 시, 자빠져도 시'하면서 시만 읊고 산다고 하였읍니다. 당시 사람들의 사고방식은 생산성이나 경제적 능률은 물론 실생활과도 거리가 먼 것이었읍니다. 김용운 교수는 남자들의 칼 끝 하나로 맛이 달라지는 일본의

'사시미'와 여자의 손 끝 하나로 맛이 달라지는 한국의 '김치'에서도 양
국인의 사고방식의 차이가 나타난다고 하였읍니다.

지금도 많은 사람들은 매사를 경제적 능률이나 득실관계 또는 실
생활 위주로 논의하기보다는 일상생활과는 거리가 먼 이데올로기나 자
기 나름대로의 원칙을 기준으로 논의하려고 합니다. 심지어 외채, 소
득분배, 중소기업 등 경제문제에 대해서도 그렇게 하려고 합니다.

네째, 한국인은 미래지향적입니다. 소를 팔고, 논을 팔고, 갖은 고
생을 다 해서라도 자녀들을 힘 닿는 데까지 교육시키려고 합니다. 6·
25 사변으로 남편을 잃은 많은 전쟁미망인들이 피땀나는 고생을 해가
며 자녀들을 훌륭히 교육시켜 내기도 합니다. 부모가 사망하여 어린 소
녀가 가장이 되더라도 힘 닿는 데까지 동생들을 교육시키려고 합니다.
이와 같이 한국사람들은 교육을 중시하고 인간에 대한 투자를 많이 합
니다. 즉, '인적자본(human capital)'을 열성적으로 축적합니다. 경제학적
으로 보면 한국인은 성장지향적(成長指向的)입니다. 미래를 위하여 현
재를 희생하고 자본을 축적하는 미래지향적 성격 때문에 한국경제의 성
장은 앞으로도 계속될 것입니다.

김용운 교수는 일본 대도시의 일본인 빈민들과 한국인 빈민들을 비
교해 보면, 일본인들은 적빈(赤貧)상태에서 거의 희망을 버리고 생활하
므로 표정들이 크게 일그러져 있으나 한국인들은 아무리 못사는 사람
들이라도 미래에 대한 희망을 버리지 않으므로 표정들이 밝다고 하였
읍니다. 한국인은 유사이래 이루 헤아릴 수 없는 고난과 역경을 당하
면서도 희망 속에서 살아왔던 것입니다. 춘향전, 심청전 등의 소설이
대개는 해피 엔딩으로 끝나는 것도 이 때문이 아닌가 합니다.

한국인은 또한 외국인을 차별대우하는 중동사람들과는 달리 외국
인을 우대하는 국민들입니다. 외국인을 우대하고 외국인과 털어놓고 대
화하는 한국인의 개방형 성품은 우리 나라의 개방형 성장전략과도 맞아

떨어진다고 하겠읍니다.

다섯째, 한국인은 집단의식이 강합니다. 한국인은 가정, 직장, 각종 단체 및 국가사회 등 조직체의 일원으로서의 개인을 중시합니다. 가정이나 직장 등의 구속력이 강한 조직체는 물론 구속력이 약한 동창회, 향우회 등의 조직도 한국인의 일상생활에 많은 영향을 미칩니다. 조직체에 충실하므로 한국기업의 생산성이 높아지고 국가와 사회를 위하는 애국자들이 많아지는 등의 장점이 있읍니다. 그러나 조직체에 대한 개인의 의무를 지나치게 강조할 때는 부작용도 크게 됩니다.

일년 동안 교환교수로 서울에 온 재미(在美)한국인 학자 한 분은 체재 중에 친척, 친지, 친구, 후배 등 수많은 사람들의 수많은 경조사와 사교모임에 참석하느라 학문연구하는 것이 몹시 어려웠다고 토로(吐露)한 적이 있었읍니다. 옛날 우리 나라 큰 집안에서는 친척들 간의 경조사가 줄줄이 이어지므로 그 일만 전업으로 하는 사람이 몇 사람 있어야 될 정도이었읍니다. 이런 수많은 인간관계로 얽힌 경조사 등의 행사 때문에 많은 '서울사람들'의 생활은 그야말로 주야로 바쁘게 돌아가게 되어 있읍니다. 반대로 개인주의사상이 지배하는 미국사회에는 사람들이 모두 자기의 일만 챙기면 되므로 직장 일이 끝난 뒤에는 남의 일 때문에 바쁘게 돌아다녀야 하는 일은 거의 없읍니다.

조직체에 대한 의무가 지나치게 강조되면 개인의 생활이 부실하게 됨은 물론입니다. 사람에 따라서는 자의든 타의든 자신의 생활보다는 각종 인간관계나 조직체에 대한 의무 중심으로 살아야 되는 경우도 많습니다. 뿐만 아니라 그렇게 해야 된다고 믿고 행동하는 사람도 적지 않은 것 같습니다. 이 때문에 자기의 앞길도 제대로 가누지 못하면서 '애국심'만을 강조하는 '부실한 애국자'가 많이 나올 수도 있는 것입니다.

그러나 올바른 집단의식은 국민의 힘을 합치는 데 절대적인 역할을 합니다. 인도에는 스스로 '똑똑'하다고 생각하는 사람들이 무수히 많습니다. 일본인 경제학자 한 분은 인도사람들은 한 사람은 플러스방향으로, 또 한 사람은 마이너스방향으로 똑똑하여서 이를 합하면 제로가 되기 때문에 인도는 발전하지 못하고. 항상 후진국으로 머물러 있을 수밖에 없다고 말한 바 있습니다.

반대로 일본인은 사람들의 힘을 합치는 데 있어서 세계제일이라고 합니다. 일본인 두 사람의 힘이 합쳐지면 두 사람 이상의 힘도 나온다고 합니다. 이와 같이 일본인은 세계에서 조직력이 가장 뛰어난 국민이라고 합니다. 우리의 이웃인 중국인들은 어떻습니까? 그들은 유사이래 국가라는 거대한 조직으로부터 항상 큰 피해를 받아왔다고 생각합니다. 유사이래 중국의 수많은 황제들은 대부분 국민을 수탈하기만 하는 통치자였고, 국민 중에서 그를 지지하는 세력도 그의 측근인 국민의 1~2%에 불과했다고 합니다. 그리고 물론 지배층들도 국민에게 피해만 주었다는 것입니다. 따라서 이른바 '백성'들은 항상 황제나 지배계층에 대해 피해의식을 지니며 살아가지 않을 수 없었고 또한 이웃나라 지배층과의 끊임없는 전쟁으로 백성들은 갖은 고난을 다 겪어야만 했었읍니다. 이 때문에 중국인들은 그야말로 "천둥벼락을 내리는 하늘과 황제는 멀리 떨어져 있을수록 좋다(天高皇帝遠)"고 여겨왔다는 것입니다.

기업체가 없는 농경사회에서는 정부와 군조직이 주요 조직체였는데 이 조직체로부터 피해만 받아온 중국사람들은 '조직체'나 지도자로부터는 항상 '당하기'마련이라는 사상을 뿌리깊게 가져왔다고 합니다. 런던 경제대학 교수 모리시마는 명저(名著) 〈일본은 왜 성공할 수 있었던가?〉에서 많은 중국인들은 국가사회에 대하여 무엇인가 강한 피해의식을 느끼고 있을 뿐만 아니라 기회가 오면 누구에겐가 철저히 보복해야 된다고 믿고 있다고 합니다. 이와 같이 국민의 피해의식과 보복의식이 강하기 때문에 중국에는 문화혁명 같은 것이 일어나면 몇 사람의 관리의 해직이나 자리바꿈 정도로는 절대로 수습될 수가 없다고 합니다. 실제로 문화혁명과정에서 발생했던 것처럼 수많은 사람들이 처형되는 등의 강력한 수습책이 있어야 국민들의 직성이 풀리고 사태도 겨우 일단락될 정도라고 합니다. 이러한 전통 때문에 중국사람들의 조직체는 구성원들의 힘을 잘 결집시키지 못한다는 것입니다.

춘향전, 임꺽정전 등의 소설에서도 나타나듯 우리 나라에서도 많은 지배층 사람들이 피지배층인 백성을 심히 괴롭혔고, 노론, 소론 등으로 갈라져 자기의 이익만을 위하여 남을 철저하게 해치려고 하였기 때문에 지배층 사람들까지도 서로 피해의식과 보복의식을 가져왔다고 할 수 있읍니다. 그리고 일제하에서의 사회지배층은 한국인을 짓밟고 수탈하던 일본인들이었으므로 마찬가지로 국민들은 지배층을 믿고 살아갈 수가 없었던 것입니다. 이와 같이 역사적으로 볼 때 우리 국민들도 최근까지는 조직체의 지도층으로부터 상당한 피해를 받아 왔다고 할 수 있읍니다. 우리 나라에서는 국민들이 각종 조직체를 구성하여 구성원은 조직체를 위하여 믿고 일하며 또한 조직체의 지도자는 구성원을 위해 헌신하는 등의 상호신뢰를 쌓을 기회가 별로 없었다고 할 수 있읍니다. 때문에 '조직체를 통한 국민의 힘의 결속' 능력이 약한 것이 한국인의 커다란 결점이 아닌가 합니다.

루드 베네딕트는 명저 〈국화와 칼〉에서 일본인은 어릴 적부터 다른 사람 또는 국가사회에 대하여 빚을 지고 있고 또한 이를 갚지 않으면 안 된다는 감정을 갖게 된다고 하였읍니다. 따라서 일본인들은 조직체의 구성원이 되면 자연히 열성적으로 일하게 되므로 조직체는 구성원의 힘을 잘 결집시킬 수 있어 튼튼하게 된다고 하였읍니다.

우리 주변에 있는 이웃들의 감정은 어떠하다고 생각합니까? 한국사회에서 살아가면서 "나야말로 남이나 국가사회로부터 당하고만 살아왔으므로 기회가 있을 때는 보복해야 된다"고 믿는 사람들이 많습니까?

아니면 "나야말로 남과 국가사회로부터 신세를 많이 졌으니 어떻게 해
서든지 이를 갚아야 된다"고 생각하는 사람들이 많습니까? 또한 사회
환경이 어떻게 되었을 때 우리 나라 국민들은 일본사람들과 같이 잘 결
속될 수 있을 것이라고 생각합니까?

여러분은 일상생활 속에서 항상 남을 이용하거나 크고 작은 피해
를 주어 남이 여러분에게 보복의식을 갖도록 만들고 있지는 않습니까?
아니면 수시로 은혜를 베풀어 여러분에게 빚진 감정을 갖도록 하고 있
읍니까? 포항제철의 용광로를 거쳐나오는 '국산철'은 국산품으로서의
특징이 있듯이 '한국사회'라는 거대한 '문화적 용광로'를 거쳐나오는 '한
국인'도 어떤 특성이 있기 마련입니다. 이 특성은 '일본인', '미국인' 등
의 선진국민의 특성과 비교할 때 어떠하다고 생각합니까? 한국인의 자
질을 선진국민 수준으로 향상시키기 위하여 국민 한 사람 한 사람은 어
떻게 생각하고 행동해야 할 것 같습니까?

앞으로의 국제경쟁에는 한국의 기업과 일본의 기업, 한국의 관민
합동과 일본의 관민합동 등의 조직체간의 경쟁이 치열할 것으로 보입
니다. 이런 면에서도 우리 국민의 올바른 집단의식과 산업 및 경제에
있어서 조직능력의 중요성은 날이 갈수록 커질 것입니다. 불평불만없
이 국민의 힘을 모아 조직체를 구성할 줄 알고 또한 이를 잘 키워나가
는 사람들이야말로 우리 경제를 튼튼하게 하는 애국자라고 할 수 있읍
니다. (이 글을 읽고 많은 도움말씀을 주신 서울대학교 경제학과 배무기 교
수께 감사드립니다.)

28

창조정신과 자기혁신—성스러움과 풍요로움의 열쇠

겉사람은 낡아지더라도 속사람은 새로와져야

어떤 일이든지 변화시킬 수 없는 것은 평안한 마음으로 받아들이고, 변화시킬 수 있는 것은 새롭게 변화시켜 나가며 이 두 가지를 올바르게 구분할 수 있는 지혜를 갖는 것은 진정 중요한 일이 아닌가 합니다. 우리의 육신과 관련하여 본다면 겉으로 드러나는 신장, 용모, 체구, 남녀의 구분 등은 변화시킬 수 없는 것입니다. 이런 것은 그대로 받아들일 수밖에 없고, 받아들이더라도 평안한 마음으로 받아들이는 것이 가장 좋은 것입니다. 반면에 겉으로 나타나지 않는, 마음과 관련된 것은 스스로 얼마든지 변화시킬 수 있고 또한 변화시켜야 되는 것이므로 새롭게 할수록 좋은 것입니다. 이렇게 본다면, 우리의 몸 곧 '겉사람' 또는 외적인간(外的人間)은 나이가 들어 낡아지더라도 마음 곧 '속

사람' 또는 내적인간(內的人間)은 낡아지는 것이 아니라 더욱 새로와질 수 있는 것입니다(고린도후서 4장 16절).

누구나 가진 무궁한 창조의 능력

크리스챤 버나드 박사는 인간의 마음 속에는 의식세계와 무의식세계가 있는데, 그 중 무의식세계는 그야말로 무궁무진한 능력을 발휘할 수 있다고 하였읍니다. 그러므로 이를 잘 활용하면 정신력을 얼마든지 키워나갈 수 있다는 것입니다. 석가모니가 그 심오한 불교의 진리를 깨달은 것은 다른 사람으로부터 배워서가 아니라 스스로 무궁무진한 능력을 가진 무의식세계를 잘 활용하였기 때문이며 아인슈타인이 상대성원리나 빛의 속도가 초당 30만 킬로미터가 된다는 등의 사실을 발견한 것도 마찬가지입니다. 성경의 말씀에도 인간이 할 수 있다는 믿음만 가진다면 무엇이든지 다 할 수 있게 된다는 사실을 누누히 강조하고 있읍니다. 즉, 확고한 믿음만 있다면 "누구든지 구하면 받고, 찾으면 얻고, 문을 두드리면 문이 열리게 된다"(마태복음 7장 8절)는 것입니다. 그야말로 정신일도하사불성(精神一到何事不成)이라는 것입니다.

'무공해사상'이 기반이 되어야

사람은 누구나 무의식세계라는 무한한 능력의 보고(寶庫)를 가졌음에도 불구하고 이를 잘 활용하지 못하고 오욕칠정(五欲七情)이나 세속적인 지식 또는 오염된 사상의 지배를 받고 살기 때문에 스스로는 물론 남에게도 갖은 고난과 시련을 겪게 만들고 있읍니다. 공산주의사상의 시조 칼 마르크스는 한때 다음과 같은 말을 한 바 있읍니다. "영국의 테임즈강은 강변에 위치한 무수한 공해업체들이 남몰래 오염된 물

질을 버리는 곳이고, 영국의 일간신문들은 오염된 지식인들이 오염된
사상과 지식을 버리는 곳이다." 그런데 사실 마르크스야말로 〈제로섬사
회〉의 저자 레스터 더로우도 지적한 바와 같이, 오염된 사상을 펴내 역
사상 인류를 혼동시키는 데 가장 성공한 사람이라고 하겠습니다. 자본
주의에서의 인간이란 천성적으로 철저하게 남을 착취하고, 남에게서 빼
앗으려고만 한다는 것이 마르크스의 인간관입니다. 그러나 우리 나라
에는 6·25 사변 등으로 남편을 여의고 눈물겹도록 가난한 생활을 하
면서 시부모를 극진히 봉양하고 자녀를 훌륭히 키워내는 데 자신의 평
생을 희생하는 주부 등 남을 위하여 자신을 희생하는 사람들이 수없이
많다는 사실을 놓고 보면 그의 인간관은 잘못된 것입니다. 인간은 빼
앗는 존재라는 마르크스의 인간관은 그야말로 오염된 사상에 기초를 둔
것이 아닌가 생각됩니다.

　현대산업사회를 살아가는 사람은 누구나 오염된 공기나 음식물은
물론 오염된 사상과 지식도 섭취하지 않을 수 없습니다. 사람들은 소
득수준이 올라감에 따라 각종 음식물의 오염도를 줄이거나 무공해 식
품을 증산하는 등에 많은 노력을 기울입니다. 그러나 사상이나 지식의
오염도를 낮추거나 '무공해사상(無公害思想)'이나 '무공해지식'의 습득에
는 별 관심이 없는 것이 아닌가 합니다. 현대 산업사회가 건전하게 발
전하려면 '무공해사상과 지식'이 그 기반이 되어야 함은 물론입니다. 현
대산업사회의 지식과 사상의 오염도는 심히 높은데도 '내 지식, 내 생
각, 내 욕망'만은 옳고 순수하다고 오해하는 사람들이 너무나 많은 것
같습니다. '나만이 옳고 내가 최고'라고 생각하는 사람은 마음을 새롭
게 할 수 없는 사람이며 언제나 낡은 마음을 가지고 살아가게 되는 사
람인 것입니다.

마음을 세척하고 비워야

그런데 무의식세계가 무한한 능력을 발휘할 수 있도록 하기 위하여는 무엇보다 오염된 사상과 지식을 마음 속에서부터 말끔히 지워 없애야 합니다. "나쁜 사람의 마음은 쓰레기통"(잠언 10 장 20 절)이라고 하듯이 나쁜 사람일수록 마음 속에 더러운 것이 많이 쌓여 있는 법입니다. 가득 들어찬 탐심, 동물근성, 오염된 사상이나 지식 등을 대청소하듯이 마음 속에서 티끌 하나 없이 다 털어내어 이른바 '마음을 비워'야 합니다. 그렇게 해야 무의식세계가 자리잡고 그 무한한 능력을 발휘할 수 있게 되는 것입니다. 그런데 오랜 세월에 걸쳐 가득 쌓인 각종 쓰레기나 찌꺼기를 마음 속에서 말끔히 제거하는 것은 여간 힘드는 일이 아닙니다. 청소부가 빌딩이나 거리를 청소하듯 적당히 해서는 안됩니다. 요즘 반도체나 생명공학제품 등 첨단산업제품 제조업체들이 작업장을 청소하듯이 고도의 청정작업을 해야 할 것입니다. 그야말로 몇천 아니 몇 만분의 1 미리 크기 정도의 먼지도 없앨만큼 청정하게 해야 되는 것입니다. 사람들이 선(禪), 단전호흡, 샤바사나호흡법 등을 열심히 익히려고 하는 것도 마음 속을 깨끗하게 하기 위한 것입니다. 성경은 "옛 생활을 청산하고 정욕에 말려들어 썩어져 가는 낡은 인간성을 벗어 버리고 마음과 생각을 새롭게 하여 하나님의 형상대로 창조된 새사람으로 갈아 입어야 된다"(에베소서 4 장 22-24 절)고 합니다.

마음이 가난한 사람은 복이 있는 사람

아울러 무의식세계의 무한한 능력에 비하면 자신의 능력이 얼마나 보잘것 없는가를, 즉 성서 산상수훈(山上垂訓)의 첫마디처럼 얼마나 '마음이 가난한가'를 진정으로 깨달아야 하는 것입니다. 마음이 가난함을 아는 사람만이 능력을 키울 수 있게 되니 복있는 사람이 되는 것입니다(마태복음 5장 3절). 또한 무의식세계의 무한한 능력은 인간이 아니라 하나님의 능력에 기인하는 것이기 때문에 성서 십계명의 첫마디에서와 같이 하나님의 무한한 능력을 믿고 의지하며 하나님을 섬길 때 그 능력이 잘 발휘될 수 있다고 합니다. 버나드 박사도 이 점을 크게 강조하고 있읍니다.

'내가 잘 났고 내가 최고'라는 사람은 무의식세계의 무한한 능력을 믿지 않으므로 마음을 거의 새롭게 할 수 없게 됨은 물론입니다. 이들의 마음은 새로운 물이 흘러 들어가지 않는 고인물처럼 결국에는 썩게 마련인 것입니다. 가령 여러분 주위에 매일 아침 세수를 한 뒤 거울을 들여다 보면서 자신의 얼굴이야말로 잘 생겼다고 믿는 사람들이 있다면, 그들의 앞날이 어떻게 되어가는가를 잘 살펴보십시오. 버나드 박사는 마음이 경직된 사람은 연령을 불문하고 이미 '늙은 사람'이며 늙은 사람은 곧 죽을 날을 맞이하게 된다고 하였읍니다.

새로움의 추구는 인간의 본성

인간은 새로움을 추구하는 본성이 있읍니다. 가령 아기에게 똑같은 음식만을 먹이고, 똑같은 말이나 꾸중을 되풀이하고, 똑같은 장난감으로 똑같은 장소에서만 놀게 하는 등 변화없는 생활을 되풀이 하게 해보십시오. 그 아기가 짜증을 낼 것임은 물론 저능아가 될지도 모릅니다. 또한 텔레비젼에 나오는 가수들이 똑같은 노래를 똑같은 제스츄어로 되풀이하여 부르고, 코메디언이나 정치가들도 똑같은 언행만을 되풀이한다고 생각해 보십시오. 사람들이 얼마나 지루하게 느끼겠읍니까? 죄수를 벌하는 방법이 무엇인지 잘 아실 것입니다. 높은 담으로 둘러

쳐진 감옥 안의 똑같은 장소에서 똑같은 음식을 먹으며 변화없는 생활을 매일 되풀이 하도록 하는 것이 아니겠읍니까?

활력이 넘치는 사회

경쟁이 치열한 현대 산업사회에서는 무엇인가 새로운 것을 보여줄 수 없는 사람은 도태되게 마련입니다. 그렇기 때문에 가수는 더 새로운 노래를, 탁구・권투 등의 운동선수는 더 새로운 공수(攻守)기법을, 예술가는 더 새로운 작품을 그리고 기업경영인은 더 새로운 제품이나 서비스를 개발하기 위하여 안간힘을 다하는 것입니다. 그렇게 하는 것이 개인적으로나 사회적으로 볼 때 모두 바람직한 것임은 말할 필요도 없읍니다. 사실 누구나 끊임없이 스스로도 새로와지려고 노력함은 물론 다른 사람에게도 새로운 것을 기대합니다. 여러분! 구태의연한 '수작'만을 되풀이하여 보십시오. 주위의 사람들은 흥미를 잃고 여러분 곁을 떠나게 될 것입니다. 소위 엘리트나 일류라고 하는 사람들은 더욱 그러할 것입니다. 치열한 경쟁사회에서 무엇인가 새로운 것을 보여주지 못하는 사람은 친구를 잃고 고객을 놓치며 직장마저 그만 두어야 될지 모릅니다. 국민 모두가 더 새로와지려고 혼신의 노력을 할 때 개인은 물론 국가사회도 활력에 넘치고 발전하게 되는 것입니다. 국민이 새로움을 추구하지 않거나 계속적인 변화를 불러일으키지 못하는 사회는 침체하게 마련입니다. 그 정도가 심하게 되면 그야말로 얼어붙은 사회 곧 '동토(凍土)의 사회' 또는 '죽은 사회'가 되는 것입니다.

발전의 원동력인 이노베이션

죠셉 슘페터라는 유명한 경제학자는 특히 기업경영인은 새롭게 하더라도 아주 새롭게 하여야 된다고 하였읍니다. 그는 '아주 새롭게 함' 곧 '이노베이션(innovation) 또는 혁신(革新)'이야말로 국가사회발전의 원동력이라고 하였읍니다.

슘페터가 밝힌 이노베이션의 주 내용은 다음의 다섯 가지입니다.
1. 새로운 상품이나 서비스의 개발
2. 새로운 생산방법의 개발
3. 새로운 시장의 개발
4. 새로운 원료나 원료공급원의 개발
5. 새로운 조직의 개발

이들은 물론 기업활동과 관련된 것들입니다. 그러나 다른 일을 하는 사람들에게도 이상의 것들은 지금 하고 있는 일을 혁신하는 방법을 모색하는 데 참고가 될 수 있을 것으로 보입니다. 여러분은 어떻게 하면 현재 하고 있는 일을 혁신할 수 있겠읍니까? 다음을 읽으면서 연구해 보기 바랍니다.

1. 현재 하고 있는 일보다 더 가치있는 일은 없읍니까? 즉, 귀중한 시간과 노력을 현재 하고 있는 일보다 더 가치있는 일에 사용할 수는 없읍니까?

2. 현재 하고 있는 일을 더 잘 할 수 있는 방법은 없읍니까?

3. 남에게 도움이 되는 일을 하고 있다면 현재보다 더 많은 사람들을 대상으로 할 수는 없읍니까?

4. 현재의 일을 더 잘 하기 위하여 새로운 아이디어, 기술, 정보 및 도구들을 개발할 수는 없읍니까?

5. 일을 여러 사람이 같이 하는 경우에는 어떻게 나누고 조직해서 하는 것이 좋겠읍니까?

혁명을 막는 길

마음을 혁신하는 것은 여간 힘든 일이 아닙니다. 완고한 사람의 고집을 한 번 꺾는 데는 50년이라는 긴 세월이 필요하다는 말이 있고, 노벨경제학상 수상자 밀튼 프리드만도 "자기의 고집을 꺾을 사람은 자신밖에 없다"고 하였읍니다. 미국의 유명한 로버트 슐러 목사는 마음을 새롭게 하지 않는 사람은 완벽한 사람이거나 완고한 사람 중 하나일 것이라고 하였읍니다.

완고한 사람이 많은 사회일수록 각종 사회조직과 제도는 경직화되고 도처에 이른바 '막힌 데'가 많아집니다. 이런 사회는 동맥경화증에 걸리게 되고 '혁명'을 부르짖는 사람의 수도 늘어나게 됩니다. 혁신하는 사람이 없는 사회에서는 혁명하려고 하는 사람이 많아지는 법입니다.

그런데 혁명은 역사적으로 볼 때 어느 나라에서나 감옥의 수를 줄이는 것이 아니라 늘리는 것입니다. 따라서 혁명이 많은 사회일수록 감옥과 죄인도 많아지고 '사회의 기준'이 자꾸 바뀌어지므로 부나 권력의 분배 등이 뒤죽박죽이 됩니다. 이런 사회에서는 국민들이 그야말로 갈피를 잡을 수 없게 됩니다. 완고한 혁명가들일수록 권력을 마음대로 휘두르는 것을 좋아하므로 결국 그들은 자신들이 타도해야 된다고 부르짖던 혁명 이전의 독재자와 똑같이 되어가는 법입니다. 이런 혁명가들은 대부분 국가사회를 혁명이전 상태로 환원시키게 되므로 또 다른 혁명의 터전을 마련하게 되는 것입니다. 남미의 여러 국가들에서처럼 정치혁명이 한 번 발생하면 줄을 잇게 되는 것도 이런 이유에서입니다. 이러한 혁명을 막는 길은 유명한 경영학자 피터 드럭커도 강조한 바와 같이 정치가는 물론 국민 모두가 사회 도처에서 끊임없이 자신과 자신의 일을 혁신하는 것입니다. 끊임없이 혁신을 하는 것만이 혁명을 막는 길인 것입니다.

옛날의 반혁신적 사회풍조

혁신에 대한 사회적 분위기는 국가마다 차이가 있음은 물론입니다. 한국사회가 전통적 농경사회이었을 때는 반혁신(反革新)적 사회풍조가 만연했던 것으로 보입니다. 국민의 반이나 차지하는 여자는 사회적 지위가 낮고 이른바 '칠거지악(七去之惡)' 등의 악습에 얽매여 혁신할 처지가 못 되었읍니다. 일부 지방에서는 새색시는 시집와서 '벙어리 3년, 귀머거리 3년, 소경 3년', 합계 9년간 '무변화의 시집살이'를 해야 된다고 할 정도로 그 당시 사회관습은 변화를 금했던 것입니다. 남자들도 대개 어린이는 가급적 어른의 말을 따르고 어른도 될수록 조상의 관행을 답습하는 것을 합리적인 것으로 받아들였던 것입니다. 또한 사농공상(士農工商)식의 사고방식으로, 혁신이 용이한 '공(工)'과 '상(商)'관계 직업은 천시되었으므로 혁신이 어려웠던 것입니다. 그리고 주 경제활동인 농업도 기술혁신이 거의 없는 상태에서 해마다 같은 방식으로 되풀이 되었던 것입니다. 이와 같이 국민의 생활이나 생산활동의 혁신이 없었으니 사회가 침체할 수밖에 없었음은 자명한 사실입니다.

하이테크사회의 '고철'인간

지금의 한국사회는 공업화의 후기단계로 변화가 극심한 상태에 있읍니다. 경제발전단계설의 세계 제일인자로서 미국의 케네디, 존슨 전 대통령 경제고문을 역임한 바 있는 월트 로스토우 교수는 한국이 80년대 중반에 자동차, 칼라텔레비젼, 에어콘 등을 중심으로 하는 '제 3 차

산업혁명'을 마치고 80년대 후반에는 컴퓨터, 반도체, 생명공학 등을 중심으로 하는 '제4차 산업혁명'을 시작하게 된다고 하였읍니다. 산업 발전단계면에서 볼 때 현재 한국사회는 극심한 변화를 겪고 있는 것입니다.

　제4차 산업혁명과 더불어 다가올 한국사회는 '첨단기술산업' 또는 '하이테크산업'이 지배하는 사회로서 기술혁신이 끊임없이 이루어져야 하는 사회가 될 것입니다. 현재 우리 사회에서도 기술발전이 빨라 가전제품 같은 것은 하루가 다르게 신제품이 발명되고 있읍니다. 따라서 어떤 것은 사는 즉시 구제품이 되고마는 것입니다. 선진국에서 생산되는 무기의 경우는 더욱 그러합니다. 무기와 관련된 기술발전은 더욱 급속하게 진행되어 계속 새로운 것이 개발되므로 어떤 무기는 사는 즉시 거의 고철이 된다고 합니다. 그래서 무기거래를 고철장사에 비유하는 사람도 있읍니다. 변화가 극심한 첨단기술산업사회를 살아가면서 자신을 혁신하지 않는 개인이나 기업, 그리고 조직체는 그야말로 '고철신세'가 되지 않으리라는 보장이 없는 것입니다. 국가의 경우에도 마찬가지입니다. 지난 세기까지 세계를 주름잡았던 영국이 지금은 국제경쟁에서 일본에 계속 뒤지고 있는 것도 생산시설을 새롭게 하는 데 있어서 일본을 따라가지 못하기 때문입니다. 일본의 공장시설은 특히 제2차 세계대전 때 폭격으로 거의 다 파괴되어 그 이후 모두 새시설로 대체되었던 것입니다. 그리고 이른바 '종신고용'제도 때문에 새로운 공장시설도입에 생산직 근로자들의 반발도 거의 없었읍니다. 때문에 일본에서는 생산시설이 계속 새로운 것으로 대체될 수 있었던 것입니다. 그러나 영국의 공장시설은 2차대전을 치루면서도 거의 파괴되지 않아 몹시 낡은 데다가 신시설의 도입이나 대체에는 공장노동자들의 반발이 몹시 심했던 것입니다. 따라서 영국에서는 생산시설을 새롭게 할 수 없는 경우가 대부분이었읍니다.

물건 만드는 기술과 사람 다스리는 기술

제4차 산업혁명사회는 생산기술은 물론 그 외의 부문에서도 변화가 급속하여 각종 정보의 중요성이 극히 커지기 때문에 '정보화사회'라고도 합니다. 정보화사회는 그 특성이 농경사회나 공업화사회와는 판이합니다.

그런데 이와 같이 한국사회는 농경사회에서 공업화사회로 그리고 다시 정보화사회로 급변하고 있는데도 불구하고 국민의 상당수는 아직도 마음을 사회변화에 적합하도록 바꾸지 못하고 농경사회식 사고에 젖어 생활하고 있지 않은가 생각합니다. 전세계 인류가 현재 공통적으로 당면하고 있는 문제는 물건을 만드는 기술은 하루가 다르게 발전하는데도 불구하고 물건 만드는 사람을 다스리는 기술, 즉 정치기술이나 경영기술은 날이 가도 별로 바뀌어지지 않는다는 점입니다. 특히 정치기술은 오히려 후퇴하는 경우도 적지 않기 때문에 어느 나라에서나 국내적으로는 사회혼란이 발생하고 국제적으로는 테러와 분쟁이 줄을 잇는다고 합니다.

행동원리를 사회환경변화에 맞추어야

가령, 투명한 유리병에 벌을 넣고 병의 뒷부분을 밝은 창문 쪽으로, 그리고 병 입구를 어두운 방 안쪽으로 향하게 놓고 뚜껑을 열어놓으면 벌은 어떻게 되겠읍니까? 벌은 살 길이 밝은 쪽에 있다고 생각하여 병 뒷부분이 막혔는데도 계속 그쪽으로만 날아 가려고 합니다. 미끄러지면 다시 날고 힘이 빠지면 쉬었다가 또 날며, 까무러치면 깨어나서 또 그 쪽으로 나는 것을 되풀이 하다가 결국은 죽게 된다는 것입니다. 그런데 파리는 병의 뒤쪽으로 날다가 옆이나 앞쪽으로도 날아 보는 등 융통성있게 생각하므로 곧 출구를 찾아 나간다는 것입니다.

인간에게 이지적으로 보이는 벌은 생각이 외곬수여서 스스로 믿는 것이 옳다고 여기면서 그에 따라 행동하다가 목숨을 잃고, 지저분하게 보이는 파리는 융통성있게 생각하므로 출구를 찾아 살아나가는 것입니다. 사람도 행동할 때는 반드시 어떤 행동원리에 따르게 되어 있읍니다. 가령 담배를 안 피우는 사람은 그럴 이유가 있다고 생각하기 때문이고, 피우는 사람은 또 다른 이유가 있다고 생각하기 때문입니다. 치열한 경쟁사회 속에서 벌의 신세가 되지 않기 위해서는 누구나 행동의 밑바탕이 되는 행동원리를 환경변화에 맞게 계속 새롭게 변화시켜야 되는 것입니다.

그런데 현재의 한국사회는 공업화사회인데도 불구하고 사람들은 상당수가 농경사회에서 태어나 교육을 받았기 때문에 농경사회식 행동원리에 따라서 살아가는 경우가 많습니다. 후진국의 공업화과정에서 발생하는 갖가지 사회갈등이나 불안은 사실 이런 점에 크게 기인합니다. 즉, 국민들이 농경사회식 행동원리를 가지고 공업화사회에서 행동하려고 한다는 사실에 크게 기인하는 것입니다.

위의 예에서 벌은 사실 농경사회의 행동원리에 따라서만 살아갈 수 있는 곤충으로 공업화사회나 그 제품인 유리병에 대해서는 잘 모른다고 할 수 있습니다. 농경사회의 사고방식으로 유리병이라는 공업화사회의 문제를 해결하려고 하니 해결할 수 없음은 물론 드디어는 목숨까지 잃게 되는 것입니다. 공업화사회에는 벌이 해결하지 못하는 유리병과 같은 문제가 사회 도처에 산재해 있다고 하겠읍니다. 공업화사회의 이러한 문제를 농경사회의 원리로 풀어나가려고 하는 사람들이 많은 사회일수록 갈등과 불안이 심화됨은 말할 필요도 없는 것입니다.

　　앞으로 다가올 정보화사회는 공업화사회의 각종 문제는 물론 공업화사회와는 비교도 안될 정도로 다른 차원의 문제도 많이 야기시킬 것이라고 합니다. 그런데 앞으로의 정보화사회에서 살아갈 우리 국민은 농경사회에서 성장하면서 교육을 받은 사람, 공업화사회에서 교육을 받은 사람 그리고 정보화사회에서 태어나서 교육을 받을 사람 등 행동원리의 이질성이 대단하다고 하겠습니다. 따라서 앞으로 국민들이 자신의 행동원리를 혁신하지 않을 때는 한국사회가 당면할 각종 사회문제의 종류와 심도는 심각하게 될 것으로 보입니다. 개인이나 국가사회가 모두 벌의 신세가 되지 않기 위해서는 스스로의 생각이나 행동원리는 물론 맡은 바 일도 계속 혁신하는 길밖에 없는 것입니다.

성현들이 강조한 것도 혁신

　　무수한 성현들도 혁신을 중시했음은 물론입니다. 사서(四書)의 하나로 주자가 '대인(大人)의 학문(學問)'이라고 한 〈대학(大學)〉은 "대인이 학문을 하는 목적은 백성을 새롭게 하는 데 있다(大學之道 在親(新)民)"고 하였읍니다. 또한 자신을 하루 세 번씩 반성한다는 뜻의 오일삼성오신(吾日三省吾身)이나 날마다 새롭고 또한 더 새로와져야 한다는 뜻의 구일신 일일신 우일신(苟日新 日日新 又日新)이란 말은 모두 인간은 새로와지기 위하여 부단히 노력해야 된다는 사실을 강조하는 것입니다. 새롭게 하더라도 온고지신(溫故知新), 즉 옛것을 잘 알면서 새롭게 해야 함은 물론입니다.

　　일본에서 390 번이나 개정되어 출판된 바 있는 〈불교성전〉도 인간은 마음을 계속 새롭게 해야 된다는 사실을 누누히 강조하고 있읍니다. 현재 서구선진국을 휩쓸고 있는 경영·경제계의 세계적인 베스트 셀러들이 한결같이 강조하고 있는 것도 혁신입니다. 현대그룹을 창설하고 전국경제인연합회 회장을 역임한 바 있는 정주영씨는 항상 마음을 새롭게 가지는 것이 건강의 비결이라고 하였읍니다. 국내 최대 기업그룹중의 하나인 삼성그룹이 가장 중요한 기업정신으로 내세우는 것도 바로 '새로운 것을 탐구하고 개척하는 정신' 곧 '창조정신'인 것입니다. 서구 선진국이 선진국이 되는 데 정신적 지주가 된 청교도윤리가 강조한 것도 바로 이 점이며 한국의 기독교방송이 국민들에게 '새롭게 하소서'의 뜻을 알고 실천하도록 애쓰고 있는 것도 이 때문입니다.

인간은 누구나 자신을 항상 새롭게 하지 않으면 안될 뿐만 아니라 자신에게는 새롭게 할 무한한 능력이 있다는 사실을 깨닫고, 그 방도를 찾아 날마다 더 새로운 사람이 되도록 노력해야 될 것입니다. (이 글을 읽고 도움말씀을 주신 서울대학교 국문학과 권영민 교수께 감사드립니다.)

저자 약력

현재 서울대학교 경제학부 교수인 저자는 서울대학교(경제학학사)와 미국 남캘리포니아대학교(경제학박사) 및 하바드대학교(포스트닥타 과정)에서 경제학을 공부하였습니다.

하바드대학교 존 F 케네디 스쿨에서 리서치 펠로우, 한국개발연구원에서 수석연구원, 산업정책실장 등으로 미국, 일본 및 한국의 산업과 경제관계 연구를 한 바 있고, 한국과학원 산업공학과 대우교수, 국제연합, 세계은행, 아시아개발은행 등의 고문을 역임한 바 있습니다.

주요 저서로는 〈한국경제론〉(박영사, 1981년 초판, 1992년 제 3 판), 〈성장과 도시화문제〉(1979년 하바드대학 출판, 공저), 〈The Rise of the Korean Economy〉(1997년 Oxford대학, 제 2 판 출판) 등이 있으며, 논문은 외국에서 다수 발표한 바 있습니다.

부처의 탄신지 '룸비니' 개발의 경제성 검토, 네팔의 경제개발, 자원부국 말레이시아의 공업화계획, 그리고 미국의 필그림 도착 이후 최근까지 미국의 산업과 유통과 인간의 거주형태의 변화추세에 관한 연구, 동아시아 국가들의 산업구조분석, 한국과 미국 및 일본경제의 비교분석 등에 관한 연구를 한 바 있습니다. 하바드대학교 경제학과의 초빙교수로서 한국, 일본 등 동아시아경제에 관한 강의와 연구를 하고, 서울대학교 부총장으로 재직한 바도 있습니다.

마음의 경제학

| 1987年 | 8月 | 10日 | 初版發行 |
| 2001年 | 1月 | 30日 | 重版發行 |

著 者 宋 丙 洛
發行人 安 鍾 萬
發行處 博 英 社

　　　서울特別市 鍾路區 平洞 13-31番地
　　　電話 (733)6771　FAX (736)4818
　　　登錄 1952. 11. 18. 제1-171호(倫)
　　　對替計座 010033-31-1650878

www.pakyoungsa.co.kr　e-mail: pys@pakyoungsa.co.kr

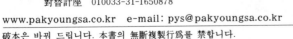

破本은 바꿔 드립니다. 本書의 無斷複製行爲를 禁합니다.

定 價　15,000원　　　　　　　ISBN 89-10-20040-5